D0833429

William Shakespeare

Hamlet
Le Roi Lear

*Préface et traduction
d'Yves Bonnefoy*

Gallimard

Readiness, ripeness : Hamlet, Lear

I

The readiness is all, « *l'essentiel, c'est d'être prêt* », conclut *Hamlet quand il vient d'accepter de se battre contre Laërte, mais non sans un mauvais pressentiment, qu'il réprime. Et vers la fin du* Roi Lear : Ripeness is all, « *l'essentiel, c'est notre maturation* », *assure Edgar, le fils du duc de Gloucester, qui cherche encore à sauver son père de son désir de suicide. De ces deux phrases qui se ressemblent si fort, en deux moments lourds de sens, ne faut-il pas supposer que Shakespeare a voulu l'opposition, consciemment ? Et qu'elles disent ainsi une des tensions qui sont au cœur de sa poétique ? Je vais essayer de comprendre la « disponibilité » dans* Hamlet, *le « mûrissement » dans* Le Roi Lear.

Toutefois, une remarque d'abord, une remarque sans nouveauté mais qui me semble un préliminaire utile à tout questionnement de Shakespeare. Qu'on remonte dans le passé de la société occidentale, et on rencontrera à un moment ou un autre, sur tous les plans où elle a pris forme et surtout conscience de soi, une profonde fracture dont la ligne sépare une époque d'avant, qui a les caractères de l'archaïsme, et ce qu'on peut dire déjà les temps modernes. « Avant » — c'est quand une pensée du tout, de l'unité, et de celle-ci comme vie, comme présence, réglait tous les rapports qu'on pouvait entretenir avec les réalités particulières. Chacune faisait ainsi partie d'un ordre, précisément défini, qui faisait d'elle à son tour une présence, une sorte d'âme éveillée à soi et au monde parmi les autres douées de la même vie, et lui assurait un sens, dont il n'y avait pas à douter. La conséquence la plus importante, et heureuse, de ce fait d'un ordre et d'un sens, c'est que la personne humaine, qui se savait un élément de ce monde et s'en croyait parfois même le centre, n'avait pas à douter non plus de son être propre, de sa qualité d'absolu. Quels que fussent les hauts et les bas de son existence, où intervenait le hasard, elle pouvait et devait en distinguer son essence, qui préservait une étincelle divine : c'est tout l'enseignement du christianisme du Moyen Age et de sa théologie du salut. — Mais un jour vint où la technique et les sciences commencèrent à repérer, dans ce qui du coup devint objet, simplement, des caractères qui ne s'intégraient pas aux structures de sens traditionnelles. L'ordre se fragmenta, la terre des signes et des promesses se retrouva la nature, la vie matière, le rapport de la personne à soi une énigme, et le destin une solitude. C'est la faille que je disais, dont les tassements ultimes ne se sont pas encore produits.

Et il me faut remarquer aussi que la première manifestation vraiment sans retour de cette crise dont est née la civilisation, si c'est encore le mot, que nous opposons aujourd'hui au reste du globe, eut lieu, selon les pays, selon aussi les milieux sociaux, en divers moments de la fin du XVIe siècle ou du début du XVIIe : ce qui correspond en Angleterre aux années où Shakespeare écrivit ses pièces. La ligne de fracture qui a rompu l'horizon de l'intemporel, et voue l'histoire du monde à son devenir toujours plus incertain et précipité, passe, c'est évidemment une de ses causes, par Hamlet, et je dirais même en plein milieu de cette œuvre. Sans essayer d'analyser celle-ci, car ce n'est pas le lieu dans ces quelques pages, je puis y souligner, par exemple, la valeur centrale de l'opposition de deux êtres qui signifient clairement la succession des deux âges, un contraste d'autant plus fort qu'il s'agit d'un père et d'un fils, et qui portent le même nom. Sur cette scène peu réaliste, où des aspects du haut Moyen Age sont associés hardiment à d'autres qui reflètent la vie du temps de Shakespeare et même son avant-garde philosophique — ainsi les références à

Wittenberg, ainsi le stoïcien Horatio —, le vieil Hamlet, le roi qui d'ailleurs est déjà mort, bien qu'il continue à se faire entendre, représente, c'est évident et c'est même dit, explicitement, le mode d'être archaïque. Non seulement il porte le costume et se réclame des mœurs de la société féodale, mais même son besoin de vengeance signifie son appartenance à la tradition qui s'achève, puisque cette exigence si assurée de son droit sacré implique entre autres la certitude que c'est l'État tout entier qui souffre quand est spoliée la dynastie légitime. Outre cela, son statut de souverain combattant et heureux de l'être métaphorise très bien la domination que le chrétien d'avant la nouvelle astronomie croit exercer sur un monde où pourtant le diable rôde, aux limites. Et enfin ce premier Hamlet est père, sans appréhension, avec espérance même — au moins au début de la pièce —, ce qui signifie sa confiance dans des valeurs, dans une durée. Claudius, qui met fin au règne, n'a pas d'enfants.

Quant à l'autre Hamlet, quant à ce fils sollicité de rétablir l'ordre, et d'assumer en cela la fonction royale, on voit aisément que s'il est le héros de la tragédie de Shakespeare, c'est parce que les valeurs que lui rappelle le Spectre, et qu'il essaie aussitôt d'inscrire dans le « livre » de sa mémoire, n'ont guère, désormais, de réalité à ses yeux. Sa bonne volonté est très réelle, pourtant, il brûle de satisfaire son père, il admire deux autres fils qui n'hésitent pas à prendre leur place dans la société comme ils pensent qu'elle est encore ; et s'il songe un moment au mariage, lui que la nouvelle union de sa mère avait empli du dégoût des choses sexuelles, c'est, à mon sens, pour que l'amour très réel qu'il éprouve pour Ophélie le réconcilie avec la vie comme elle est, et avec l'idée de l'engendrement, ce qui l'aiderait à vaincre le scepticisme qui sape son énergie et le détourne d'agir. Mais ce désir de bien faire accuse d'autant plus fort l'importance chez lui, la fatalité paralysante si ce n'est même complètement destructrice, d'un regard sur le monde qui n'en reconnaît plus la belle ordonnance, en fait déjà mise en pièces dans les mœurs de la cour « danoise » par une usure symptomatique. On se souvient de ses paroles, si émouvantes, sur la terre, ce promontoire stérile, le ciel, ce nid de vapeurs pestilentielles. Semblablement, s'il échoue comme il le fait avec Ophélie, sans rien de vraiment fâcheux dans leur relation personnelle, c'est parce qu'il n'a pas réussi à la préserver de ce regard qui prend toute chose et tout être par le dehors — comme l'indique son cri de dérision : words, words, words ! *— et ne trouve donc en toute attitude ou parole, y compris les façons des jeunes filles, qu'opacité ou mensonge. Même si on doit appliquer d'autres clefs encore — celle des motivations œdipiennes, par exemple — au soupçon dont il persécute Ophélie, il reste que celui-ci trahit, par opposition à la foi simple du père, le fait d'une aliénation, d'un isolement, d'un vertige, que la société une d'auparavant n'aurait pu voir naître et n'aurait pas toléré. Et c'est d'ailleurs dans son rapport ambigu avec ce père qui représente, qui est, même, le monde ancien qu'apparaissent le mieux les répugnances d'Hamlet. Il ne veut pas douter qu'il l'admire et même qu'il l'aime ; mais quand il l'appelle la « vieille taupe », ou croit le voir en robe de chambre, la seconde fois qu'il paraît, ou se laisse obséder par l'idée des péchés — dont trop de vins et de viandes — qui le retiennent au Purgatoire, n'est-ce pas révéler une autre des formes de son inaptitude à comprendre le monde et ses êtres et ses usages comme le permettait l'antique visée ?*

Cette incapacité à reconnaître pour ce qu'il est un homme dont il proclame pourtant en toute occasion la valeur, c'est certainement un des secrets les plus douloureux d'Hamlet, une des évidences inavouées dont il nourrit ce qu'on sent bien son remords, et elle explique nombre d'aspects parmi les plus obscurs de la pièce, à commencer par l'autre grande obsession qui la structure. Il y a certes plusieurs motifs aux colères d'Hamlet contre Gertrude, et encore une fois je ne tente pas aujourd'hui d'analyses systématiques, mais il me paraît évident que si le fils reproche si violemment à sa mère sa trahison, c'est qu'il a trahi lui-même — bien que sans pouvoir s'en rendre compte — celui même qu'elle aurait dû, selon lui, garder sans concurrent dans son cœur. Il souligne toujours que c'est la majesté du vieil Hamlet, sa grandeur double d'homme et de prince qui ont été insultées par le remariage, il dénonce avec véhémence les vices de Claudius, et pour autant surtout

*qu'ils le révèlent indigne de la fonction qu'il usurpe, mais toute
la scène des « deux portraits », où il veut prouver à Gertrude
la qualité de l'un des deux hommes et l'ignominie et même le
ridicule de l'autre, est là pour démontrer que la rhétorique joue
un grand rôle dans l'émotion qu'il éprouve. Une fois de plus
dans cette œuvre nous sommes au théâtre, et peut-être bien plus
en ces minutes d'accusation et d'introspection que quand un
acteur avait déclamé des vers plutôt ampoulés mais émus sur la
mort de la reine Hécube. Hamlet essaie de vivre selon les
valeurs qu'il a reçues du passé, mais il ne le peut qu'au niveau
des « mots », des « mots », des « mots », dont on comprend
mieux maintenant pourquoi le vide l'obsède. Lui qui pour
perpétrer sa vengeance, pour restaurer l'ordre mis en péril,
pour proclamer, en somme, le sens, croit nécessaire de
dissimuler, tout un moment qui d'ailleurs n'en finit pas, le
voici un simulateur de cette façon encore, si bien que son
proche dans l'œuvre, hélas, ce n'est ni Laërte ni Fortinbras, ni
même Gertrude, qui n'a été que faiblesse — et il le sait, comme
le sait l'autre Hamlet qui le lui rappelle avec insistance —,
mais celui qui dit une chose et en pense une autre, et feint de
respecter, de célébrer des valeurs auxquelles il ne doit pas
beaucoup croire : Claudius, le destructeur, l'ennemi... Là est
le fond d'Hamlet autant que la conséquence obligée de la crise
de société dont le meurtre du roi n'est que le symbole. Plus réels
désormais, plus riches de l'épaisseur de la vie que ne le sont
d'autres êtres dont l'obéissance aux catégories d'autrefois ne
fait que des attardés, apparaissent ceux dont on voit qu'ils
existent au-delà déjà de l'ordre brisé, et serait-ce dans la
confusion et l'angoisse, serait-ce avec des réactions de survie
cyniques, ignominieuses : comme c'est certes le cas de cet être
opaque, Claudius, ombre longtemps de son frère, — un avide,
c'est vrai, comme il y en a toujours eu, mais qui a transgressé,
consciemment, les codes les plus sévères.*

*Il y a tout au long d'Hamlet mille signes de l'intérêt fasciné
— par moments presque équivoque, tant il paraît affectueux
— que le neveu voue à l'oncle. On sent que quelque chose
l'attire dans celui qu'il croit détester, et sans pourtant qu'il
faille inférer de cette hantise bizarre, au moins comme raison*

essentielle, quelque ambiguïté pour psychanalyste dans l'algèbre complexe des relations œdipiennes. Hamlet, dirai-je, aime moins Claudius, en ce qu'il est, qu'il ne le comprend, simplement, qu'il ne le comprend plus intimement qu'il ne peut faire des autres, et parce que c'est son contemporain qu'il rencontre là, et le seul, dans ce passage du temps devenu soudain un orage qui tonne, un vaisseau qui sombre. Il éprouve pour lui, son adversaire pourtant selon la logique d'hier — et certes, son ennemi selon des valeurs éternelles —, le sentiment de solidarité instinctive qui lie pendant les naufrages.

II

En bref, Hamlet est bien, profondément, spécifiquement, la problématique d'une conscience qui s'éveille à cette condition la veille encore inconnue et imprévisible : un monde déstructuré, des vérités désormais partielles, concurrentes, contradictoires, de la signification tant qu'on veut, et vite bien trop, mais rien qui ressemblera à un sacré, à du sens. Et c'est dans cette perspective que nous avons à interroger l'idée de la readiness *comme Hamlet l'avance, à un moment qui est, notons-le, tardif, au cinquième acte, quand il a pu mesurer toute l'étendue d'un désastre qu'il éprouve d'abord comme un nœud sans fin de contradictions insolubles.* Claudius ? *Il voulait si passionnément le tuer, et voici qu'il en est encore à hésiter à le faire, apparemment résolu, toujours aussi résolu, mais distrait en chaque occasion par une pensée nouvelle, par exemple aujourd'hui son intérêt pour Laërte.* Ophélie ? *C'est sûr, maintenant, il l'aimait, la nouvelle de son suicide lui en a apporté la preuve — il l'aimait, a-t-il dit alors, plus que quarante mille frères, plus en tout cas que Laërte, dont la grandiloquence prête à critique, c'est vrai —, et pourtant son étrange amour, empoisonné par le soupçon, masqué par l'injure, n'a su que la précipiter dans le désespoir et la mort. Il est bien clair à présent qu'il souffre du mal sans rien savoir du remède, et qu'à la ruine du sens il ne peut plus espérer qu'il va mettre fin. C'est très conscient de son impuissance qu'Hamlet médite, ce dernier jour, en compagnie d'Horatio qui est toujours pour lui une incitation à la réflexion et à l'exigence.*

Que dit Hamlet à Horatio, dans cette scène qu'a précédée, ne l'oublions pas non plus, leur longue méditation du cimetière auprès du crâne d'Yorick, le bouffon, celui qui savait mieux que personne le mensonge des apparences ? Eh bien, que même la chute d'un moineau est réglée par la Providence ; que si ce doit être pour maintenant il n'y aura plus à attendre ; que si ce n'est plus à venir, c'est pour maintenant ; que si ce n'est pas pour maintenant, n'en doutons pas, cela viendra bien quand même ; et comme de ce moment nous ne savons rien, ni ne pouvons rien savoir, ce qui importe, c'est d'être prêt... C'est de la mort, peut-on penser, qu'il s'agit là, et d'une façon qui ne semble pas contredire aux enseignements traditionnels, puisque la pensée médiévale aimait rappeler que lorsque l'homme entreprend, c'est Dieu, en dernier ressort, qui décide. Faut-il en conclure qu'Hamlet, qui a beaucoup réfléchi, on le comprend bien, pendant son voyage vers l'Angleterre, et depuis, est en train de redécouvrir la vérité des anciens préceptes, et fait référence, en tout cas, à l'économie de l'être dont ils étaient l'expression ? Mais le christianisme confiait à la Providence le résultat de l'acte et non sa préparation, qu'il demandait au contraire que l'on soumette à la réflexion et que l'on raccorde aux valeurs. Tandis qu'Hamlet profite de ce que la vieille parole a d'apparemment fataliste pour se dispenser de s'interroger sur ce qu'en cette occurrence, qui pourrait bien être décisive, on l'a pressé d'accepter : ce combat à l'épée avec un grand duelliste, une rencontre qui est pourtant aussi facilement refusable qu'a priori soupçonnable de recouvrir quelque piège. Pourquoi consent-il à risquer sa vie avant d'avoir mené à bien son grand projet de justice ? Ce n'est pas l'éthique du Moyen Age ni même sa religion qui eussent accepté ce comportement qui donne à penser qu'un prince est indifférent à sa cause, un fils au vœu de son père.

En dépit donc de quelque apparence, Hamlet n'a pas repris à son compte un adage qui dans sa signification véritable — « aide-toi, le Ciel t'aidera » — articulait si bien, en fait, le vieil univers à ses pôles antagonistes de hasard et de transcendance. S'il a recours à une formule traditionnelle, c'est pour la détourner à des fins dont la nature est tout autre, et cette fois authentiquement, totalement, fataliste. La readiness *qu'il propose, ce n'est pas de s'en remettre à la volonté divine, comme garante de notre effort, gardienne de notre sens, c'est de cesser, au contraire, ce que le Dieu de naguère attendait de nous : l'exercice hardi et soutenu de notre jugement dans le monde qu'il a créé, l'appréciation du bien et du mal. A la réflexion qui prévoit et qui organise, et qui le peut parce qu'elle sait les valeurs, il substitue l'accueil des choses comme elles viennent, aussi désordonnées et contradictoires soient-elles, l'acceptation du hasard : nos actes apparaissant, dans cette philosophie pessimiste, comme aussi vides de raison d'être que la nécessité qui s'y joue. Notre condition, c'est le non-sens, le néant, et autant le savoir aux moments qui semblent d'action, et où d'ordinaire la naïveté se mobilise. En bref, un seul acte a quelque logique encore, et mérite d'être accompli : c'est de s'appliquer avec conséquence à se détacher de toute illusion, et à être prêt à tout accepter — tout et d'abord et surtout la mort, essence de toute vie — avec ironie et indifférence.*

Il reste que le Hamlet qui suggère cet abandon est aussi, toute la scène le montre, un être bien plus alerte qu'aux autres moments de l'œuvre, bien plus ouvert qu'autrefois, fût-ce pour les railler, à l'examen des façons des autres, par exemple, et on le voit même entraîné, ce que son passé ne nous disait pas, à un sport qui suppose la vivacité du regard, la promptitude du geste, — et la rencontre d'autrui, dans cette intimité véritable et non sans sympathie qu'est la joute. Ces aspects plutôt imprévus chez celui que couvrait naguère le manteau d'encre, sont utiles, certes, pour préparer au dénouement qui doit passer par le combat de deux fils, dont l'un, note Hamlet lui-même, est une image de l'autre ; mais ils jouent un rôle quand même, si frappants et présents sont-ils, dans la caractérisation implicite de l'éthique qui se formule, et ce serait donc une erreur de penser que la readiness, *qui est un renoncement, le sera de façon passive, découragée. Sans doute parce que la conclusion qu'Hamlet a rejointe le délivre de ses spéculations d'hier, de ses récriminations, de ses rêveries sans fin, son mode d'être nouveau est aussi un corps, une capacité de jeu, un intérêt, serait-il cruel, pour les choses du monde qu'il avait fuies, c'est une conscience totalisante, une immédiateté dans l'accueil qui est déjà réponse, relance : et cette « disponibilité » est en vérité si active, on y sent si fort le besoin de tout rassembler dans l'expérience du vide, qu'on est tenté de la comparer à des entreprises qui pour être elles aussi pessimistes n'en sont pas moins de nature spirituelle, et une forme encore de l'absolu. La « disponibilité » d'Hamlet est-elle un équivalent élisabéthain de la discipline bouddhiste : de la préparation du samouraï par exemple — cet autre porteur d'épée au terme d'un autre Moyen Age — à accepter la mort dans l'instant, sans ombre de résistance ? Une façon de retrouver une positivité, une plénitude, au sein même d'un monde vide ?*

Mais chez le Japonais, combattant ou moine, la critique des apparences, des manifestations illusoires, porte aussi et même d'emblée sur le moi, qui lui est apparu l'illusion suprême, non sans logique à cela. Tandis que la lucidité d'Hamlet, si radicale se veuille-t-elle, c'est le fait d'un être qui s'est cru le dépositaire de l'absolu, qui ne s'est pas résigné encore à la dislocation de cet héritage, qui reste centré sur soi ; et de cette « personne » obstinée je la vois plutôt l'acte ultime, une méditation douloureuse, mais pas tout à fait sans espoir, sur le néant de ses propres preuves. La readiness n'est pas ce dépassement de l'idée même de sens qui ouvre à la plénitude de l'immédiat, en Orient, celle ou celui qui sait qu'il n'est rien de plus que la fleur rapide du cerisier, non, c'est plutôt le degré zéro d'un sens dont le souvenir reste vif, dont les structures perdues sont toujours jugées désirables, — dont le besoin est même encore presque avoué par cette agilité de conscience où demeure en réserve, pour quel avenir de miracle ? tout ce langage qui n'existait que pour espérer et organiser. Le nouveau rapport à soi du souverain sans royaume n'est pas une paix, un grand rire clair déchirant l'antique souci, il faut y reconnaître au contraire un affinement de la souffrance invaincue, sa réduction à une note suraiguë, presque inaudible

*et pourtant omniprésente, l'ironie, presque celle dont parlera
Kierkegaard, qui n'est l'entrain ou le rire que pour les glacer
de sa nostalgie. Non pas la libération mais le célibat de l'âme,
assumé comme un dernier signe, de défi désirant, qu'on fait à
ce Dieu qui s'est retiré de son verbe. Un appel, une pensée
d'autrui en ce sens, le mensonge à soi-même d'un prétendu ami
de la solitude où déjà s'annonce — et en sera preuve la grande
vogue d'*Hamlet *à travers tout le XIXe siècle — le dandysme
de Delacroix et de Baudelaire.*

*J'entends donc la *readiness* qui apparaît dans *Hamlet
*comme, simplement, négativement, une technique de survie de
l'âme, utile pour tout le temps où l'humanité se souvient de son
espérance. Et je crois, bien entendu, nécessaire d'essayer de
comprendre si cette attitude d'esprit vaut seulement pour le
prince de Danemark et quelques proches, dans l'œuvre
foisonnante et polyphonique de Shakespeare, ou si on doit
l'inscrire d'une façon ou d'une autre au compte de ce dernier,
et de ce fait la considérer comme une des « solutions » que la
poésie proposa, à l'époque élisabéthaine, pour cette grande
crise des fondements qu'elle commençait à analyser. On
pourrait aisément imaginer qu'il en est ainsi, — *Hamlet *est
une œuvre si évidemment personnelle, on y sent si intensément
un poète se substituer, phrase après phrase de son héros, aux
conventions d'une rhétorique. Mais prenons garde déjà que
rien n'est vraiment joué, dans la pièce même, quand Hamlet
affirme et assume, pourtant presque au dernier moment, sa
nouvelle philosophie. Qu'il la prenne au sérieux, qu'il veuille
vraiment la vivre, il ne s'agit pas d'en douter puisque c'est à
Horatio, méditativement, qu'il s'en ouvre, Horatio auquel il
ne ment jamais. Mais, blessé à mort une heure plus tard, c'est
à Fortinbras qu'il donne sa « voix mourante » et à travers
celui-ci aux valeurs traditionnelles ou en tout cas à l'attitude
volontariste qui en maintient la fiction. On est donc en droit de
se demander si la *readiness* n'est pas simplement pour
Shakespeare un moment de l'étude psychologique, et chez
Hamlet la velléité qui dissimule à ses propres yeux la raison
encore plus désastreuse qui le conduit à accepter si légèrement
l'étrange défi de Laërte, et l'éventualité de mourir.*

III

Mais n'oublions pas qu'on voit désignée dans Lear, *cinq ou six ans à peine après* Hamlet, *cette* ripeness *que Shakespeare a pris soin de mettre en parallèle, dirait-on bien, avec la* readiness *de la première œuvre.*

Du point de vue de la référence historique, la seconde pièce n'est pas sans points communs avec celle-ci, puisqu'elle a lieu dans une Angleterre au moins aussi archaïque que le Danemark du père d'Hamlet — c'est même un monde encore païen, surveillé de près par ses dieux —, et qu'on y décèle pourtant quelques signes qui là encore paraissent annoncer des modes d'être nouveaux. Dans Lear aussi paraît un personnage qu'on sent d'entrée de jeu incapable de reconnaître que le monde est un ordre, riche de sens, c'est Edmond, le second fils du duc de Gloucester : un fils donc, comme le prince de Danemark, et qui a, comme celui-ci, des raisons de douter de ce que va être son héritage. Mais la ressemblance d'Edmond et d'Hamlet ne va pas plus loin, car ce drame du fils, qu'Hamlet a vécu avec honnêteté, avec grand désir de faire le bien, est analysé maintenant chez un être qui est clairement maléfique, et avec des catégories de pensée qui demeurent, pour l'essentiel, médiévales. On pourrait croire moderne, à la première rencontre, cet esprit certes non conformiste, qui raille le symbolisme astral, les superstitions de ses proches, et même les valeurs de la morale commune. Mais on doit alors observer que la parole d'Edmond n'est accompagnée d'aucun des indices qui dans Hamlet — ainsi les comédiens, Wittenberg, ainsi la présence d'Horatio — sont là pour bien marquer, du dehors, qu'on aborde des temps nouveaux. Au contraire, ce qu'il y a chez Edmond d'irréductible à la norme, loin d'être reconnu comme un symptôme de crise, est très explicitement articulé par Shakespeare à un de ces faits qu'aimait relever l'anthropologie médiévale : si Edmond dépossède son frère et veut la mort de son père, s'il se montre ainsi étranger aux sentiments les mieux partagés, c'est parce qu'il est un bâtard,

*né hors mariage, le fruit déjà d'une faute. En plein accord
avec la pensée chrétienne, Le Roi Lear nous propose de
comprendre que cette faute, cet adultère, c'est l'occasion
qu'attendait le mal, jamais vaincu bien que toujours repoussé,
pour pénétrer à nouveau au sein de l'ordre de Dieu, lequel
finira pourtant par en triompher encore, par l'entremise de
quelques justes. Qu'Edmond évoque, ceci étant, la nature,
qu'il la dise sa seule règle, et il ne faudra pas reconnaître là le
programme humaniste de la Renaissance, qui fait de l'étude de
la matière une activité de l'esprit, désintéressée, mais simplement la révélation de la bassesse d'une âme qui, sous le signe
plutôt de la magie noire, ne se retrouve chez soi que parmi les
réalités les plus franchement animales. Edmond ne révèle pas
la crise finale du sacré, mais sa faiblesse intérieure. Et l'on
sait dès le début de l'action qu'il périra — bien clairement,
sans résidu de malaise, sans avenir dans des façons de sentir
nouvelles — dès que se seront ressaisies les forces du bien qu'il
a surprises.*

*Loin donc de signifier comme dans Hamlet que l'intérêt de
Shakespeare se porte sur les problèmes de la modernité comme
telle, ce personnage d'un fils indique dans Le Roi Lear que
l'ordre ancien y demeure, incontesté, le cadre de référence, le
ressort qui va décider de l'action, la vérité qui s'y réaffirmera
au-delà d'un moment de crise. Et c'est évidemment pour cette
même raison que passe au premier plan de la pièce une figure
qui manque dans Hamlet, où Laërte ni Fortinbras n'accèdent
jamais à la qualité spirituelle : celle de l'enfant — fille ou
garçon, car c'est aussi bien Cordélia, la troisième fille de
Lear, qu'Edgar, le fils aîné de Gloucester — dont la pureté et
la détermination savent déjouer les entreprises des traîtres. En
fait, plus encore que Cordélia, que sa vertu un peu froide et
sèche garde en deçà de ces paroles violentes, contradictoires,
mêlées d'amour et de haine, où le drame se noue et se
dénouera, l'agent de cette rédemption du groupe en péril, c'est
Edgar qui, à l'instant où il pourrait succomber au désespoir,
ou s'abandonner au cynisme — n'est-il pas accusé à tort,
agressé par son propre frère, méjugé, bien légèrement, par son
père ? —, fait la preuve au contraire des ressources de*

compassion, de lucidité, de compréhension résolue des abîmes les plus obscurs de l'âme des autres êtres, qui peuvent exister chez qui que ce soit, et même de bien bonne heure dans une vie et sans particulière préparation. Atteint de façon totalement imprévue par ce qui semble la malignité à l'état pur, ce tout jeune homme la veille encore riche, choyé, assuré de sa place future parmi les plus puissants du royaume, choisit de plonger, d'un coup, au fond de l'adversité, prenant les dehors du mendiant et la parole du fou pour briser d'emblée le cadre trop étroit de son propre drame, et porter le questionnement au plan de toutes les injustices, de toutes les misères, de toutes les déraisons qui affligent la société. Il comprend d'instinct — et c'est bien là le signe que cette société est vivante — qu'il ne pourra trouver son salut qu'en travaillant à celui des autres, chacun ayant à se délivrer de son égoïsme, de sa démesure, de son orgueil, pour que le vrai échange reprenne.

Ceci étant, le héros du Roi Lear reste quand même celui qui donne son nom à la pièce, le vieux roi, puisqu'à l'encontre d'Edmond, marqué dès sa naissance par la faute qui s'y attache, ou à la différence d'Edgar, qui naît à son devenir par le crime de quelqu'un d'autre, Lear est précipité dans ses maux par un acte libre, ce qui fait de son châtiment, de sa folie, de sa découverte progressive de faits et de vérités qu'il méconnaissait autrefois, une suite d'événements d'autant plus probante et touchante. Le commencement de Lear, ce n'est pas quelque chose de pourri dans le royaume, comme il en était pour Hamlet, c'est un mal mystérieux de l'âme, en l'occurrence l'orgueil. Il s'admire, il se préfère, il ne s'intéresse à autrui que pour autant que celui-ci s'intéresse à lui, il est ainsi aveugle à l'être propre des autres, il ne les aime donc pas, malgré ce qu'il peut penser : dès lors tout est prêt en lui pour l'acte catastrophique qui, méconnaissant la valeur, spoliant les justes, va semer partout le désordre et donner sa chance au démon, qui attendait dans le fils adultérin. Lear, encore plus que Gloucester, qui n'a commis que le péché de luxure, à revécu, a réactivé la faute originelle des hommes, et à ce titre il représente plus qu'aucun autre dans l'œuvre notre condition la plus radicale, qui est l'imperfection mais aussi la lutte, la volonté de se ressaisir. Quand, à partir de valeurs qu'il n'avait jamais déniées mais comprenait mal et vivait peu, il apprend à reconnaître que ses certitudes de grand seigneur étaient trompeuses, son amour une illusion, et ce qu'est le vrai amour, ce que serait le bonheur, on se sent d'autant plus ému que son aveuglement du début est le nôtre à tous, plus ou moins : il parle l'universel... Toutefois, même à ce premier plan où il reste d'un bout à l'autre de l'œuvre, Lear ne peut ni ne doit nous retenir à ce qu'il est, à sa figure particulière, puisque son progrès spirituel, c'est justement d'avoir retrouvé le chemin d'autrui, et de s'oublier désormais dans la plénitude de cet échange. C'est à l'époque moderne, celle d'Hamlet, que l'individu, séparé de tout et de tous, incapable d'enfreindre sa solitude, et tentant de remédier à ces manques par la multiplication de ses désirs, de ses rêves, de ses pensées, va prendre peu à peu ce relief extraordinaire qui finira par être le romantisme. Dans Le Roi Lear *— et comme sur la fresque gothique qui est toujours plus ou moins la danse macabre — aucune personne ne vaut par ce qui la distingue des autres, aussi singulier ou extrême soit cet écart. L'âme, étudiée en son libre arbitre, qui est le même chez tous les êtres, y fait moins l'objet de descriptions différenciées qu'elle n'y constitue la scène même, la scène d'emblée unique : et ce qui paraît là et s'exprime, ce sont les grandes figures-clefs de la société, ainsi le roi et son fou, ou le puissant et le pauvre, et ces catégories de l'expérience commune que sont la Fortune, la charité ou ces péchés capitaux que Marlowe, dans son* Docteur Faust, *n'avait pas hésité, à peine dix ans avant, à retenir sur les planches. En bref, derrière ce personnage si remarquable, mais dont les dimensions inusuelles signifient surtout l'ampleur des périls qui nous guettent, l'ampleur aussi des ressources que nous avons, le vrai objet de l'attention de Shakespeare, la vraie présence qui naît et risque de succomber mais triomphe, c'est cette vie de l'esprit dont témoignent Lear mais aussi Edgar, et dans une certaine mesure Gloucester encore et même Albany : et que désigne le mot* ripeness.

Ripeness, *la maturation, l'acceptation de la mort comme dans* Hamlet, *mais non plus cette fois parce qu'elle serait le*

*signe par excellence de l'indifférence du monde, de l'insuffi-
sance du sens, — non, comme l'occasion de s'élever à une
compréhension vraiment intérieure des lois réelles de l'être, de
se délivrer des illusions, des poursuites vaines, de s'ouvrir à
une pensée de la Présence qui, reflétée dans le geste, assurera à
l'individu sa place vivante dans l'évidence du Tout. On ne
peut comprendre Le Roi Lear que si on sait faire passer cette
catégorie au premier plan ; que si, même dans ce contexte où
les forces nocturnes semblent si fortes, où la promesse chrétienne n'a pas retenti encore — mais ses structures sont déjà là,
Shakespeare écrivant, on les dirait du coup un indice de
changement, une raison d'espérer —, on voit qu'elle est le fil
qui rassemble tout : et non seulement le jeune homme et le
vieillard, l'âme ravagée et l'intacte, mais avec eux ce Fou,
par exemple, qui représente pourtant dans la pensée médiévale
la marge la plus lointaine de notre condition indécise. La
ripeness apparaît dans Lear la virtualité de chacun, le
premier degré d'existence à partir duquel les protagonistes de
cette tragédie des apparences menteuses cessent de n'être qu'une
ombre ; et du bouffon à Lear, d'Edgar à son père, de
Cordélia, de Kent, de Gloucester à leur souverain, même d'un
obscur serviteur à son maître, quand on arrache les yeux de
celui-ci, c'est aussi bien la seule consistance réelle que puisse
prendre l'échange humain, dont toutes les autres préoccupa-
tions ou vouloirs ne sont qu'hypocrisies ou chimères. Cette
primauté — et ce déchaînement aussi, irrésistible — de la
dimension intérieure, c'est là d'ailleurs le sens de la scène entre
toutes illustre où l'on voit Edgar, déguisé en fou, le bouffon,
fou de profession, et Lear, qui perd la raison, délirer ensemble,
pourrait-on penser, sous l'orage. Ces rafales et ces éclairs, ce
craquement du cosmos, paraissent bien signifier la ruine du
sens, l'état réel d'un monde que nous avions cru habitable,
mais remarquons que dans cette hutte, et sous les dehors de la
solitude, de l'infortune, de la fatigue, travaillent bien plus
librement que dans les châteaux d'auparavant les forces
irrationnelles qui tendent au rétablissement de la vérité. C'est
là que la réflexion reprend, que se reforme l'idée de la justice.
Cette nuit d'orage nous parle d'aube. La brutalité des dieux et*

des hommes, la fragilité de la vie, n'y sont rien contre une évidence de solidarité instinctive qui rassemble et qui réconforte. Et remarquons aussi que rien de ce genre n'apparaissait dans Hamlet où, si l'on excepte Horatio, qui s'est retiré de l'action, et Ophélie, qui ne peut être ce qu'elle veut et en devient folle et se suicide, tout du rapport des êtres est cynique, dur et sans joie : n'oublions pas la façon dont Hamlet lui-même se débarrasse — « ils n'encombrent pas ma conscience »... — de Rosencrantz et de Guildenstern. Ce n'est pas l'univers de Lear, tout sanglant qu'il soit, qui contient le plus de ténèbre. Cette « tragédie » — mais dans un sens de ce mot si différent de l'acception grecque — est, face à Hamlet, un acte de foi. Dans ce champ de l'erreur, du crime, des morts atrocement injustes où manque même l'idée du Ciel où l'on se retrouve, « le centre tient », le sens survit et même s'approfondit, assurant des valeurs, suscitant des dévouements, permettant la rectitude, la dignité, et un rapport à soi-même qu'on peut dire plénier sinon heureux. Nous apprenons que les structures du sens ne sont qu'un pont de fil jeté sur d'affreux abîmes ; mais que ces fils sont d'acier.

IV

Ripeness, readiness... *Deux attitudes irréductibles, par conséquent. L'une, la quintessence de l'ordre du monde, son unité comme respirée ; l'autre le revers de cet ordre, quand on n'en voit plus dans la grisaille des jours que la trame incompréhensible.*

Et la question la plus importante, à mon sens, de tout le théâtre de Shakespeare, c'est la signification qu'a pu prendre pour ce dernier, en termes de possibilités effectives, pour l'avenir de l'esprit, l'opposition tout à fait fondamentale qu'il a maintenant formulée. Quand il écrit Le Roi Lear, et parle de ripeness, s'agit-il, autrement dit, de la simple reconstitution d'un mode d'être passé, que notre condition présente voue à l'échec, rend peut-être même impensable, au moins à partir d'un certain point : la seule issue pour l'homme d'au-delà la *fin du sacré restant la* readiness *qu'a conçue Hamlet, l'intellectuel élisabéthain ? Ou faut-il, prenant acte de l'émotion et de la lucidité qui caractérisent la pièce, comme si son auteur savait vraiment, tout de même, de quoi au juste il parlait, nous demander si Shakespeare ne croit pas, d'une façon ou d'une autre, à la valeur encore actuelle de la « maturation » d'Edgar ou de Lear : l'ordre, le système d'évidences et de valeurs qui en est la condition nécessaire n'ayant peut-être pas aussi complètement ou définitivement disparu à ses yeux, malgré la crise des temps nouveaux, qu'il ne le paraissait à son personnage le plus célèbre, mais nullement, peut-être, le plus représentatif ? Une question essentielle, oui certes, puisqu'elle détermine le sens dernier du rapport d'une grande œuvre de poésie et de son moment historique. Et dont la réponse est à chercher, n'en doutons pas, dans les autres pièces de Shakespeare, en particulier celles de la fin, celles qui sont au-delà, chronologiquement, d'Hamlet et des grandes tragédies.*

On y verrait — c'est mon hypothèse — qu'en dépit de l'écroulement de l' « admirable édifice » que le Moyen Age chrétien avait bâti avec le ciel et la terre, autour de l'homme créé par Dieu, ce poète d'un temps plus rude a pensé que restait en place, dans la nature et en nous, un ordre encore, universel, profond, celui de la vie qui, comprise, reconnue dans ses formes simples, aimée, acceptée, peut faire refleurir de son unité, de sa suffisance — ainsi l'herbe repousse dans les ruines — notre condition d'exilés du monde de la Promesse. On y verrait aussi qu'il a compris que la fonction de la poésie changeait avec cette prise de conscience : elle ne sera plus désormais la simple formulation d'une vérité déjà manifeste, déjà expérimentée jusqu'au fond par d'autres que le poète, elle aura à se souvenir, à espérer, à chercher par elle-même, à faire apparaître ce qui se cache dans les formes du quotidien sous les dissociations, les aliénations, de la science ou de la culture : et ce sera donc une intervention, une responsabilité vacante que l'on assume, la « réinvention » que dira à son tour Rimbaud. Grandes pensées, qui font la richesse sans fin du Conte d'hiver, ce drame en réalité solaire qui se superpose à

Hamlet, *trait pour trait — j'y reviendrai —, comme la photographie développée, zones d'ombres devenues claires, le fait à son négatif. Grandes perspectives aussi, dont rêve avec bonheur* La Tempête, *double lumineux du* Roi Lear. *Et grandes occasions, bien sûr, pour un esprit résolu, ce qui explique, rétrospectivement, la qualité depuis ses débuts si exceptionnelle de la poésie de Shakespeare, première en Occident à mesurer l'ampleur d'un désastre, et première aussi, et surtout, à chercher à le réparer.*

Yves Bonnefoy.

La Tragédie d'Hamlet

prince de Danemark

La scène est au Danemark.

PERSONNAGES

CLAUDIUS, *roi de Danemark.*

HAMLET, *prince de Danemark, fils du dernier roi, et neveu du roi régnant.*

POLONIUS, *premier ministre.*

HORATIO, *un ami d'Hamlet.*

LAËRTE, *fils de Polonius.*

VALTEMAND
CORNÉLIUS } *ambassadeurs en Norvège.*

ROSENCRANTZ
GUILDENSTERN } *anciens condisciples d'Hamlet.*

OSRIC, *courtisan.*

Un gentilhomme.

Un docteur en théologie.

MARCELLUS
BERNARDO } *officiers de la garde.*
FRANCISCO

REYNALDO, *serviteur de Polonius.*

Quatre ou cinq comédiens.

Deux fossoyeurs.

FORTINBRAS, *prince de Norvège.*

Un capitaine norvégien.

Des ambassadeurs anglais.

GERTRUDE, *reine de Danemark, mère d'Hamlet.*

OPHÉLIE, *fille de Polonius.*

Seigneurs et dames, soldats, marins, un messager, etc.

LE SPECTRE *du père du prince Hamlet.*

ACTE PREMIER

Scène première

Le château d'Elseneur. Une terrasse sur les remparts.

FRANCISCO, *sentinelle ; puis* BERNARDO

BERNARDO

Qui va là ?

FRANCISCO

C'est à vous de répondre. Halte ! Qui êtes-vous ?

BERNARDO

Vive le roi !

FRANCISCO

Bernardo ?

BERNARDO

Lui-même.

FRANCISCO

Parfaitement à l'heure.

BERNARDO

Minuit ! Va te coucher, Francisco.

FRANCISCO

Grand merci pour cette relève. Quel âpre froid !
Je suis transi jusqu'au cœur.

BERNARDO

N'as-tu rien remarqué ?

FRANCISCO

Pas l'ombre d'une souris.

BERNARDO

Bonne nuit, donc.
Si tu vois Horatio et Marcellus,
Mes compagnons de guet, dis-leur qu'ils se hâtent.

Approchent Horatio et Marcellus.

FRANCISCO

Je crois bien que je les entends... Halte-là, qui vive ?

HORATIO

Amis de ce pays !

MARCELLUS

Loyaux sujets du roi !

FRANCISCO

Je vous souhaite une bonne nuit.

MARCELLUS

Ah ! mon brave, bonsoir.
Qui vous a relevé ?

FRANCISCO

Bernardo.
Je vous souhaite une bonne nuit.

Il sort.

MARCELLUS

Ho ! Bernardo ?

BERNARDO

Oui ! Dites-moi,
Est-ce Horatio qui vient là ?

HORATIO

Ce qu'il en reste [1]...

BERNARDO

Soyez le bienvenu, Horatio ; et vous aussi, mon cher
    Marcellus.

MARCELLUS

Alors, a-t-on revu la chose, cette nuit ?

BERNARDO

Je n'ai rien vu.

MARCELLUS

Horatio dit que ce n'est qu'un rêve,
Il ne veut pas accepter de croire
A l'horrible vision que deux fois nous avons eue.
Et c'est pourquoi je l'ai pressé de venir
Avec nous, pour épier ces heures de nuit.
Si ce spectre revient,
Il pourra rendre justice à nos yeux — et lui parler.

HORATIO

Bah ! il ne se montrera pas.

BERNARDO

Asseyez-vous un moment,
Et une fois de plus nous assiégerons vos oreilles,
Qui sont si fortifiées contre nos paroles,
De ce que, par deux fois, nous avons vu.

HORATIO

Eh bien, asseyons-nous,
Écoutons Bernardo.

BERNARDO

La toute dernière nuit,
Quand l'étoile là-bas, à l'ouest du pôle,
En vint à éclairer cette région du ciel
Où maintenant elle brille, Marcellus et moi,
L'horloge sonnant une heure…

Paraît le spectre.

MARCELLUS

Attention, arrête, regarde-le qui revient !

BERNARDO

Exactement semblable au roi qui est mort !

MARCELLUS

Tu es savant, Horatio, parle-lui[2].

BERNARDO

N'est-ce pas qu'on croirait le roi ? Regardez bien,
    Horatio.

HORATIO

Tout à fait. Il m'accable d'effroi et de stupeur.

BERNARDO

Il voudrait qu'on lui parle.

MARCELLUS

Questionne-le, Horatio.

HORATIO

Qui es-tu, qui usurpes ce temps de nuit
Et la superbe apparence guerrière
Sous laquelle a marché jadis la majesté

Du roi de Danemark, qui est mort ? Par le Ciel,
Parle, je te l'ordonne !

MARCELLUS

Nous l'avons offensé.

BERNARDO

Regardez-le, il s'éloigne.

HORATIO

Reste, parle, parle ! Je te l'ordonne, parle !

Le spectre disparaît.

MARCELLUS

Il est parti sans vouloir répondre.

BERNARDO

Eh bien, Horatio, vous tremblez et vous êtes pâle,
N'est-ce pas que c'est là bien plus qu'un rêve ?
Qu'en pensez-vous ?

HORATIO

Dieu m'est témoin ! Je n'aurais pu le croire
Sans cette garantie sensible et sûre
Que me donnent mes yeux.

MARCELLUS

N'est-ce pas qu'il ressemble au roi ?

HORATIO

Comme à toi-même tu te ressembles !
Et telle était l'armure qu'il portait
Quand il a combattu l'ambitieux Norvège,
Et ainsi fronça-t-il son front, dans cette âpre dispute,
Quand il a renversé les traîneaux polonais
Sur la glace... C'est bien étrange.

MARCELLUS

Deux fois déjà, juste à cette heure morte, il est passé
De ce pas de soldat devant notre poste.

HORATIO

Que faut-il en penser, je n'en sais rien,
Mais ma première idée, c'est que c'est l'annonce
De bouleversements pour notre pays.

MARCELLUS

Asseyons-nous,
Et celui qui le peut, je l'en prie, qu'il me dise
Pourquoi ce guet si strict et si vigilant
Fatigue chaque nuit les sujets du royaume ?
Et pourquoi chaque jour on coule tant de canons de
        bronze
Et pourquoi l'on importe tant de matériel de guerre,
Et pourquoi tant de charpentiers sont requis, dont le dur
        labeur
Ne connaît plus semaine ni dimanche ?
Que va-t-il advenir, pour que cette hâte fiévreuse
Attelle ainsi la nuit au travail du jour ?
Quelqu'un peut-il me le dire ?

HORATIO

Moi je le puis,
Au moins pour ce qu'on en murmure. Le feu roi,
Dont l'image à l'instant nous est apparue,
Fut défié au combat, vous le savez,
Par Fortinbras de Norvège, qu'excitait
Le plus jaloux orgueil ; et Hamlet, le vaillant
(Ainsi l'estimait-on de ce côté du globe),
Tua ce Fortinbras. Mais celui-ci,
Dans un accord scellé et dûment garanti
Par la force des lois et l'honneur des armes,
Abandonnait avec sa vie toutes ses terres
A son vainqueur ; notre roi, en contrepartie,
Risquant un bien égal qui fût revenu

Au patrimoine de Fortinbras
S'il l'avait emporté : comme, par ce traité
Et la teneur de cette expresse clause,
Tout fut donc accordé à Hamlet... Or, voici
Qu'un jeune Fortinbras, effréné, fougueux,
A ramassé aux confins de Norvège
Une troupe de hors-la-loi, de risque-tout,
Et, pour la solde et pour la pitance, les engage
Dans une action qui veut de l'estomac : rien moins,
Notre gouvernement le comprend fort bien,
Que de nous arracher, sous la contrainte,
Oui, par un coup de main, ces dites terres
Que son père a perdues... Telle est, à mon avis,
La cause principale de nos préparatifs,
La raison de ce guet et l'origine
De ce grand train hâtif qui trouble le pays.

BERNARDO

Je pense aussi que ce n'est rien d'autre,
Et la preuve en serait cette forme sinistre
Qui hante notre garde : armée, semblable au roi
Qui de toujours fut l'âme de ces guerres.

HORATIO

Encore ces poussières
Pour irriter l'œil de notre pensée !
A l'heure la plus haute, la plus glorieuse de Rome,
Un peu avant que ne tombât le grand César,
Les tombes se vidèrent. On entendit les morts
Geindre et glapir de par les rues, on vit
Des étoiles à queues de feu, des rosées de sang,
Des taches de mauvais augure sur le soleil,
Et quant à l'astre humide
Dont l'ascendant régit l'empire de Neptune
Il s'affaiblit, par éclipses,
Autant presque qu'au jour du Jugement !
Eh bien, ce sont les mêmes signes d'événements terribles,
Les mêmes messagers du même destin,
Les mêmes avant-courriers des mêmes désastres

Que la terre et le ciel ensemble montrent
A nos régions et nos concitoyens...

Le spectre reparaît.

Mais attention, voyez-le, il revient !
Dût-il me foudroyer je lui barre la route... Arrête,
   illusion !

Il étend les bras.

Si tu as une voix, si tu peux t'en servir,
Parle-moi.
Si quelque bonne action peut être faite
Pour ton soulagement et mon salut,
Parle-moi.
Si tu sais qu'un malheur menace ton pays
Que peut-être avertis nous pourrions éviter,
Ah, parle !
Ou si tu as enfoui de ton vivant
Dans le sein de la terre un trésor extorqué,
Ce pour quoi vous errez souvent, dit-on, esprits des
   morts...

Un coq chante.

Parle-m'en... Reste et parle !... Arrête-le, Marcellus !

MARCELLUS

Dois-je le frapper de ma hallebarde ?

HORATIO

Oui, s'il ne s'arrête pas.

BERNARDO

Il est ici !

HORATIO

Ici !

MARCELLUS

Il est parti !

Le spectre disparaît.

C'est l'offenser, lui si majestueux,
Que de lui opposer cette ombre de violence,
Car il est comme l'air, invulnérable,
Et nos coups ne sont rien que menace vaine.

BERNARDO

Il allait parler quand le coq chanta.

HORATIO

Et il a tressailli, comme un coupable
Qui entend un terrible appel. Le coq, dit-on,
Le coq qui est le trompette de l'aube,
Éveille de sa voix hautaine, aiguë,
Le dieu du jour. Et à ce grand signal,
Dans la mer ou le feu, sur la terre, dans l'air,
Tous les esprits errants ou égarés
Se hâtent vers leur geôle. Cela est vrai,
Ce que nous avons vu en est la preuve.

MARCELLUS

Il s'est évanoui au chant du coq.
D'aucuns disent que toujours, aux approches de la saison
Où l'on célèbre la naissance du Sauveur,
L'oiseau de l'aube chante toute la nuit.
Alors, dit-on, aucun esprit n'ose sortir,
Les nuits sont purifiées, les planètes ne foudroient plus,
Les fées ne jettent plus leurs maléfices, les sorcières sont
    sans pouvoir
Tant cette époque est sainte et chargée de grâce.

HORATIO

Je l'ai entendu dire et je le crois quelque peu.
Mais, voyez, l'aube en vêtement de bure[3]
Foule à l'Orient, là-bas, la rosée des hautes collines.
Cessons notre faction et, si vous m'en croyez,
Rapportons ce que cette nuit nous avons vu
Au jeune Hamlet : car, sur ma vie,
Cet esprit devant nous muet lui parlera.

M'accordez-vous qu'il faut que nous l'en informions ?
Notre affection, notre devoir l'exigent !

MARCELLUS

Oui, faisons-le, je vous en prie.
Je sais où ce matin nous pourrons le voir.

Ils sortent.

Scène II

La salle du Conseil, au château.

Fanfare de trompettes. Entrent CLAUDIUS, *roi de Danemark,* GERTRUDE, *la reine, des conseillers,* POLONIUS *et son fils* LAËRTE, VALTEMAND *et* CORNÉLIUS. *Le dernier de tous vient le prince* HAMLET.

LE ROI

Bien que la mort d'Hamlet, notre cher frère,
Soit un souvenir toujours neuf ; et qu'il nous ait fallu
Garder nos cœurs en peine, et tout notre royaume
Crispé comme un seul front sous la douleur,
Voici : notre raison a si fort lutté contre la nature
Que, sages dans le chagrin, nous pensons au roi
Sans désormais nous oublier nous-mêmes.
Celle donc qui fut notre sœur, celle qui est notre reine,
L'impératrice douairière de ce pays belliqueux,
Nous l'avons — avec une joie pour ainsi dire défigurée,
Avec un œil joyeux et l'autre pleurant,
Avec de l'allégresse aux obsèques et un chant funèbre au
     mariage,
Tant nous tenons égaux le plaisir et le deuil,
— Epousée, et d'ailleurs, en tenant compte
De vos sages conseils qui, librement,

Nous ont toujours soutenu ; à vous tous, merci.
Et maintenant, ceci, que vous avez su : Fortinbras,
N'ayant de notre valeur qu'une faible idée
Ou pensant que la mort de notre cher frère
A rompu la charpente de l'État,
S'est armé de cet avantage imaginaire,
Et n'a pas manqué de nous importuner de messages
Exigeant le retour de ces territoires
Que son père avait dû céder, en bonne et due forme,
A notre vaillant frère... Suffit, pour lui.
Pour nous — c'est la raison de cette assemblée —
Voici notre propos : nous avons écrit
A Norvège, l'oncle du jeune Fortinbras,
Qui, impotent, cloué au lit, ne sait qu'à peine
Ce qu'entreprend son neveu ; nous le prions
De mettre un terme à ses agissements, car les levées,
Les conscriptions, le plein des effectifs
Se font parmi ses sujets ; et nous vous envoyons,
Vous mon cher Cornélius et vous Valtemand,
Porter ce compliment au vieux Norvège
Mais limitons vos pouvoirs personnels,
Dans les négociations avec le roi,
Aux prescriptions détaillées que voici... Au revoir,
Que votre diligence nous marque votre zèle.

CORNÉLIUS, VALTEMAND

En ceci comme en tout nous vous témoignerons notre
zèle.

LE ROI

Nous n'en doutons pas. Au revoir, mes bons amis.

Sortent Cornélius et Valtemand.

Laërte, à vous maintenant. Qu'y a-t-il ?
Vous nous avez parlé d'une requête ; de quoi s'agit-il,
Laërte ?
Si vous parlez raison au roi de Danemark,
Vous ne le ferez pas en vain ; que peux-tu désirer, Laërte,

Que je ne veuille t'offrir, plus encore que t'accorder ?
La tête n'est pas plus dévouée au cœur,
La main plus empressée à servir la bouche
Que ne l'est à ton père le trône de Danemark.
Que veux-tu donc, Laërte ?

LAËRTE

Mon redouté seigneur,
Votre gracieux congé de repartir en France.
Avec empressement je suis venu au Danemark
Vous rendre hommage au jour du couronnement.
Mais ce devoir rempli, sire, je vous l'avoue,
Mes pensées et mes vœux retrouvent la France
Et sollicitent humblement votre bienveillant congé.

LE ROI

Avez-vous l'accord paternel ? Polonius ?

POLONIUS

Il a fini, monseigneur, par me l'arracher
A force de prières ; et j'en suis venu
A mettre à son désir le sceau d'un consentement forcé.
Je vous en prie, permettez-lui de repartir.

LE ROI

Jouis de tes belles heures, Laërte, profite de ton temps,
Dépense-le au gré de tes plus charmantes vertus...
Mais vous, Hamlet, mon neveu, mon fils...

HAMLET, *à part.*

Bien plus fils ou neveu que je ne le veux[4] !

LE ROI

D'où vient que ces nuées vous assombrissent encore ?

HAMLET

Allons donc, monseigneur, je suis si près du soleil[5] !

LA REINE

Mon cher Hamlet, défais-toi de cette couleur nocturne,
Regarde Danemark avec amitié ;
Ne cherche pas toujours de tes yeux baissés
Ton noble père dans la poussière.
C'est la loi commune, tu le sais, tout ce qui vit doit mourir
Et quitter notre condition pour regagner l'éternel.

HAMLET

Eh oui, madame. Cela au moins [6] est commun.

LA REINE

Puisqu'il en est ainsi,
Qu'y a-t-il donc dans ton cas qui te semble si singulier ?

HAMLET

Qui me semble, madame ? Oh non : qui est ! Je ne sais pas
Ce que sembler signifie !
Ce n'est pas seulement mon manteau d'encre, ma chère
  mère,
Ni ce deuil solennel qu'il faut bien porter,
Ni les vains geignements des soupirs forcés,
Ni les fleuves intarissables nés des yeux seuls,
Ni même l'air abattu du visage, non, rien qui soit
Une forme ou un mode ou un aspect du chagrin,
Qui peut me peindre au vrai. Ce ne sont là que semblance,
  en effet,
Ce sont là les actions qu'un homme peut feindre,
Les atours, le décor de la douleur,
Mais ce que j'ai en moi, rien ne peut l'exprimer.

LE ROI

C'est votre bon, votre louable naturel, Hamlet,
Qui rend à votre père ces devoirs funèbres.
Mais, ne l'oubliez pas, votre père perdit un père,
Ce père avait perdu le sien ; et, s'il convient
Que par piété filiale le survivant

Garde un moment la tristesse du deuil,
S'obstiner dans cette affliction, c'est faire preuve
D'entêtement impie, d'un chagrin indigne d'un homme,
C'est marquer une volonté contraire au Ciel,
Un cœur sans énergie, une âme sans frein,
Un jugement débile et inéduqué.
Car ce que nous savons qui doit advenir,
Ce qui est ordinaire autant que la chose la plus commune,
Pourquoi nous faudrait-il, dans notre absurde révolte,
Le prendre à cœur ? Allons donc, c'est pécher contre le
    Ciel,
Pécher contre les morts, contre la nature,
Et c'est absurde surtout devant la raison, dont le lieu
    commun
Est la mort des pères, elle qui toujours a crié,
Depuis le premier mort jusqu'à aujourd'hui,
« Il en doit être ainsi »... Jetez, nous vous en prions,
Cet impuissant chagrin dans la poussière ; et tenez-nous
Pour un père nouveau : car il faut que le monde sache
Que vous êtes le plus proche de notre trône,
Et que je vous chéris d'un amour non moins haut
Que celui que le père le plus tendre
Porte à son fils... Quant à votre projet
De retourner aux écoles de Wittenberg[7],
Il est à l'opposé de notre désir. Et nous vous prions
D'accepter de rester ici, où vous serez
Sous nos yeux souverains, pour votre joie,
Le premier de nos courtisans, notre neveu, notre fils.

LA REINE

Ne sois pas insensible aux prières de ta mère, Hamlet.
Reste avec nous, ne va pas à Wittenberg, je te prie.

HAMLET

Je vous obéirai de mon mieux, madame.

LE ROI

Voilà une affectueuse, une courtoise réponse !

Soyez au Danemark un autre nous-même. Venez,
  madame.
Ce libre consentement d'Hamlet, cette gentillesse
Réjouissent mon cœur. Et en action de grâces,
Que Danemark aujourd'hui ne lève jamais son verre,
Sans que le grand canon n'en porte aux nues l'allégresse.
Ainsi les cieux rediront chaque rasade du roi
En répétant le tonnerre terrestre. Allons, venez !

                  Fanfares. Tous sortent, sauf Hamlet.

                        HAMLET

Ô souillures, souillures[8] de la chair ! Si elle pouvait
  fondre,
Et se dissoudre et se perdre en vapeurs !
Ou encore, si l'Éternel n'avait pas voulu
Que l'on ne se tue pas soi-même ! Ô Dieu, ô Dieu,
Qu'épuisant et vicié, insipide, stérile
Me semble le cours du monde !
Horreur, il fait horreur ! C'est un jardin
D'herbes folles montées en graine, et que d'affreuses
  choses
Envahissent et couvrent. En être là ! Et seulement
Deux mois après sa mort. Deux mois ? Non, même pas.
Un roi si grand, qui fut à celui-ci
Ce qu'Hypérion est au satyre ; et pour ma mère, si tendre
Qu'il ne permettait pas que les vents du ciel
Passent trop durement sur son visage. Cieux et terre !
Est-ce à moi de m'en souvenir ? Quoi, elle se pendait à lui
Comme si son désir de se rassasier
N'en était que plus vif, et pourtant, en un mois...
Que je n'y pense plus ! Faiblesse, tu es femme !
Un petit mois. Ces souliers ne sont pas usés
Avec lesquels elle a suivi son triste corps,
Telle que Niobé, tout en pleurs ; et c'est elle, elle-même,
— Ô Seigneur, une bête, sans esprit,
Aurait souffert plus longtemps — qui épouse mon oncle,
Le frère de mon père, mais aussi différent de lui

Que je peux l'être d'Hercule [9]. Un simple mois,
Et avant que le sel des larmes menteuses
Eût cessé d'irriter ses yeux rougis,
Elle se remariait. Oh, quelle hâte criminelle, de courir
Si ardemment aux draps incestueux !
Ce n'est pas bien, et rien de bien n'en peut venir.
Mais brise-toi, mon cœur, car je dois me taire.

Entrent Horatio, Marcellus et Bernardo.

HORATIO

Salut à Votre Seigneurie !

HAMLET

Quel plaisir de vous voir. Vous allez bien...
Horatio ! ou je me suis oublié moi-même !

HORATIO

C'est bien lui, monseigneur, et à jamais
Votre humble serviteur.

HAMLET

Non, monsieur, mon ami. C'est ce nom-là
Que nous échangerons. Mais, par le Ciel,
Que faites-vous si loin de Wittenberg ? Marcellus...

MARCELLUS

Mon cher seigneur !

HAMLET

Je suis bien heureux de vous voir... (*A Bernardo.*)
    Bonsoir, monsieur.
Mais qu'est-ce diable qui vous a fait quitter Wittenberg ?

HORATIO

Le goût du vagabondage, mon cher seigneur.

HAMLET

Je ne souffrirais pas que votre ennemi le dise,

Et vous ne pourrez pas forcer mon oreille
A croire au mal que vous dites de vous.
Je sais que vous n'êtes pas un paresseux.
Mais quelle affaire vous amène à Elseneur ? Avant votre
  départ,
Nous vous aurons appris à boire sec.

HORATIO

Monseigneur, je suis venu aux obsèques de votre père.

HAMLET

Ne te moque pas, je te prie, mon camarade,
Dis que tu es venu au mariage de ma mère.

HORATIO

Il est vrai, monseigneur, qu'il les a suivies de bien près.

HAMLET

Économies, économies, Horatio ! Les gâteaux du repas
  funèbre
Ont été servis froids au festin des noces.
J'aurais mieux aimé rencontrer mon pire ennemi au Ciel,
Horatio, que de vivre un pareil jour...
Mon père, il me semble que je vois mon père.

HORATIO

Où, monseigneur ?

HAMLET

Avec les yeux de l'âme, Horatio.

HORATIO

Je l'ai vu une fois. C'était un vrai souverain.

HAMLET

C'était un homme, voilà le vrai,
Jamais je ne reverrai son pareil.

HORATIO

Monseigneur, je crois bien que je l'ai vu cette nuit.

HAMLET

Vu ? Qui ?

HORATIO

Le roi votre père, monseigneur.

HAMLET

Le roi mon père ?

HORATIO

Réprimez un moment votre surprise, accordez-moi
Toute votre attention. Je vais vous rapporter,
Avec le témoignage de ces gentilshommes,
Quelle chose étonnante...

HAMLET

Pour l'amour de Dieu, dites-moi !

HORATIO

Deux soirs de suite ces gentilshommes,
Marcellus et Bernardo, qui faisaient le guet
Aux heures les plus mortes de la nuit,
Ont fait cette rencontre : une forme, semblable à votre
       père,
Armée de toutes pièces et de pied en cap,
Apparaît devant eux et, solennellement, avec majesté,
Marche près d'eux, lentement. Elle passe, trois fois,
Sous leurs yeux accablés de surprise et de peur,
A une longueur de glaive. Et, dans l'instant,
Réduits presque en bouillie par l'épouvante,
Eux ne peuvent lui dire mot ; ce n'est qu'à moi
Qu'en secret et tremblants ils se sont confiés.
J'ai monté la garde avec eux la troisième nuit,
Et à l'heure et sous l'apparence qu'ils m'avaient dites,
Confirmant chacun de leurs mots, l'apparition

Est venue. J'ai pu reconnaître votre père.
Ces mains ne sont pas plus semblables.

HAMLET

Mais où était-ce ?

MARCELLUS

Monseigneur, sur la terrasse du guet.

HAMLET

Ne lui avez-vous rien dit ?

HORATIO

Si, monseigneur,
Mais il n'a pas répondu, bien qu'une fois
Il m'ait semblé qu'il levât la tête, et qu'il ébauchât
Un mouvement, comme pour parler.
Mais juste alors le coq du matin a chanté
Et à ce cri il s'est enfui en hâte
Et s'est évanoui à nos regards.

HAMLET

C'est vraiment étrange.

HORATIO

C'est aussi vrai que je vis, mon vénéré seigneur,
Et il nous a paru que notre devoir
Nous prescrivait de vous en instruire.

HAMLET

En effet, messieurs, en effet ; mais cela m'inquiète.
Prenez-vous la garde ce soir ?

TOUS

Oui, monseigneur.

HAMLET

Armé, dites-vous ?

TOUS

Armé, monseigneur.

HAMLET

De pied en cap ?

TOUS

Oui, monseigneur, de la tête au pied.

HAMLET

Vous n'avez donc pas vu sa figure ?

HORATIO

Oh si, monseigneur. Sa visière était levée.

HAMLET

Et semblait-il irrité ?

HORATIO

Plutôt triste qu'en colère.

HAMLET

Pâle, ou le teint vif ?

HORATIO

Pâle, très pâle.

HAMLET

Et il fixait les yeux sur vous ?

HORATIO

Oui, fermement.

HAMLET

Que j'aurais voulu être là !

HORATIO

Il vous eût frappé de stupeur.

HAMLET

C'est très probable, très probable... Et il est resté
  longtemps?

HORATIO

Le temps de compter jusqu'à cent, sans se presser.

MARCELLUS, BERNARDO

Plus longtemps, plus longtemps!

HORATIO

Non pas quand je l'ai vu.

HAMLET

Sa barbe grisonnait, n'est-ce pas?

HORATIO

Elle était comme je l'ai vue quand il vivait,
D'un noir qui s'argentait.

HAMLET

Je monterai la garde cette nuit.
Peut-être reviendra-t-il?

HORATIO

Je vous le garantis.

HAMLET

S'il revêt l'apparence de mon noble père,
Je lui parlerai, dût l'enfer lui-même s'ouvrir
Pour m'ordonner de me taire; je vous prie, tous,
Si vous avez tenu secret jusqu'à présent
Ce que vous avez vu, taisez-le encore
Et, quoi qu'il puisse advenir cette nuit,
Confiez-le à l'esprit et non à la langue,
J'en saurai gré à votre affection... Au revoir.
Sur les remparts, entre onze heures et minuit,
Je viendrai vous rejoindre.

TOUS

Que Votre Honneur accepte nos respects.

HAMLET

Votre amitié plutôt, comme vous la mienne. Au revoir.

Ils sortent.

Le spectre de mon père, en armes ! C'est mauvais signe.
Je soupçonne une félonie. Ah, que la nuit n'est-elle
   venue !
Jusque-là reste en paix, mon âme. Les forfaits,
Quand ils seraient enfouis sous toute la terre,
Reparaissent toujours au regard des hommes.

Il sort.

Scène III

Une salle de la demeure de Polonius.

Entrent LAËRTE *et sa sœur* OPHÉLIE.

LAËRTE

Mes bagages sont à bord. Adieu, ma sœur.
Et n'est-ce pas, quand les vents seront favorables
Et qu'une occasion s'offrira, ne faites pas l'endormie,
Écrivez-moi.

OPHÉLIE

En doutez-vous ?

LAËRTE

Pour ce qui est d'Hamlet, et de ses futiles faveurs,
N'y voyez qu'une fantaisie, le caprice d'un jeune sang.
C'est la violette en sa prime saison,

Précoce mais sans durée, douce mais périssable,
Le parfum et l'amusement d'une minute,
Rien de plus.

OPHÉLIE

Rien de plus que cela ?

LAËRTE

Non, rien de plus... Car la croissance
Ne développe pas les seuls muscles ni la stature,
Mais à mesure que ce temple s'agrandit
Le service de l'âme et de l'esprit
Se fait plus exigeant. Peut-être en ce moment vous
    aime-t-il,
Et rien d'impur ni de mensonger ne ternit
La noblesse de son désir. Mais voyez sa grandeur, et
    redoutez
Qu'il ne soit pas le maître de ses projets,
Lui-même étant soumis à sa haute naissance.
Il ne saurait comme les gens de peu
Se servir à son gré, car de son choix dépend
Le bien-être et la force de l'État,
Ce qui fait que ce choix est limité
Par l'exigence ou l'assentiment de ce corps
Dont il demeure la tête. S'il vous dit qu'il vous aime,
Soyez donc assez sage pour ne le croire
Que pour autant que sa position personnelle
Lui permet de tenir parole : c'est-à-dire
Pas plus que ne voudra l'opinion publique.
Comprenez quelle atteinte pourrait subir votre honneur
Si d'une oreille trop crédule vous écoutez ses chansons,
Ou s'il prend votre cœur ! Si vous livrez
Ce trésor, votre chaste corps, à sa fougue
Sans retenue ! Ophélie, redoutez
Ce péril, oui, redoutez-le, ma chère sœur,
Et que votre tendresse soit sur ses gardes,
Hors de portée du dangereux désir.
« La plus prudente vierge est encore prodigue

De sa beauté, si elle la dévoile à la lune.
La vertu elle-même n'échappe pas
Aux coups de la calomnie. Le ver rongeur
Habite les enfants du printemps, trop souvent
Avant même que leurs boutons ne soient éclos.
Et c'est dans la limpide rosée de ce matin, la jeunesse,
Qu'il faut craindre le plus les miasmes mortels. »
Ayez donc peur : c'est la meilleure sauvegarde,
Car le sang bout quand on est jeune, et même si on est
    seul.

OPHÉLIE

L'impression que m'ont faite vos bons conseils
Veillera sur mon cœur. Mais, mon cher frère,
N'allez pas imiter ces coupables apôtres
Qui nous montrent la voie des ronces vers le ciel,
Tandis qu'eux-mêmes, impudents, assouvis,
Suivent parmi les fleurs le sentier des plaisirs
Sans se soucier de leurs propres sermons.

Entre Polonius.

LAËRTE

Oh ! quant à moi, ne craignez rien !
Mais je m'attarde trop... Voici mon père.
Être deux fois béni vaut double grâce,
C'est un sourire de la chance que de seconds adieux.

POLONIUS

Encore ici, Laërte ? A bord, voyons, à bord !
Le vent gonfle l'épaule de votre voile,
On n'attend plus que vous... Allons, que je te bénisse !
Et prends soin de graver dans ta mémoire
Ces quelques préceptes-ci : sur tes pensées, pas un mot ;
A celles qui seraient immodérées, pas de suite ;
Sois familier, mais sans ombre de privautés ;
Les amis que tu as, une fois éprouvés,
Enclos-les dans ton âme avec des barres de fer,

Mais n'use pas tes mains à bien accueillir
Le premier blanc-bec un peu matamore. Garde-toi
D'entrer dans une querelle ; mais, engagé,
Mène-la de façon que l'on se garde de toi.
Donne à tous ton oreille ; à très peu ta voix.
Prends l'avis de chacun, mais réserve le tien.
Vêts-toi aussi coûteusement que ta bourse te le permet,
Mais sans extravagance : un habit riche, mais non voyant,
Car la mise souvent dit ce qu'est l'homme
Et en France les gens du meilleur monde
Montrent par là surtout qu'ils sont bien nés.
N'emprunte ni ne prête ; car prêter,
C'est souvent perdre et l'argent et l'ami,
Et emprunter use l'esprit d'épargne.
Ceci surtout : envers toi sois loyal,
Et aussi sûrement que la nuit suit le jour,
Il s'ensuivra que tu ne pourras pas tromper les autres.
Adieu... Que ma bénédiction fasse fructifier tout ceci.

LAËRTE

Très humblement je prends congé de vous, monseigneur.

POLONIUS

L'heure est venue, allez, vos serviteurs attendent.

LAËRTE

Au revoir, Ophélie. Ce que je vous ai dit,
Souvenez-vous-en bien.

OPHÉLIE

Tout est enclos dans ma mémoire,
Et vous en garderez la clef.

LAËRTE

Adieu.

Il sort.

POLONIUS

Qu'est-ce donc qu'il vous a dit, Ophélie ?

OPHÉLIE

S'il vous plaît, quelque chose au sujet du seigneur
    Hamlet.

POLONIUS

Ah ! bonne idée !
On m'a dit qu'il vous a, depuis quelque temps,
Recherchée bien des fois en particulier ; et que vous-
    même
Avez été bien généreuse, oui, bien prodigue
De votre accueil. Si cela — qu'on m'a rapporté
Pour me mettre en garde — est exact, alors il me faut vous
    dire
Que vous ne voyez pas assez clairement
Ce qui sied à ma fille et à votre honneur.
Qu'y a-t-il entre vous ? Dites-moi toute la vérité.

OPHÉLIE

Monseigneur, il m'a maintes fois fait l'offre, ces derniers
    temps,
D'avoir de l'affection pour moi.

POLONIUS

De l'affection ! Taratata ! Vous parlez comme une fille
    naïve
Qui ne sait rien de ces périlleuses circonstances.
Ces offres, comme vous dites, y croyez-vous ?

OPHÉLIE

Je ne sais pas ce que j'en dois penser, monseigneur.

POLONIUS

Eh bien, je vais vous le dire. Pensez que vous n'êtes
    qu'une enfant
De prendre pour argent comptant ces offres

Qui n'ont pas de valeur. Estimez-vous plus haut que de
    telles offres,
Sinon, au risque d'essouffler ce pauvre mot
A trop le faire courir,
Vous m'offrirez une autre petite sotte [10].

OPHÉLIE

Monseigneur, il me presse de son amour
De la façon la plus honorable.

POLONIUS

Ah oui, façons, comme vous dites, façons, façons !

OPHÉLIE

Et il a garanti ses paroles, monseigneur,
De tous les serments [11] les plus sacrés.

POLONIUS

Ah, piège pour les bécasses ! moi, je sais
Combien facilement, quand le sang brûle,
L'âme prête à la bouche les serments. Ces flammes-là, ma
    fille,
Donnent moins de chaleur que de lumière, et l'une et
    l'autre
S'éteignent aussitôt les promesses faites,
N'y voyez pas un feu ! Et, désormais, soyez
Quelque peu plus avare de votre virginale présence,
Mettez votre rencontre à un plus haut prix
Qu'une offre de parlementer... Pour monseigneur Ham-
    let,
Pensez de lui ceci seulement : qu'il est jeune
Et qu'il peut beaucoup plus tirer sur sa longe
Que vous ne le pourrez jamais. En un mot, Ophélie,
Ne vous fiez pas à ses serments, car ce sont des
    entremetteurs
Bien différents du vêtement qu'ils portent,
Qui ne font que plaider pour d'infâmes requêtes
Et ne prennent des airs de sainte Nitouche

Que pour mieux vous tromper... Une fois pour toutes,
Et pour vous parler net, je ne veux plus
Que vous déshonoriez le moindre de vos loisirs
A bavarder avec monseigneur Hamlet.
Veillez-y bien, je vous l'ordonne. Allez, allez !

OPHÉLIE

Je vous obéirai, monseigneur.

Ils sortent.

Scène IV

La terrasse sur les remparts.

Entrent HAMLET, HORATIO *et* MARCELLUS.

HAMLET

La bise pince durement, il fait grand froid.

HORATIO

C'est une aigre et mordante bise.

HAMLET

Quelle heure est-il à présent ?

HORATIO

Pas bien loin de minuit, je pense.

MARCELLUS

Non, minuit a sonné.

HORATIO

Vraiment ? Je n'avais pas entendu... C'est bientôt l'heure

Où le spectre a coutume de venir.

Une fanfare de trompettes et des coups de canon.

Qu'est-ce que cela, monseigneur ?

HAMLET

Le roi veille, il se saoule, cette nuit,
Il mène l'impudente orgie du parvenu,
Et à chaque hanap de vin du Rhin qu'il vide,
Les timbales et les trompettes se déchaînent
Pour témoigner de ses prouesses de buveur.

HORATIO

Est-ce l'habitude d'ici ?

HAMLET

Eh oui, pardieu,
Mais selon moi, bien que je sois de ce pays
Et rompu de naissance à ses usages,
L'honneur voudrait que cette coutume
Soit réformée plutôt que suivie. Cette débauche stupide
Fait que nous sommes de l'Orient à l'Occident
Dénigrés et blâmés par les autres peuples
Qui nous disent ivrognes, et souillent notre nom
De celui de pourceau. Certes, ce vice enlève
A nos exploits, si superbes soient-ils,
La substance et la moelle de leur gloire...
Et dans l'homme il en va de même : maintes fois,
Pour une tare fâcheuse de sa nature,
Un défaut de naissance (et en est-il coupable
Puisqu'on ne peut choisir son origine ?),
Soit qu'il cède à l'empire excessif d'une humeur
Qui renverse souvent les tours de sa raison,
Soit que quelque habitude, ferment trop fort,
Vienne dénaturer ses plus belles manières,
Maintes fois donc, marqué du sceau d'un seul défaut
Qui n'accuse que sa nature ou son étoile,
Et si même il montrait dans ses autres vertus

La pureté du ciel et toute la grandeur
Dont notre condition peut porter le poids,
Maintes fois il sera discrédité
Dans tous les examens les plus généraux
Pour cette faute particulière. Une goutte de mal
Noircit souvent [12] la plus noble substance
Pour son plus grand dommage...

Paraît le spectre.

HORATIO

Monseigneur, voyez ! Le voici !

HAMLET

Ministres de la grâce, anges, secourez-nous !
Que tu sois un élu ou un démon,
Que tu apportes l'air céleste ou des bouffées de l'enfer,
Que tes fins soient malignes ou charitables,
Tu viens sous un aspect si mystérieux
Que je te parlerai ! Oui, je te nomme
Hamlet, mon roi, mon père et Danemark ! Oh, réponds-
   moi !
Ne fais pas que j'étouffe d'ignorance, dis
Pourquoi tes os bénis dans leur coffre funèbre
Ont percé leur linceul. Et pourquoi le sépulcre,
Dans lequel je t'ai vu reposer en paix,
A soudain desserré ses mâchoires de marbre
Pour te jeter ici-bas. Ô toi, corps mort
Et de nouveau debout dans l'acier, que veut dire
Que tu viennes revoir les lueurs de la lune,
Et faire affreuse la nuit, et nous, les dupes de Nature,
Si durement nous ébranler dans tout notre être
Par des pensées que l'âme ne peut atteindre ?
Pourquoi cela, pourquoi ? Dis, que veux-tu de nous ?

Le spectre fait un signe.

HORATIO

Il vous fait signe d'aller avec lui

Comme si, à vous seul,
Il désirait apprendre quelque chose.

MARCELLUS

Voyez de quel geste courtois
Il vous appelle vers un lieu plus à l'écart.
Mais ne le suivez pas !

HORATIO

Oh non, à aucun prix !

HAMLET

Il ne parlera pas, je le suivrai donc.

HORATIO

Ne le faites pas, monseigneur !

HAMLET

Allons donc, que pourrais-je craindre ?
J'ai souci de ma vie comme d'une épingle,
Et mon âme, quel tort lui ferait-il
Puisqu'elle est comme lui chose immortelle ?
Il m'appelle à nouveau, je le suis donc.

HORATIO

Et s'il vous attirait vers les flots, monseigneur,
Ou le sommet affreux de cette falaise
Qui avance au-dessus des rives sur la mer,
Pour prendre là quelque autre horrible forme
Qui détrônât en vous toute raison
Et vous précipitât dans la folie ? Réfléchissez !
Le seul aspect du lieu est désespoir
Pour qui regarde à l'aplomb de la mer
Et l'écoute rugir au-dessous de lui.

HAMLET

Il me fait signe encore.
Va ; je te suis.

MARCELLUS

Vous n'irez pas !

HAMLET

Lâchez-moi !

HORATIO

Cédez-nous, monseigneur, vous n'irez pas.

HAMLET

Mon destin me réclame
Et fait la moindre fibre de mon corps
Dure comme le nerf du lion de Némée.
Il m'appelle à nouveau, lâchez-moi, messieurs.
Par le Ciel ! Qui me retiendra, j'en fais un fantôme !
Arrière, je vous dis ! Va, je te suis.

Le spectre sort, suivi d'Hamlet.

HORATIO

Le trouble de son esprit l'entraîne à tout risquer.

MARCELLUS

Suivons-le, on a tort de lui obéir ainsi.

HORATIO

Oui, allons. Que va-t-il sortir de tout cela ?

MARCELLUS

Quelque chose est pourri dans le royaume de Danemark.

HORATIO

Le Ciel y pourvoira.

MARCELLUS

Quand même, suivons-le.

Ils sortent.

Scène V

Un espace découvert devant le château.

Entre LE SPECTRE, *suivi d'*HAMLET.

HAMLET

Où me conduis-tu ? Parle, je n'irai pas plus loin.

LE SPECTRE

Écoute-moi.

HAMLET

Oui, je veux t'écouter.

LE SPECTRE

L'heure est presque venue
Où je dois retourner
Aux flammes sulfureuses torturantes.

HAMLET

Hélas ! pauvre ombre !

LE SPECTRE

Ne me plains pas, mais attentivement, écoute
Ce que je vais te révéler.

HAMLET

Parle, je suis prêt à entendre.

LE SPECTRE

Et à venger, quand tu auras entendu ?

HAMLET

A venger ?

LE SPECTRE

Je suis l'esprit de ton père,
Condamné pour un temps à errer, de nuit,
Et à jeûner le jour dans la prison des flammes
Tant que les noires fautes de ma vie
Ne seront pas consumées. Si je n'étais astreint
A ne pas dévoiler les secrets de ma geôle,
Je pourrais te faire un récit dont le moindre mot
Déchirerait ton âme, glacerait
Ton jeune sang, arracherait tes yeux comme deux étoiles
A leur orbite, et déferait tes boucles et tes tresses,
Dressant séparément chaque cheveu
Comme un piquant de l'inquiet porc-épic.
Mais le savoir de l'éternel est refusé
Aux oreilles de chair et sang. Écoute, écoute, écoute !
Si jamais tu aimas ton tendre père...

HAMLET

Ô Dieu !

LE SPECTRE

Venge son meurtre horrible et monstrueux.

HAMLET

Son meurtre !

LE SPECTRE

Un meurtre horrible ainsi qu'est toujours le meurtre,
Mais celui-ci horrible, étrange et monstrueux.

HAMLET

Vite, instruis-moi. Et d'une aile aussi prompte
Que l'intuition [13] ou la pensée d'amour
Je vole te venger.

LE SPECTRE

Je vois que tu es prêt.
Et tu serais plus inerte que l'herbe grasse

Qui pourrit sur les rives molles du Léthé
Si mon récit ne t'émouvait pas : écoute, Hamlet,
On a dit que, dormant dans mon verger,
Un serpent me piqua. Et tout le Danemark
Est ainsi abusé, grossièrement,
Par cette relation, menteuse. Mais, sache-le,
Toi qui es jeune et qui es noble, sache-le :
Le serpent dont le dard tua ton père
Porte aujourd'hui sa couronne.

HAMLET

Ô mon âme prophétique !
Mon oncle ?

LE SPECTRE

Oui, cette bête incestueuse, adultère,
Par ses ruses ensorcelées, ses cadeaux perfides
— Oh ! que pervers ils sont, cadeaux et ruses
Qui ont eu ce pouvoir de séduire ! — a gagné
A sa lubricité honteuse les désirs
De ma reine, qui affectait tant de vertu.
Ô Hamlet, quelle chute ce fut là !
Quand mon amour était d'une dignité si haute
Qu'il allait la main dans la main avec le serment
Que je lui fis en mariage, s'abaisser
A la misère de cet être dont les dons
Furent si indigents au regard des miens !
Mais de même que la vertu ne s'émeut pas
Quand la débauche la courtise avec des airs d'âme sainte,
De même la luxure, serait-elle
Unie à un ange de feu,
Se lasse de sa couche pourtant céleste
Et se repaît d'immondices... Mais, du calme !
Il me semble sentir l'air du matin,
Je serai bref... Dormant, dans mon verger,
Comme je le faisais chaque après-midi,
Ton oncle vint furtif à cette heure calme,
Portant le suc maudit de l'hébénon [14],

Et il versa par les porches de mes oreilles
Cette essence lépreuse dont l'effet
Est à tel point hostile au sang de l'homme
Qu'aussi prompt que le vif-argent il se précipite
Par les seuils et les voies naturels du corps
Et glace et fige avec une vigueur brutale,
Comme d'acides gouttes dans le lait,
Le sang fluide et sain. Tel fut mon sort.
Une éruption instantanée comme une lèpre
Boursoufla d'une croûte infâme, répugnante,
Ma souple et saine peau. Et c'est ainsi
Que j'ai perdu la vie, la couronne et ma reine
D'un seul coup en dormant par la main d'un frère,
Et qu'en la fleur de mes péchés je fus moissonné
Sans communion, viatique ni onction,
Oui, envoyé, sans m'être préparé, devant mon juge
Avec tous mes défauts. Oh, c'est horrible,
Horrible, trop horrible ! Si ton sang
Parle, ne le supporte pas, ne souffre pas
Que la couche royale du Danemark
Soit un lit de luxure et d'inceste maudit...
Mais de quelque façon que tu agisses,
Ne souille pas ton âme, ne fais rien
Contre ta mère. C'est l'affaire du Ciel
Et des ronces qui logent dans son cœur
Pour la percer, pour la déchirer. Vite, adieu.
Le ver luisant trahit que le matin est proche
En ternissant ses inutiles feux.
Adieu, adieu, adieu, ne m'oublie pas !

Le spectre disparaît.

HAMLET

Ô vous, toutes armées du Ciel ! Ô terre ! Et quoi encore ?
Faut-il y joindre l'enfer ? Infamie ! Calme-toi, calme-toi,
    mon cœur,
Et vous, mes nerfs, d'un coup ne vieillissez pas,
Mais tendez-vous pour me soutenir... Que je ne t'oublie
    pas ?

Non, pauvre spectre, non, tant que la mémoire
Habitera ce globe[15] détraqué.
Que je ne t'oublie pas ? oh, des tables de ma mémoire
Je chasserai tous les futiles souvenirs,
Tous les dires des livres, toute impression, toute image
Qu'y ont notés la jeunesse ou l'étude,
Et seul vivra ton commandement,
Séparé des matières plus frivoles,
Dans le livre de mon cerveau ; oui, par le Ciel !
Ô femme pernicieuse, pernicieuse !
Ô traître, traître, ô maudit traître souriant !
Mon carnet ! Il est bon que j'y inscrive
Qu'on peut sourire et toujours sourire et être un traître,
C'est, j'en suis sûr, au moins le cas au Danemark.
Voici, mon oncle, vous êtes là… Et maintenant, ma
    devise.
Elle sera : « Adieu, adieu, ne m'oublie pas »…
Je l'ai juré.

> *Horatio et Marcellus appellent dans les ténèbres.*

HORATIO

Monseigneur, monseigneur !

MARCELLUS

Monseigneur Hamlet !

HORATIO

Que le Ciel le protège !

HAMLET, *bas.*

Ainsi soit-il.

MARCELLUS

Illo, ho, ho, monseigneur !

HAMLET

Illo, ho, ho, petit ! Viens, oiseau[16], viens.

> *Ils aperçoivent Hamlet.*

MARCELLUS

Eh bien, mon noble seigneur ?

HORATIO

Quelles nouvelles, monseigneur ?

HAMLET

Oh ! prodigieuses !

HORATIO

Mon cher seigneur, dites-les-nous.

HAMLET

Non, vous iriez les redire.

HORATIO

Pas moi, par Dieu, monseigneur.

MARCELLUS

Et moi non plus, monseigneur.

HAMLET

Eh bien, qu'en dites-vous ? Quel cœur eût pensé cela ?
Mais vous tiendrez le secret ?

HORATIO, MARCELLUS

Oui, monseigneur, devant Dieu.

HAMLET

Il n'y a pas dans tout le Danemark un traître...
Qui ne soit un fieffé coquin.

HORATIO

Fallait-il, monseigneur, qu'un spectre quittât sa tombe
Pour nous apprendre cela ?

HAMLET

Ah ! c'est juste, vous voyez juste.

Et c'est pourquoi sans plus de détour,
Je crois qu'il faut nous serrer la main et nous séparer.
Allez où vos affaires vous appellent, ou votre désir,
Car chaque homme a bien ses affaires ou son désir,
Qu'ils soient ceci ou cela. Pour ma pauvre part, voyez-
    vous,
J'irai prier.

HORATIO

Ce ne sont là que des mots, décousus et incohérents.

HAMLET

Je regrette de tout mon cœur qu'ils vous offensent,
Oui, sur ma foi, de tout mon cœur.

HORATIO

Il n'y a pas d'offense, monseigneur.

HAMLET

Mais si, par saint Patrick[17], il y a offense,
Une grande offense, Horatio[18]... Pour cette apparition,
C'est un honnête fantôme, cela je puis vous le dire.
Quant à savoir ce qui s'est passé entre nous,
Surmontez ce désir de votre mieux... Mes bons amis,
Puisque vous êtes mes amis, mes frères d'armes et
    d'étude,
Accordez-moi une pauvre faveur.

HORATIO

Laquelle, monseigneur ? Nous sommes prêts.

HAMLET

Ne jamais révéler ce que vous avez vu cette nuit.

HORATIO, MARCELLUS

Jamais, monseigneur !

HAMLET

Oui, mais jurez-le.

HORATIO

Sur ma foi, monseigneur, je ne dirai rien.

MARCELLUS

Et moi non plus, monseigneur.

HAMLET

Jurez sur mon épée.

MARCELLUS

Nous avons déjà juré, monseigneur.

HAMLET

Non, non, sur mon épée.

LE SPECTRE, *sous terre.*

Jurez !

HAMLET

Ah ! ah ! mon garçon ! C'est donc cela que tu dis ? Tu es
là, mon brave ?
Venez, vous entendez le bonhomme à la cave [19] ?
Allons, jurez !

HORATIO

Dites-nous comment, monseigneur ?

HAMLET

Ce que vous avez vu, n'en jamais parler.
Sur mon épée, jurez-le.

LE SPECTRE, *sous terre.*

Jurez !

HAMLET

Hic et ubique ? Eh bien, nous allons changer de place.
Venez ici, messieurs. Et de nouveau
Étendez votre main sur mon épée.
Jurez sur mon épée
De ne jamais parler de ce que vous avez entendu.

LE SPECTRE, *sous terre*.

Jurez sur son épée.

HAMLET

Bien dit, vieille taupe ! Comment peux-tu avancer si vite,
    sous la terre ?
Fameux sapeur[20] ! Éloignons-nous encore, mes bons
    amis.

HORATIO

Par le jour et la nuit, ce sont d'étranges prodiges !

HAMLET

Eh bien, honorez-les comme des étrangers !
Il y a plus de choses sur la terre et dans le ciel, Horatio,
Que votre philosophie n'en rêve.
Mais venez... Et ici comme tout à l'heure,
Par la grâce qui nous assiste, que jamais,
Si étrange, si singulière soit ma conduite
(Car il se peut, bientôt, que je juge bon
D'endosser le manteau de la folie),
Que jamais, me voyant alors, jamais vous n'alliez
Avec vos bras croisés, comme ceci, avec ce hochement de
    tête
Ou par le biais de mots réticents
Tels que « Bien sûr, nous savons », ou « Si nous vou-
    lions... »
Ou « S'il nous plaisait... » ou « Il y en a, s'ils pou-
    vaient... »
Ou toute autre phrase ambiguë, laisser entendre
Que vous savez quelque chose sur moi — jurez cela,

Et que la grâce pitoyable vous assiste
Dans le suprême besoin.

LE SPECTRE, sous terre.

Jurez !

HAMLET

Calme-toi, calme-toi, esprit inquiet. *(Ils jurent une troi-
    sième fois.)* Maintenant, messieurs,
De tout mon cœur je m'en remets à vous
Et tout ce qu'un pauvre homme tel qu'Hamlet
Pourra vous témoigner d'amitié et d'amour,
Vous l'aurez, Dieu aidant. Rentrons ensemble,
Et vous, je vous en prie, bouche cousue.
Le temps est hors des gonds. Ô sort maudit
Qui veut que je sois né pour le rejointer !
Allons, rentrons ensemble.

Ils sortent.

ACTE II

Scène première

Une salle de la maison de Polonius.

POLONIUS *et* REYNALDO.

POLONIUS

Remettez-lui cet argent et ces lettres, Reynaldo.

REYNALDO

Oui, monseigneur.

POLONIUS

Et, mon bon Reynaldo, vous feriez fort bien,
Avant de lui rendre visite,
De vous informer de ses habitudes.

REYNALDO

C'était mon intention, monseigneur.

POLONIUS

Ah! quelle bonne, quelle excellente réponse! Tenez,
monsieur,
Recherchez-moi d'abord les Danois de Paris,
Qui sont-ils et comment ils vivent, quels sont leurs
moyens, leurs logis,

Leurs fréquentations, leur dépense. En découvrant
Par ces détours, par ces coups de sonde,
Qu'ils connaissent mon fils, vous parviendrez
Plus près du but qu'avec des questions précises.
Faites celui qui le connaît, si je puis dire, de loin.
Dites par exemple : je connais son père, ses amis,
Je le connais lui-même un peu... Vous me suivez,
    Reynaldo ?

REYNALDO

Oh ! oui, très bien, monseigneur.

POLONIUS

Lui-même un peu ; et, pourrez-vous dire, assez mal,
Mais s'il est celui que je crois, je le sais fort dissipé,
Adonné à ceci et à cela ; et alors, chargez-le
De tout ce qu'il vous plaît d'imaginer ; oh, rien de grave,
Rien qui atteigne son honneur, veillez-y bien,
Mais de ces turbulentes folies, de ces banales fredaines
Qui sont, comme chacun sait, l'habitude des jeunes gens
Quand ils sont laissés à eux-mêmes.

REYNALDO

Comme de jouer, monseigneur ?

POLONIUS

Oui, ou de boire, ou de ferrailler, ou de jurer,
Ou de se quereller, ou de putasser...
Vous pouvez aller jusque-là.

REYNALDO

Monseigneur, ce serait le déshonorer !

POLONIUS

Non, si vous savez bien doser vos critiques.
Car, surtout, n'allez pas laisser entendre
Qu'il est de sa nature un débauché.
Ce n'est pas ce que je veux dire ; non, mon ami,

Exposez ses défauts si adroitement
Qu'ils semblent les travers d'un esprit libre,
Les écarts et les feux d'une âme fougueuse,
L'ardeur d'un sang qui ne s'est pas dompté,
L'effervescence commune.

REYNALDO

Mais, monseigneur...

POLONIUS

Pourquoi agir de la sorte?

REYNALDO

Oui, monseigneur, c'est ce que je voulais savoir.

POLONIUS

Ah bien, monsieur, voici où je désire en venir,
Et c'est un stratagème, je crois, qui réussira.
Quand vous aurez chargé mon fils de ces ternissures
     légères,
Comme un ouvrage, dirai-je, un peu sali sur le métier,
Votre interlocuteur, écoutez-moi donc, Reynaldo,
Celui que vous voulez sonder,
Pour peu qu'il ait noté, dans le jeune homme
Dont vous l'entretenez, lesdites fautes,
Soyez sûr qu'il en conviendra avec des mots
Comme « mon bon monsieur » ou « ah, mon ami » ou
     « mais oui, messire »
Selon les tours familiers de cet homme
Et les titres qu'on donne dans son pays.

REYNALDO

Ce n'est pas douteux, monseigneur.

POLONIUS

Et alors, monsieur, il fera, il... que vous disais-je?
Par le Ciel, j'allais dire quelque chose.
A quoi en suis-je resté?

REYNALDO

A « il en conviendra », et « par ces mots »,
Et « mon ami » et « messire ».

POLONIUS

Ah oui, c'est ça, « par ces mots ». Oui, voici
Comment il approuvera : « Je connais ce seigneur,
Je l'ai vu hier, ou bien l'autre jour,
Ou à telle date ou telle autre, avec un tel ou un tel,
Et comme vous disiez il jouait, ou il était ivre
Dans une beuverie, ou à se disputer
Au jeu de paume » et, qui sait, « Je l'ai vu
Se glisser dans un de ces lieux »... En bonne langue,
Un bordel. Comprenez-vous, maintenant ?
Votre appât d'inexactitude a pris cette carpe, la vérité,
Et voilà comment, nous qui sommes sages, capables,
Par des feintes, par des attaques de biais
Nous savons aller droit par des détours.
Bien ! Cette leçon-là, et mes conseils,
Appliquez-les à mon fils. Vous m'avez compris, Rey-
naldo ?

REYNALDO

Je vous ai compris, monseigneur.

POLONIUS

Au revoir donc. Bon voyage.

REYNALDO

Je vous remercie, monseigneur.

POLONIUS

Gardez pour vous ses faiblesses !

REYNALDO

Oui, monseigneur.

POLONIUS

Et laissez-le jouer sa musique !

REYNALDO

Bien, monseigneur.

Il sort.

POLONIUS

Au revoir.

Entre Ophélie.

Eh bien, Ophélie, que se passe-t-il ?

OPHÉLIE

Ô monseigneur, monseigneur, j'ai été si effrayée !

POLONIUS

Par quoi, au nom du Ciel ?

OPHÉLIE

Monseigneur, j'étais dans ma chambre en train de coudre,
Quand monseigneur Hamlet, le pourpoint tout délacé,
Sans chapeau, les bas sans attache
Boueux et tout en plis sur les chevilles,
Pâle comme son linge, les genoux qui s'entrechoquaient
Et la mine aussi pitoyable que si l'enfer
L'eût relâché pour dire ses horreurs...
Le voilà qui se jette devant moi !

POLONIUS

Fou ? Par amour pour toi ?

OPHÉLIE

Je ne sais pas, monseigneur,
Mais je le crains.

POLONIUS

Que t'a-t-il dit ?

OPHÉLIE

Il m'a saisie par le poignet et m'a serrée fort,
Puis il s'est éloigné de toute la longueur de son bras,
Et avec l'autre main au-dessus des yeux, comme ceci,
Il m'a regardée au visage aussi fixement
Que s'il eût voulu me peindre. Il est longtemps demeuré,
    comme cela,
Puis à la fin, me secouant un peu le bras,
Et hochant par trois fois la tête, comme ceci,
Il a poussé un soupir si profond et si pitoyable
Qu'il semblait qu'il dût faire éclater son corps
Et mettre fin à ses jours. Il m'a ensuite lâchée
Et, la tête tournée vers moi par-dessus l'épaule,
Il semblait sans ses yeux trouver son chemin,
Car il est sorti sans leur aide et jusqu'au bout
Il m'a tenue sous leurs feux !

POLONIUS

Vite, viens avec moi. Allons trouver le roi.
C'est le délire même de l'amour
Qui se détruit par sa propre violence
Et voue la volonté aux pires extrêmes
A chaque fois qu'ici-bas nos passions
Affligent notre nature. — Ah, je regrette...
Voyons, lui avez-vous parlé avec dureté, récemment ?

OPHÉLIE

Non, monseigneur, mais selon vos ordres
J'ai repoussé ses lettres, j'ai refusé de le voir.

POLONIUS

C'est cela qui l'a rendu fou.
Je regrette bien de ne pas l'avoir observé
Avec plus d'attention et de jugement.
Je craignais qu'il ne fît que s'amuser
Et ne méditât de te perdre. Mais au diable tous mes
    soupçons !
Est-il donc aussi naturel aux gens de mon âge

De se laisser duper par leurs opinions
Qu'il est fréquent de voir les jeunes gens
Manquer de retenue ? Viens, allons chez le roi,
Il faut qu'il sache tout : car celer cet amour
Causerait plus de peine
Que de le révéler ne nous vaudra de haine.
Allons, viens.

Ils sortent.

Scène II

Une salle du château.

Sonneries de trompettes. Entrent LE ROI *et* LA REINE,
suivis par ROSENCRANTZ, GUILDENSTERN *et d'autres.*

LE ROI

Salut, cher Rosencrantz et vous Guildenstern !
Sans compter que nous désirions vivement vous voir,
Le besoin où nous sommes de vos services
Nous a fait vous mander en hâte. Vous avez entendu
    parler
De la métamorphose d'Hamlet... C'est bien le mot
Puisque son apparence et son être même
Ne sont plus ce qu'ils ont été. Quelles raisons,
Outre la mort d'un père, peuvent-elles
Le rendre ainsi étranger à lui-même,
Je n'en ai pas idée. Et je vous prie,
Vous qui fûtes si tôt ses compagnons
Et qui par l'âge et les goûts êtes si proches de lui,
De bien vouloir rester à notre cour
Un peu de temps. Que votre société
L'incite à se divertir. Et découvrez,
Dans ce que le hasard permet de glaner,

Si quelque chose l'afflige, que nous ne savons pas.
L'ayant compris, nous pourrions le guérir.

LA REINE

Messieurs, il a beaucoup parlé de vous,
Et il n'est pas, j'en suis sûre, deux autres hommes
Auxquels il soit plus attaché. S'il vous agrée
D'avoir la courtoisie et la bonne grâce
De perdre auprès de nous un peu de temps
Pour le plus grand profit de notre espoir,
Cette visite vous vaudra les remerciements
Que sait trouver la reconnaissance d'un roi.

ROSENCRANTZ

Vos majestés
Ont un si haut pouvoir souverain sur nous
Qu'elles pourraient nous signifier leurs volontés redou-
    tables
Comme un ordre plutôt qu'une prière.

GUILDENSTERN

Nous vous obéirons
Et, mettant à vos pieds notre libre allégeance,
Nous nous livrons de tout notre cœur
A vos commandements.

LE ROI

Merci, Rosencrantz et vous noble Guildenstern.

LA REINE

Merci, Guildenstern et vous noble Rosencrantz.
Et je vous en supplie, allez tout de suite rendre visite
A mon fils, hélas, si changé... Que l'un de vous
Conduise ces gentilshommes auprès d'Hamlet.

GUILDENSTERN

Fasse le Ciel que notre présence et nos soins
Lui soient agréables et salutaires!

LA REINE

Oh oui, ainsi soit-il !

Sortent Rosencrantz et Guildenstern.
Entre Polonius.

POLONIUS

Nos ambassadeurs, mon suzerain,
Sont heureusement rentrés de Norvège.

LE ROI

Tu as toujours été le père des bonnes nouvelles.

POLONIUS

Vraiment, monseigneur ? Ô mon suzerain, soyez assuré
Qu'à mon très gracieux roi comme à mon Dieu
Je voue d'un même élan mon service et mon âme...
Et je crois bien, ou alors mon cerveau
Ne suit plus aussi sûrement qu'il ne faisait
La piste d'une affaire, que j'ai trouvé
La cause des bizarreries d'Hamlet.

LE ROI

Oh dis-la-moi, j'ai grand désir de t'entendre !

POLONIUS

Donnez d'abord audience aux ambassadeurs.
Mon récit sera le dessert de ce grand festin.

LE ROI

Fais-leur toi-même les honneurs et introduis-les.

Polonius sort.

Il me dit, ma chère Gertrude, qu'il a trouvé
La cause du dérangement de votre fils.

LA REINE

Je crains que ce ne soit que la plus probable,
Son père mort, notre mariage trop rapide.

LE ROI

Soit ! nous allons scruter ce qu'il va nous dire.

Polonius revient avec Valtemand et Cornélius.

Soyez les bienvenus, mes chers amis !
Eh bien, Valtemand, que dit mon frère Norvège ?

VALTEMAND

Il vous rend très courtoisement compliments et vœux,
Et dès nos premiers mots il a fait suspendre
Les levées opérées par son neveu, qu'il avait prises
Pour des préparatifs contre les Polonais,
Mais qu'à mieux regarder il a reconnues
Être en effet hostiles à Votre Altesse ; et dépité
Que ses maux, sa faiblesse, son grand âge
Soient ainsi abusés, il a passé des ordres
A Fortinbras, lequel s'est incliné,
A accepté les réprimandes et, en bref, a fini
Par jurer à son oncle que jamais plus
Il ne ferait la guerre à Votre Majesté ;
Sur quoi le vieux Norvège, plein d'allégresse,
Lui a fait une rente de soixante mille livres,
Avec le mandement d'employer les troupes
Qui se trouvent levées, contre la Pologne ;
Et dans les lettres que voici, il vous demande
De bien vouloir lui accorder à cette fin
Passage sur vos terres... Il y propose
Les clauses de sécurité, les garanties...

Il présente les documents.

LE ROI

Cela fait notre affaire.
Plus à loisir nous lirons cela
Et, après examen, nous répondrons. En attendant,
Merci pour votre peine et votre succès.
Allez vous reposer. Ce soir, ensemble,
Nous fêtons, mes amis, ce beau retour.

Sortent Valtemand et Cornélius.

POLONIUS

Voilà qui a bien fini...
Mon suzerain et vous, madame, rechercher
Ce qu'est la majesté ou le devoir,
Pourquoi le jour est jour, la nuit la nuit ou le temps le
    temps,
Ce serait gaspiller la nuit, le jour et le temps.
Si donc la brièveté est l'âme de la pensée
Quand les longueurs en sont l'ornement et les membres,
Je serai bref... Votre noble fils est fou.
Oui, je puis dire fou puisqu'à la bien définir
La folie n'est rien d'autre que de n'être rien que fou.
Mais passons...

LA REINE

Plus de matière et moins d'art.

POLONIUS

Je vous jure, madame, que je n'y mets aucun art.
Qu'il soit fou, c'est bien vrai. Et il est vrai que c'est bien
    dommage
Et bien dommage que ce soit vrai... Cette figure-là est
    saugrenue,
Mais laissons là, je parlerai sans art.
Admettons qu'il soit fou, il reste maintenant
A découvrir la cause de cet effet
Ou pour mieux dire la cause de ce défaut,
Car cet effet défectueux a sa cause.
Oui, c'est là ce qui reste ; un reste... que voici !
Écoutez bien.

Il présente quelques feuillets.

J'ai une fille (je l'ai, tant qu'elle est mienne)
Qui par devoir d'obéissance, notez-le,
M'a remis tout ceci. Méditez, concluez !
(Il lit) « A l'idole de mon âme, à la divine, à la bellissime
    Ophélie »...
Voilà qui est mal dit, c'est un vilain mot, « bellissime » est

un vilain mot, mais écoutez. Voyons. « Dans la blan-
cheur exquise de ton sein. » Passons...

LA REINE

Est-ce Hamlet qui lui a écrit cela ?

POLONIUS

Un instant, madame, je ne vous cacherai rien.

Il lit.

« Doute que les étoiles soient du feu,
Doute que le soleil se meuve,
Doute de la vérité même,
Ne doute pas que je t'aime.

Ô chère Ophélie, je suis maladroit dans l'art des rimes, je
ne sais pas scander mes soupirs, mais que je t'aime par-
dessus tout, ô toi qui vaux plus que tout, n'en doute pas.
Au revoir.
A jamais à toi, ma dame très chère, tant que marche cette
machine...

Hamlet. »

Voilà ce que ma fille obéissante m'a montré,
Me rapportant aussi toutes ses requêtes,
Leur forme, leur moment, leur lieu.

LE ROI

Mais quel accueil a-t-elle fait à son amour ?

POLONIUS

Que pensez-vous de moi ?

LE ROI

Que vous êtes loyal et honorable.

POLONIUS

Je voudrais l'être ! Eh bien, quand j'ai compris
Que cet ardent amour prenait son essor
(Ce que j'ai deviné, n'en doutez pas,

Avant le premier mot de ma fille), qu'auriez-vous dit
Et qu'aurait dit sa gracieuse Majesté, votre reine ici
   présente,
Si j'avais servi de pupitre ou de porte-plume,
Ou contraint mon cœur au silence, ou regardé
D'un œil absent cet amour ? Oui, qu'auriez-vous pu dire !
Mais non, j'ai fait mon travail, sans hésiter,
Et à la jeune personne, voici comment j'ai parlé :
« Monseigneur Hamlet est un prince, hors de ta sphère,
C'est impossible, impossible ! » Et je lui ai prescrit
Qu'elle se ferme à ses requêtes, qu'elle n'accepte
Aucun message, aucun gage. Quand j'eus parlé
Elle a fait fructifier mes bons conseils,
Et lui, mais j'abrégerai, tomba,
Étant repoussé, dans la nostalgie,
Puis dans l'inappétence, puis l'insomnie,
Puis la faiblesse du corps et puis celle de l'esprit,
Et toujours déclinant, dans cette folie
Qui, pour notre chagrin, l'égare aujourd'hui.

LE ROI

Pensez-vous que ce soit cela ?

LA REINE

C'est possible et même probable.

POLONIUS

Que je sache, jamais est-il advenu
Que j'aie affirmé : c'est ainsi !
Quand il en fut autrement ?

LE ROI

A ma connaissance, jamais.

POLONIUS, *montrant sa tête et ses épaules.*

S'il en est autrement, séparez ceci et cela.
Il me suffit d'un indice... et je vais droit

A la vérité, serait-elle (en vérité!)
Cachée au centre de la terre.

> *Hamlet entre dans le vestibule.*
> *Il s'arrête un moment, inaperçu.*

LE ROI

Mais comment nous en assurer?

POLONIUS

Vous savez qu'il marche parfois pendant des heures
Ici, dans le vestibule.

LA REINE

C'est sa coutume, en effet.

POLONIUS

Dans un de ces moments-là je lâche sur lui ma fille,
Et vous et moi, sous la tapisserie,
Nous observons la rencontre. S'il n'aime pas,
Si ce n'est pas là-dessus qu'a trébuché sa raison,
Je renonce à servir l'État
Pour mener une ferme et des charretiers.

LE ROI

Essayons cela.

> *Hamlet s'avance.*

LA REINE

Mais voyez-le qui vient en lisant tristement, le pauvre.

POLONIUS

Éloignez-vous, je vous prie, éloignez-vous,
Et sur-le-champ je vais l'accoster. Excusez-moi.

> *Le roi et la reine sortent.*

Mon bon seigneur Hamlet, comment allez-vous?

HAMLET

Je vais bien, merci.

POLONIUS

Me reconnaissez-vous, monseigneur ?

HAMLET

Parfaitement, vous êtes un maquereau [21].

POLONIUS

Certes non, monseigneur.

HAMLET

Alors je voudrais que vous fussiez aussi honnête.

POLONIUS

Honnête, monseigneur ?

HAMLET

Eh oui, monsieur. Un honnête homme au train dont va le monde, on en trouve un sur dix mille.

POLONIUS

C'est bien vrai, monseigneur.

HAMLET

Et si le soleil engendre des vers dans un chien crevé, laquelle charogne est bien digne d'être baisée... Vous avez une fille ?

POLONIUS

Oui, monseigneur.

HAMLET

Qu'elle n'aille pas au soleil ! Concevoir est une bénédiction, mais, mon ami, veillez à la façon dont votre fille peut concevoir.

Il lit.

POLONIUS, *à part.*

Qu'en dites-vous ? Ma fille, toujours ma fille ! Pourtant il
ne m'a pas reconnu d'abord, il m'a pris pour un
maquereau. Il est pris, il est bien pris, et c'est vrai que
dans ma jeunesse j'ai beaucoup souffert aussi par amour,
oui, presque autant... Je vais lui parler encore... Que
lisez-vous, monseigneur ?

HAMLET

Des mots, des mots, des mots.

POLONIUS

Et rien qui les unisse [22], monseigneur ?

HAMLET

De qui parlez-vous ?

POLONIUS

De ces mots que vous lisez, monseigneur.

HAMLET

La calomnie, monsieur ! Car ce railleur éhonté prétend
que les vieillards ont des barbes grises et un visage ridé,
que leurs yeux sécrètent une résine pâteuse et de la
gomme comme un prunier, et qu'ils ont une abondante
pénurie d'esprit en même temps que les jambes faibles.
Toutes choses, monsieur, dont je suis fortement et
profondément convaincu, mais que je trouve déshonnête
de coucher ainsi par écrit ; car vous-même, monsieur,
vous serez un jour aussi vieux que je le suis, pour peu que
vous alliez à reculons comme un crabe.

Il lit de nouveau.

POLONIUS, *à part.*

De la folie, mais qui ne manque pas de méthode.
Ne voulez-vous pas vous mettre à l'abri de l'air, monseigneur ?

HAMLET

Si, au tombeau.

POLONIUS, *à part.*

C'est vrai, on y est à l'abri de l'air. Que de sens
quelquefois dans ses réponses ! La folie a souvent un à-
propos dont la raison et l'équilibre accoucheraient moins
heureusement. Je vais le laisser et, sans perdre de temps,
préparer sa rencontre avec ma fille.
(*Haut*) Mon vénéré seigneur, je prends très humblement
congé de vous.

HAMLET

Vous ne pourriez rien prendre, monsieur, dont je ne sois
plus avide de me défaire : sinon de ma vie, sinon de ma
vie, sinon de ma vie !

POLONIUS

Portez-vous bien, monseigneur.

HAMLET

Détestables vieux imbéciles !

Entrent Rosencrantz et Guildenstern.

POLONIUS

Vous cherchiez monseigneur Hamlet, il est ici.

ROSENCRANTZ, *à Polonius.*

Dieu vous garde, monsieur !

Polonius sort.

GUILDENSTERN

Mon seigneur vénéré !

ROSENCRANTZ

Mon seigneur bien-aimé !

HAMLET

Mes chers, mes excellents amis ! Comment vas-tu, Guildenstern ?
Ah ! Rosencrantz. Comment allez-vous, mes camarades ?

ROSENCRANTZ

Comme de médiocres fils de la terre.

GUILDENSTERN

Heureux, de ne pas être trop heureux.
Sur le bonnet de la Fortune
Nous ne sommes pas le plus haut bouton.

HAMLET

Mais non plus la semelle de ses souliers ?

ROSENCRANTZ

Non, pas davantage, monseigneur.

HAMLET

Alors, c'est que vous êtes du côté de sa ceinture ou disons,
au nombril de ses faveurs ?

GUILDENSTERN

Eh oui, nous sommes de ses intimes.

HAMLET

Dans ses parties intimes ? Ah ! c'est bien vrai, la Fortune
est une putain. Quelles nouvelles ?

ROSENCRANTZ

Rien, monseigneur, sauf que le monde est devenu honnête.

HAMLET

Il faut donc que le Jugement soit proche. Mais non, c'est
une fausse nouvelle. Et laissez-moi vous poser une
question plus directe : qu'avez-vous fait à la Fortune, mes
bons amis, pour qu'elle vous envoie ici en prison ?

GUILDENSTERN

En prison, monseigneur !

HAMLET

Le Danemark est une prison.

ROSENCRANTZ

Alors le monde en est une.

HAMLET

Une fameuse, avec beaucoup de cellules, de quartiers et de cachots ; le Danemark étant l'un des pires.

ROSENCRANTZ

Monseigneur, ce n'est pas notre sentiment.

HAMLET

Alors, il n'est pour vous rien de tel. Car rien n'est bon ou mauvais en soi, tout dépend de notre pensée. Pour moi, le Danemark est une prison.

ROSENCRANTZ

Ce sera l'effet de votre ambition : il est trop étroit pour votre âme.

HAMLET

Ô Dieu ! Je pourrais être enfermé dans la coque d'une noisette et me tenir pour le roi d'un espace sans limites... Mais je fais de mauvais rêves.

GUILDENSTERN

Des rêves, c'est bien cela l'ambition. Car toute sa substance n'est jamais que l'ombre d'un rêve.

HAMLET

Le rêve lui-même n'est qu'une ombre.

ROSENCRANTZ

Certes ! Et je tiens l'ambition pour une chose si vaine et inconsistante qu'elle n'est que l'ombre d'une ombre.

HAMLET

En ce cas ce sont nos gueux le solide, et nos monarques, nos héros qui se gonflent, ne sont que l'ombre des gueux… Si nous allions à la cour ? Car, sur ma foi, je suis incapable de raisonner.

ROSENCRANTZ, GUILDENSTERN

Nous sommes à vos ordres.

HAMLET

Surtout pas ! Je ne veux pas vous confondre avec le reste de mes gens. Car, pour tout vous dire, je suis atrocement entouré… Mais, par notre vieille amitié ! que venez-vous faire à Elseneur ?

ROSENCRANTZ

Vous rendre visite et rien d'autre, monseigneur.

HAMLET

Gueux comme je suis, je suis pauvre même en remerciements. Merci pourtant… Mais un merci d'un demi-penny, c'est trop vous payer, mes chers amis. Ne vous a-t-on pas appelés ? Êtes-vous venus de vous-mêmes, en visite spontanée ? Allons, allons, soyez francs. Allons, parlez !

GUILDENSTERN

Que pourrions-nous vous dire, monseigneur ?

HAMLET

Eh, n'importe quoi sauf la vérité… On vous a fait venir, cela se trahit sur votre visage, que votre vergogne n'est pas assez astucieuse pour farder… Ce bon roi et la reine vous ont fait venir, je le sais.

ROSENCRANTZ

A quelles fins, monseigneur ?

HAMLET

C'est ce qu'il faut que vous m'appreniez. Oh ! je vous en conjure, par nos liens de camaraderie, et l'accord de nos âges, et notre affection qui ne s'est jamais démentie, par tout ce que quelqu'un de plus adroit pourrait invoquer de plus cher, dites-moi, honnêtement et sans détour, si l'on vous a fait venir.

ROSENCRANTZ, *bas à Guildenstern.*

Qu'en dites-vous ?

HAMLET, *à part.*

Oh ! j'ai l'œil sur vous !
(*Haut.*) Si vous m'aimez, ne me cachez rien.

GUILDENSTERN

On nous a fait venir, monseigneur.

HAMLET

Je vais vous dire pourquoi, ainsi je préviendrai votre aveu, et le secret que vous avez promis au roi et à la reine ne perdra pas une plume. J'ai depuis peu, pourquoi je n'en sais rien, perdu toute ma gaieté, abandonné mes habituels exercices ; et de fait mon humeur est si désolée que cet admirable édifice, la terre, me semble un promontoire stérile, et ce dais de l'air, si merveilleux n'est-ce pas, cette voûte superbe du firmament, ce toit auguste décoré de flammes d'or, oui, tout cela n'est plus pour moi qu'un affreux amas de vapeurs pestilentielles. Quel chef-d'œuvre que l'homme ! Comme il est noble dans sa raison, infini dans ses facultés, ses mouvements, son visage, comme il est résolu dans ses actes, angélique dans sa pensée, comme il ressemble à un dieu [23] ! La merveille de l'univers, le parangon de tout ce qui vit ! Et pourtant que vaut à mes yeux cette quintessence de poussière ?

L'homme n'a pas de charme pour moi, non, et la femme non plus, bien que votre sourire semble insinuer le contraire.

ROSENCRANTZ

Monseigneur, il n'y avait rien de tel dans ma pensée.

HAMLET

Alors pourquoi avez-vous ri quand j'ai dit : « l'homme est sans charme pour moi » ?

ROSENCRANTZ

Je pensais, monseigneur, que si vous ne trouvez à l'homme aucun charme les comédiens vont faire carême chez vous. Nous les avons dépassés sur le chemin, et ils vont arriver pour vous offrir leurs services.

HAMLET

Celui qui joue le Roi sera le bienvenu. Sa Majesté recevra mon tribut, le Chevalier Errant pourra brandir son glaive et son bouclier, l'Amoureux ne soupirera pas pour des prunes, le Lunatique ira en paix jusqu'aux derniers mots de son rôle, le Clown pourra égayer ceux qui ont toujours le rire aux lèvres, et la Dame improviser à son gré — sinon, c'est le pentamètre qui boitera[24]. Quels sont ces comédiens ?

ROSENCRANTZ

Ceux-là mêmes qui avaient tant de charme pour vous, les tragédiens de la Cité.

HAMLET

Comment se fait-il qu'ils soient en tournée ? Pour la gloire et pour le profit, mieux vaudrait pour eux rester à demeure.

ROSENCRANTZ

Je crois que les derniers bouleversements[25] le leur interdisent.

HAMLET

Sont-ils toujours aussi appréciés que lorsque j'étais en ville ? Ont-ils autant d'auditeurs ?

ROSENCRANTZ

Non, vraiment pas.

HAMLET

Pourquoi donc ? Commenceraient-ils à se rouiller ?

ROSENCRANTZ

Oh ! non, leur entrain est resté le même ; mais il leur faut compter, monsieur, avec une nichée d'enfants, de petits oisillons dont les criaillements aigus couvrent toute discussion, ce qui leur vaut d'autant plus d'applaudissements furieux[26]. Ils sont le dernier mot de la mode, et ils décrient tellement les théâtres du commun (comme ils disent) que bien des gens qui portent l'épée n'osent plus s'y aventurer, tant ils sont effrayés par les plumes d'oie[27].

HAMLET

Mais quoi, est-ce vraiment des enfants ? Qui les entretient, qui pourvoit à leurs dépenses ? Garderont-ils ce métier quand ils ne pourront plus chanter ? Et s'ils deviennent un jour des comédiens du commun, comme cela est bien probable s'ils n'ont pas d'autres ressources, ne dira-t-on pas que leurs écrivains ont eu grand tort de les faire dauber leur propre avenir ?

ROSENCRANTZ

Oui, il y a eu beaucoup de bruit dans les deux partis, et le pays ne s'est pas fait faute de les exciter à la controverse. Il y eut un moment où l'on ne risquait pas un sou sur un sujet de pièce où le poète et le comédien n'en venaient aux coups sur cette question.

HAMLET

Est-ce possible ?

GUILDENSTERN

Oh ! il y a eu un beau gaspillage de matière grise.

HAMLET

Et ce sont les enfants qui l'emportent ?

ROSENCRANTZ

Eh oui, monseigneur. Ils emportent même Hercule et son fardeau [28].

HAMLET

Ce n'est pas si étrange, après tout, puisque mon oncle est devenu roi de Danemark, et que ceux qui du vivant de mon père le boudaient donnent maintenant vingt, quarante, cinquante ou cent ducats pour avoir son portrait en miniature. Par Dieu, il y a là quelque chose de surnaturel, si la philosophie pouvait s'en apercevoir.

Sonnerie de trompettes.

GUILDENSTERN

Voici les comédiens.

HAMLET

Messieurs, vous êtes les bienvenus à Elseneur. Vos mains ? Mais oui, les façons, les cérémonies, voilà les auxiliaires du bon accueil. Faisons-nous quelque politesse, de peur que mon salut aux comédiens, auxquels je dois faire bon visage, ne paraisse plus chaleureux que l'accueil que je vous réserve... Vous êtes les bienvenus ; mais mon oncle de père, et ma tante de mère, se trompent fort.

GUILDENSTERN

Comment cela, monseigneur ?

HAMLET

Je ne suis fou que par vent du nord-nord-ouest. Quand le vent est au sud, je sais distinguer la poule de l'épervier [29].

Entre Polonius.

POLONIUS

Salut à vous, messieurs !

HAMLET, *bas.*

Attention, Guildenstern, soyez tout oreilles et vous aussi :
ce gros poupon que vous voyez là est encore aux langes.

ROSENCRANTZ, *bas.*

Peut-être qu'il y est revenu, puisqu'on dit que la vieillesse
est une seconde enfance.

HAMLET, *bas.*

Je prophétise qu'il vient me parler des comédiens,
attention... (*Haut.*) Vous dites vrai, monsieur, c'était bien
un lundi matin.

POLONIUS

Monseigneur, j'ai une nouvelle à vous apprendre.

HAMLET

Monseigneur, j'ai une nouvelle à vous apprendre... A
Rome, quand Roscius était acteur...

POLONIUS

Les acteurs viennent d'arriver, monseigneur.

HAMLET

Taratata !

POLONIUS

Sur mon honneur...

HAMLET

« Sur leur âne v'naient les acteurs »...

POLONIUS

Les meilleurs acteurs qui soient au monde ! Tragédie,
comédie, drame historique, pastorale. Pastorale comique.

Pastorale historique. Tragédie historique. Pastorale tra-
gico-comique et historique. Décors fixes ou poèmes sans
décors. Sénèque ne saurait être trop grave pour eux ni
Plaute trop léger. Pour la rigueur de l'un et la liberté de
l'autre, ils sont les seuls.

HAMLET

Ô Jephté[30], quel trésor tu avais, juge d'Israël !

POLONIUS

Quel trésor avait-il, monseigneur ?

HAMLET

Voyons !
　　　　　Une fille bien jolie
　　　　　Qu'il aimait à la folie

POLONIUS, *à part.*

Toujours ma fille !

HAMLET

Pas vrai, vieux Jephté ?

POLONIUS

Si vous m'appelez Jephté, monseigneur, j'ai une fille que
j'aime à la folie.

HAMLET

Non, non, ce n'est pas cela la suite.

POLONIUS

Quelle est donc la suite, monseigneur ?

HAMLET

Eh,
　　　　　Bien entendu, Dieu le sut,
après quoi :
　　　　　Il advint, vous pensez bien...

Ce qu'il advint, c'est le premier couplet de cette pieuse chanson qui vous l'apprendra, car, regardez, voici qui va permettre d'abréger.

Entrent quatre ou cinq comédiens.

Bienvenus êtes-vous, mes maîtres, bienvenus ! Oh, toi, je suis content de te voir… Bienvenue, mes chers amis… Oh ! oh ! mon vieux, tu as mis une frange à ta figure depuis la dernière fois, viens-tu au Danemark pour rire à mes dépens dans ta barbe ? Et vous, ma jeune dame, ma princesse[31] ! Par Notre-Dame, votre gracieuse personne est plus proche du ciel, depuis que je vous ai vue, de toute la hauteur d'une bottine. Fasse Dieu que votre voix, comme une pièce d'or fêlée, ne risque pas d'être retirée de l'usage… Maîtres, vous êtes les bienvenus. Et tout de suite, comme les fauconniers de France, qui lancent sur toute proie, tout de suite une tirade. (*Au premier comédien.*) Allons, donnez-nous un avant-goût de votre art. Quelque chose de passionné.

LE PREMIER COMÉDIEN

Quelle tirade, mon cher seigneur ?

HAMLET

Je t'ai entendu une fois m'en réciter une, mais qui ne fut jamais portée à la scène, ou une fois seulement, car la pièce, je m'en souviens, ne plaisait pas au grand nombre, c'était du caviar pour la plèbe. Et pourtant, selon moi, et d'autres dont le jugement en pareille matière avait plus de portée que le mien, c'était une excellente pièce, bien conduite, écrite avec autant de pénétration que de mesure… Quelqu'un disait, si je me souviens bien, qu'il n'y avait pas dans les vers de ce piment qui relève les sujets, et qu'il n'y avait rien dans le style qui puisse faire accuser l'auteur d'affectation, mais que c'était une œuvre décente, aussi saine qu'agréable, et bien plus noble qu'apprêtée. Quant au passage que j'aimais par-dessus tout, c'était le récit que fait Énée à Didon, et surtout

quand il parle du massacre de Priam. Si le souvenir vous
en est resté, commencez donc à ce vers, voyons, voyons...
« Le farouche Pyrrhus, la bête d'Hyrcanie[32]... »
Ce n'est pas ça, mais le début est : Pyrrhus...
« Le farouche Pyrrhus, dont les armes noires
Et le morne dessein ressemblaient à la nuit
Quand il était caché dans le cheval funeste,
Va couvrir maintenant cette noirceur
D'un plus affreux blason. De pied en cap
Le voici rouge, horriblement souillé
Du sang des pères, mères, filles, fils,
Séché sur lui, recuit par le feu des rues
Qui jette sa clarté maudite, impitoyable
Sur le meurtre du roi. Exaspéré, brûlé,
Recouvert de la glu du sang coagulé,
Pyrrhus, les yeux comme des rubis, infernal,
Cherche l'aïeul, Priam... »
Mais continuez.

POLONIUS

Par Dieu, monseigneur, c'est fort bien dit, avec le ton
qu'il faut, et avec mesure !

LE PREMIER COMÉDIEN

« Il le trouve bientôt, qui porte aux Grecs
De bien trop faibles coups. Sa vieille épée
Se refuse à son bras et à son cœur,
Elle tombe... Ô combat trop inégal !
Pyrrhus frappe Priam et dans sa rage
Le manque ; mais le vent de son glaive féroce
Fait choir le pauvre ancêtre. Ah, il semble alors
Que l'insensible Ilion ait ressenti ce coup.
Sa cime embrasée croule et, d'un affreux fracas,
Surprend l'oreille de Pyrrhus : et cette épée,
Qui allait retomber sur la tête blanche
Du vénéré Priam, reste suspendue.
Telle une image peinte est Pyrrhus, immobile.
Il semble indifférent à ce qu'il voulait,

Il ne fait rien ;
Mais comme avant l'orage le silence
Emplit le ciel, comme les nues s'apaisent,
Comme les vents impétueux restent sans voix
Au-dessus de la terre comme morte — et le tonnerre
Déchire alors affreusement le ciel, ainsi Pyrrhus
S'éveille après sa pause à la vengeance.
Et jamais les marteaux des Cyclopes n'ont chu
Avec moins de remords sur l'armure de Mars
Ouvragée pour l'éternité, que l'épée sanglante
De Pyrrhus n'a frappé Priam. Honte, honte, Fortune,
Ô prostituée ! Et vous, ô tous les dieux,
Assemblez-vous pour lui ravir sa force,
Brisez la jante de sa roue et ses rayons,
Et lancez son moyeu des hauteurs du ciel
Jusqu'en l'abîme infernal ! »

POLONIUS

C'est trop long !

HAMLET

On l'enverra chez le coiffeur, avec votre barbe. Continue,
je te prie. Il lui faut des bouffonneries ou une plaisanterie
obscène, sinon il dort. Continue. Viens-en à Hécube.

LE PREMIER COMÉDIEN

« ... Mais qui eût vu, hélas ! la reine emmitouflée... »

HAMLET

Emmitouflée ?

POLONIUS

Oui, oui, la reine emmitouflée, c'est très bon.

LE PREMIER COMÉDIEN

« ... Courir partout pieds nus, menaçant les flammes
Des pleurs qui l'aveuglaient, un torchon sur sa tête
Qui naguère portait la couronne, et pour robe

Sur ses reins épuisés une couverture
Prise au hasard dans l'affre de la peur,
Oui, qui eût vu cela, d'une langue de fiel
Eût dénoncé la trahison de la Fortune.
Mais si les dieux eux-mêmes l'avaient vue
Apercevant Pyrrhus qui se complaisait
De son glaive à hacher le corps de Priam,
Alors le cri qu'elle poussa,
Pour peu que le malheur des hommes les émeuve,
Aurait empli de pleurs les yeux brûlants du ciel
Et accablé les dieux ! »

POLONIUS

Voyez s'il n'a pas changé de couleur ! Ses yeux sont pleins de larmes ! Arrête-toi, je te prie.

HAMLET

C'est bon, je te demanderai le reste bientôt. Monseigneur, faites en sorte que les comédiens soient bien logés. Vous m'entendez, que l'on ait pour eux tous les égards, car ils sont l'abrégé, la chronique concise de l'époque. Mieux vaudrait pour vous après votre mort une injurieuse épitaphe que leurs quolibets de votre vivant.

POLONIUS

Monseigneur, je les traiterai selon leur mérite.

HAMLET

Beaucoup mieux, mon ami, par le corps du Christ ! Si l'on traite chacun selon son mérite, qui pourra échapper au fouet ? Traitez-les selon votre honneur, votre dignité — et moins ils le mériteront et plus vos bontés seront méritoires. Conduisez-les.

POLONIUS

Venez, messieurs.

HAMLET

Suivez-le, mes amis, vous jouerez pour nous demain. (*Au premier comédien.*) Écoutez-moi, ô mon vieil ami. Pouvez-vous jouer *Le Meurtre de Gonzague*?

LE PREMIER COMÉDIEN

Oui, monseigneur.

HAMLET

Vous le donnerez demain soir. Et vous pourriez au besoin étudier douze ou seize vers de ma façon, qu'on y introduirait, n'est-ce pas?

LE PREMIER COMÉDIEN

Oui, monseigneur.

> *Entre-temps sont sortis Polonius et les autres comédiens.*

HAMLET

Très bien. Suivez ce seigneur et gardez-vous de vous en moquer.

> *Sort le premier comédien.*
> *A Rosencrantz et Guildenstern.*

Mes bons amis, je vous laisse jusqu'à ce soir. Vous êtes les bienvenus à Elseneur.

ROSENCRANTZ

Mon cher seigneur!

> *Sortent Rosencrantz et Guildenstern.*

HAMLET

Oui, oui, que Dieu vous garde... Me voici seul.
Oh, quel valet je suis, quel ignoble esclave!
N'est-il pas monstrueux que ce comédien,
Pour une simple fiction, pour l'ombre d'une douleur,
Puisse plier si fort son âme à son texte
Que tout son visage en devienne blanc,

Et qu'il y ait des larmes dans ses yeux, de la folie dans ses
   gestes,
Et que sa voix se brise, et que tout en lui se conforme
Au vouloir de l'idée ? Et tout cela, pour rien !
Pour Hécube !
Qu'est Hécube pour lui, qu'est-il lui-même pour Hécube,
Et pourtant, il la pleure... Oh, que ferait-il donc
S'il avait le motif impérieux de souffrir
Que j'ai, moi ? Il noierait la scène de ses larmes,
Déchirerait les cœurs d'horribles cris,
Affolerait le coupable, épouvanterait l'innocent,
Confondrait l'ignorant, ce serait la stupeur
De l'œil et de l'oreille. Mais moi, mais moi,
Inerte, obtus et pleutre, je lanterne
Comme un Jean-de-la-Lune, insoucieux de ma cause,
Et ne sais dire rien ! Non, rien ! Quand il s'agit d'un roi
Dont la précieuse vie et tous les biens
Furent odieusement détruits. Suis-je donc un lâche ?
Qui me traite d'infâme ? Qui vient me casser la figure ?
Qui vient m'arracher la barbe et me la jeter aux yeux,
Et me tirer par le nez, et m'enfoncer dans la gorge
Mes mensonges, jusqu'aux poumons ? Qui me fera cela ?
Car, par Dieu, je le subirai. Oui, c'est à croire
Que j'ai le foie d'un pigeon, et manque du fiel
Qui rend amer l'outrage, car sinon
J'aurais déjà gavé tous les milans du ciel
Des tripes de ce chien !... Quel scélérat !
Quel être de sang, de stupre ! Dénaturé, sans remords,
Et dissolu, et perfide ! Oh, me venger !
Mais quel âne je suis ! Et qu'il est beau
Que moi, le tendre fils d'un père assassiné,
Moi que ciel et enfer poussent à se venger,
Je déballe mon cœur avec des mots, des mots
Comme ferait une fille ! Mots orduriers,
Bons pour une putain ou un bardache. Quelle horreur !
Reprends-toi, mon esprit... Bon, j'ai entendu dire
Que certains criminels furent, au théâtre,
Si fortement émus par l'art de la pièce

Qu'ils ont crié leurs méfaits, sur-le-champ,
Car le meurtre, bien que sans langue, peut parler
Par des bouches miraculeuses. Je vais faire
Jouer à ces acteurs, devant mon oncle,
Une scène évoquant le meurtre de mon père,
Et je l'observerai, je le sonderai : s'il tressaille,
Je sais bien ce que je ferai... Cet esprit que j'ai vu
Est peut-être le diable, qui a pouvoir
De revêtir une forme plaisante ; oui, il se peut
Qu'étant donnés mon trouble et ma mélancolie
Et l'empire qu'il a sur ces sortes d'humeurs,
Il m'abuse, afin de me perdre. Je dois fonder
Sur plus que je n'ai vu... Le théâtre est le piège
Où je prendrai la conscience du roi.

Il sort.

ACTE III

Scène première

Le vestibule de la salle d'audience.

Entrent LE ROI *et* LA REINE, *avec* POLONIUS, ROSEN-
CRANTZ, GUILDENSTERN *et* OPHÉLIE.

LE ROI

Et ne pouvez-vous pas, par des mots habiles,
Lui faire dire pourquoi il se drape de ce désordre
Dont la folie secoue, si dangereusement,
Ce moment de sa vie qu'on voudrait paisible.

ROSENCRANTZ

Il avoue bien qu'il se sent égaré,
Mais pour quelle raison, il se refuse à le dire.

GUILDENSTERN

Il est peu disposé à se laisser sonder
Et, avec l'art de la folie, il prend le large
Dès que nous l'amenons au bord d'un aveu
Sur son état véritable.

LA REINE

Vous a-t-il bien accueillis ?

ROSENCRANTZ

En parfait gentilhomme.

GUILDENSTERN

Mais non sans grand effort contre lui-même.

ROSENCRANTZ

Avare de questions, mais très sûr de soi
Quand il répondait aux nôtres.

LA REINE

L'avez-vous incité à se divertir ?

ROSENCRANTZ

Madame, le hasard a voulu qu'en venant,
Nous ayons dépassé des comédiens. Nous le lui avons dit,
Et cela semble avoir éveillé en lui
Une sorte de joie. Ils sont ici, à la cour,
Et déjà je crois bien qu'ils ont reçu l'ordre
De jouer devant lui, ce soir.

POLONIUS

Exactement !
Et il m'a supplié d'engager Vos Majestés
A assister au spectacle.

LE ROI

De tout mon cœur ! Cela me plaît beaucoup
De le voir ainsi disposé.
Mes chers amis, poussez-le davantage dans cette voie,
Faites croître son goût de ces plaisirs.

ROSENCRANTZ

Oui, monseigneur.

Sortent Rosencrantz et Guildenstern.

LE ROI

Laissez-nous aussi, ma chère Gertrude.

Nous avons fait en sorte qu'Hamlet vienne
Ici, où il se trouvera, comme par hasard,
Soudain devant Ophélie. En attendant,
Son père et moi, légitimes espions,
Nous allons prendre place, pour bien juger,
Voyant sans être vus, de leur rencontre
Et apprécier, selon son attitude,
Si oui ou non c'est le chagrin d'amour
Qui le fait souffrir de la sorte.

LA REINE

Je vais vous obéir...
Mais sachez, Ophélie, combien je voudrais
Que votre honnête beauté soit l'heureuse cause
Du désarroi d'Hamlet : car j'ai grand espoir
Que vos vertus le rendraient à lui-même
Pour votre honneur à tous deux.

OPHÉLIE

Je le souhaite, madame.

La reine sort.

POLONIUS

Promenez-vous ici, Ophélie... Sire, avec votre accord
Nous allons prendre place... Lis ce livre,
Que cette affectation d'un pieux exercice
Donne un air naturel à ta solitude. Ah, si souvent
On a droit de nous reprocher que, sous le masque
De la religion et des saintes pratiques,
Nous enrobons le diable même, dans du sucre !

LE ROI, *à part.*

Oh, que cela est vrai,
Quel sanglant coup de fouet pour ma conscience !
La joue de la putain dans sa beauté de plâtre
N'est pas plus laide, sous l'apprêt de la couleur,
Que mes forfaits sous le fard de mes phrases.
Ah, l'accablant fardeau !

POLONIUS

Je l'entends qui vient, retirons-nous, monseigneur.

Ils prennent place derrière la tapisserie.
Entre Hamlet.

HAMLET

Être ou n'être pas. C'est la question.
Est-il plus noble pour une âme de souffrir
Les flèches et les coups d'une indigne fortune
Ou de prendre les armes contre une mer de troubles
Et de leur faire front et d'y mettre fin ? Mourir, dormir,
Rien de plus ; terminer, par du sommeil,
La souffrance du cœur et les mille blessures
Qui sont le lot de la chair : c'est bien le dénouement
Qu'on voudrait, et de quelle ardeur !... Mourir, dormir [33]
— Dormir, rêver peut-être. Ah, c'est l'obstacle !
Car l'anxiété des rêves qui viendront
Dans ce sommeil des morts, quand nous aurons
Réduit à rien le tumulte de vivre,
C'est ce qui nous réfrène, c'est la pensée
Qui fait que le malheur a si longue vie.
Qui en effet supporterait le fouet du siècle,
L'exaction du tyran, l'outrage de l'orgueil,
L'angoisse dans l'amour bafoué, la loi qui tarde
Et la morgue des gens en place, et les vexations
Que le mérite doit souffrir des êtres vils,
Alors qu'il peut se donner son quitus
D'un simple coup de poignard ? Qui voudrait ces far-
        deaux,
Et gémir et suer à longueur de vie,
Si la terreur de quelque chose après la mort,
Ce pays inconnu dont nul voyageur
N'a repassé la frontière, ne troublait
Notre dessein, nous faisant préférer
Les maux que nous avons à d'autres, obscurs ?
Ainsi la réflexion fait de nous des lâches,
Les natives couleurs de la décision

Passent, dans la pâleur de la pensée,
Et des projets d'une haute volée
Sur cette idée se brisent, ils y viennent perdre
Leur nom même d'action... Allons, du calme.
Voici la belle Ophélie... Nymphe, dans tes prières,
Souviens-toi de tous mes péchés.

OPHÉLIE

Mon cher seigneur,
Comment va Votre Grâce après tant de jours?

HAMLET

Oh, merci humblement! Bien, bien, bien.

OPHÉLIE

Monseigneur, j'ai de vous des souvenirs
Que depuis longtemps je voulais vous rendre.
Recevez-les, je vous prie.

HAMLET

Moi? Non, non.
Je ne vous ai jamais rien donné.

OPHÉLIE

Mais si, mon cher seigneur, vous le savez bien,
Et vous aviez des mots d'un souffle si doux,
Que ces choses m'étaient précieuses. Mais ce parfum
Perdu, reprenez-les. Pour les âmes nobles,
Les plus riches présents perdent leur valeur
Quand celui qui donnait se montre cruel.
Les voici, monseigneur.

HAMLET

Ha, ha! Êtes-vous vertueuse?

OPHÉLIE

Monseigneur?

HAMLET

Êtes-vous belle ?

OPHÉLIE

Que Votre Seigneurie veut-elle dire ?

HAMLET

Que si vous êtes vertueuse et que si vous êtes belle, votre vertu se devrait de mieux tenir à l'écart votre beauté [34].

OPHÉLIE

La beauté pourrait-elle avoir une meilleure compagne que la vertu, monseigneur ?

HAMLET

Oh ! certes, oui ! Car le pouvoir de la beauté fera de la vertu une maquerelle, bien avant que la force de la vertu ne façonne à sa ressemblance la beauté. Ce fut un paradoxe autrefois [35], mais le temps en a fait la preuve. Je vous ai vraiment aimée.

OPHÉLIE

Il est vrai, monseigneur, que vous me l'avez fait croire.

HAMLET

Vous n'auriez pas dû me croire. Car la vertu ne se greffe jamais sur nos vieilles souches au point d'en chasser l'ancienne sève... Je ne vous aimais pas.

OPHÉLIE

Je fus d'autant plus trompée.

HAMLET

Va-t'en dans un couvent [36] ! Pourquoi procréerais-tu des pécheurs ? Je suis moi-même honnête, ou à peu près, et pourtant je pourrais m'accuser de choses telles qu'il vaudrait mieux que ma mère ne m'eût pas conçu. Je suis très orgueilleux, je suis vindicatif, je suis ambitieux ; et plus de méfaits répondraient à mon moindre signe que je n'ai de pensée pour les méditer, d'imagination pour les concevoir, de temps pour les mettre en œuvre. Des êtres de ma sorte, rampant entre ciel et terre, à quoi bon ? Nous sommes de fieffés coquins, tous, ne te fie à aucun de nous, va au couvent... Où est votre père ?

OPHÉLIE

A la maison, monseigneur.

HAMLET

Boucle-le à double tour, qu'il ne fasse pas de sottises ailleurs que dans sa maison. Adieu !

OPHÉLIE

Secourez-le, cieux cléments !

HAMLET

Si tu te maries, je veux te donner pour dot cette peste : que, serais-tu aussi chaste que la glace, aussi pure que la neige, tu n'échapperas pas à la calomnie. Vite, au couvent, et adieu... Ou, si tu tiens absolument au mariage, épouse un sot ; car les sages savent trop bien quelle sorte de monstre vous faites d'eux. Au couvent, entends-tu, et dépêche-toi ! Adieu.

OPHÉLIE

Ô puissances du Ciel, guérissez-le !

HAMLET

J'ai aussi entendu parler, et bien trop, de vos barbouillages. Dieu vous a donné un visage et vous vous en faites un autre, vous vous trémoussez, vous trottinez, vous zézayez, vous donnez des surnoms aux êtres qu'a créés Dieu, vous êtes impudiques sous une feinte candeur. Allez, c'est fini pour moi, tout cela qui m'a rendu fou. Qu'il n'y ait plus de mariage, voilà ce que je dis. Ceux qui sont déjà mariés, qu'ils vivent, tous — sauf l'un d'eux.

Mais que les autres s'en tiennent à ce qu'ils sont. Au
couvent, va-t'en au couvent !

Il sort.

OPHÉLIE

Hélas, quelle âme noble voici détruite !
Les manières d'un prince, et d'un soldat
L'épée, et d'un savant les belles paroles,
L'espérance et la fleur d'un heureux royaume,
Le miroir du haut goût, le modèle de l'élégance,
Le centre de tous les regards, tout cela, tout cela brisé,
Et moi, de toutes les femmes la plus accablée, la plus
    misérable
Puisque j'ai bu au miel de ses doux serments,
Entendre cette noble, cette souveraine raison
Gémir, comme des cloches désacccordées,
Et voir que cette grâce incomparable,
La jeunesse en sa fleur,
La démence la fauche ! Oh ! quel est mon malheur
D'avoir vu, et de voir maintenant ce que je vois !

Le roi et Polonius sortent de leur cachette.

LE ROI

De l'amour ? Ses pensées ne s'y portent pas.
Et ce qu'il dit, bien qu'un peu décousu,
N'est pas non plus de la folie. Il y a dans son âme
Un mystère couvé par la mélancolie
Et, je le crains, ce qui en éclora
Sera quelque péril. Pour le prévenir,
Je me suis résolu, rapidement,
A ceci : qu'il ira en Angleterre
Sans délai, réclamer nos tributs négligés.
Il se peut que d'autres rivages, d'autres pays
Aux spectacles divers, puissent chasser
De son cœur cette chose si profonde
Contre quoi son esprit vient buter, toujours,
Et qui l'a tant changé... Qu'en pensez-vous ?

POLONIUS

Certes, c'est excellent. Pourtant je crois encore
Que la cause de ce chagrin et son début
Sont un amour dédaigné... Ophélie, eh bien ?
Ne nous rapportez pas ce qu'a dit monseigneur Hamlet,
Nous l'avons entendu... Monseigneur, agissez à votre gré,
Mais, si vous jugez bonne mon idée,
Que la reine sa mère, après le spectacle,
Lui parle seule à seul et, sans ménagements,
Le presse de lui dire ce qui l'attriste... Moi,
Si vous y consentez, je serai votre oreille
De bout en bout... Si la reine n'en tire rien,
Envoyez-le en Angleterre, ou reléguez-le
En tel lieu qu'il plaira à votre sagesse.

LE ROI

Oui, nous ferons ainsi. La folie, à ce rang,
Ne peut pas ne pas être surveillée.

Ils sortent.

Scène II

La grande salle du château.
Au fond, la scène dressée.

Entrent HAMLET *et trois des* COMÉDIENS.

HAMLET, *au premier comédien.*

Dites ce texte à la façon dont je vous l'ai lu, n'est-ce pas,
d'une voix déliée et avec aisance, car si vous le déclamiez
comme font tant de nos acteurs, mieux vaudrait que je le
confie au crieur public. Et n'allez pas fendre l'air avec
votre main comme ceci, mais soyez mesurés en tout, car
dans le torrent, dans la tempête, dans l'ouragan, dirai-je

même, de la passion, vous devez trouver et faire sentir une sorte de retenue qui l'adoucisse. Oh ! cela me blesse jusque dans l'âme, d'entendre ces grands étourneaux sous leurs perruques mettre la passion en pièces, oui, en lambeaux, et casser les oreilles du parterre qui ne sait d'ailleurs apprécier le plus souvent que les pantomimes inexplicables et le fracas ! Je voudrais le fouet pour ces gaillards qui en rajoutent à Termagant et qui renchérissent sur Hérode[37]. Évitez cela, je vous prie.

LE PREMIER COMÉDIEN

J'en fais la promesse à Votre Honneur.

HAMLET

Ne soyez pas non plus trop guindés, fiez-vous plutôt à votre jugement et réglez le geste sur la parole et la parole sur le geste en vous gardant surtout de ne jamais passer outre à la modération naturelle : car tout excès de cette sorte s'écarte de l'intention du théâtre dont l'objet a été dès l'origine, et demeure encore, de présenter pour ainsi dire un miroir à la nature et de montrer à la vertu son portrait, à l'ignominie son visage, et au siècle même et à la société de ce temps quels sont leur aspect et leurs caractères. Outrer les effets, ou trop les affaiblir, c'est faire rire les ignorants, mais cela ne peut que désoler les gens d'esprit, dont un seul doit compter pour vous plus que toute une salle des autres. Ah ! j'ai vu jouer de ces comédiens — et j'ai même entendu qu'on les célébrait, et avec de bien grands éloges — qui, Dieu me pardonne, n'avaient ni la parole ni l'allure d'un chrétien, d'un païen, d'un homme ! Ils se dandinaient, ils beuglaient de telle sorte que j'ai pensé qu'ils avaient été façonnés par quelque apprenti de la Nature, et bien mal, tant ils singeaient abominablement l'espèce humaine.

LE PREMIER COMÉDIEN

J'espère que nous avons à peu près corrigé ce défaut chez nous, monseigneur.

HAMLET

Ah ! corrigez-le tout à fait ! Et ne laissez pas vos pitres en
dire plus que leur rôle, car j'en connais qui tout de leur
chef se mêlent de rire, pour faire rire avec eux ceux des
spectateurs les plus ineptes, quand justement toute l'attention est requise par quelque point d'importance de la
pièce. Ce qui est abusif et trahit dans le sot qui s'y adonne
une bien pitoyable ambition. Allons, préparez-vous.

Les comédiens se retirent.
Entre Polonius avec Rosencrantz et Guildenstern.

Eh bien, monseigneur, le roi entendra-t-il ce chef-
d'œuvre ?

POLONIUS

Oui, et la reine aussi ; ils viennent à l'instant.

HAMLET

Dites aux comédiens de se hâter.

Polonius sort.

Voulez-vous les aider à faire hâte ?

ROSENCRANTZ

Oui, monseigneur.

Rosencrantz et Guildenstern suivent Polonius.

HAMLET

Horatio ! Horatio !

Entre Horatio.

HORATIO

Me voici, mon cher seigneur ; à vos ordres.

HAMLET

Horatio, je n'ai jamais rencontré personne
D'aussi équanime que toi.

HORATIO

Oh ! monseigneur...

HAMLET

Non, ne crois pas que je te flatte.
Quel avantage attendrais-je de toi
Qui n'a pour te nourrir et te vêtir
D'autre revenu qu'une heureuse humeur ?
Pourquoi flatter le pauvre ? Non, plutôt,
Que les langues de miel lèchent la sotte grandeur
Et que les souples gonds des genoux les courbent
Quand il est bon de ramper ! Écoute bien :
Dès que mon cœur fut maître de son choix,
Dès qu'il sut distinguer entre les hommes,
Il t'a élu sans appel. Car tu étais,
Ayant tout à souffrir, celui qui ne souffre pas,
Acceptant aussi uniment les coups du sort
Que ses quelques faveurs. Bénis soient-ils,
Ceux dont raison et sang s'unissent si bien
Qu'ils ne sont pas la flûte que Fortune
Fait chanter à son gré ! Que l'on me montre un homme
Qui ne soit pas l'esclave des passions, je le garderai
Au profond de mon cœur, dans ce cœur du cœur
Où je te garde, toi. Mais je t'en ai trop dit...
Dans la pièce qu'on joue devant le roi, ce soir,
Un passage n'est pas sans rappeler
Ce que je t'ai appris de la mort de mon père.
Et, je t'en prie, quand ce moment viendra,
Fais appel aux ressources de ton âme
Pour observer mon oncle. Si son crime
Ne sort pas de son trou, à certains mots,
C'est que nous avons vu un spectre d'enfer,
Et mes suppositions sont aussi sordides
Que l'antre de Vulcain. Surveille-le,
Pour moi je riverai mes yeux à sa face,
Et après nous concerterons nos deux pensées
Pour tirer la leçon de son attitude.

HORATIO

Oui, monseigneur. Et que ce soit moi
Qui rembourse le vol si, pendant le spectacle,
Il dérobe quoi que ce soit sans être vu.

Trompettes et timbales.

HAMLET

Ils viennent voir la pièce, prends ta place.
Je dois faire le fou.

*Entrent le roi et la reine, suivis de Polonius,
Ophélie, Rosencrantz, Guildenstern et autres courtisans.*

LE ROI

Comment va notre cousin Hamlet ?

HAMLET

Parfaitement bien, ma foi. Je vis de l'air du temps,
comme le caméléon, je me gave d'espérances, mais ce
n'est pas ainsi que vous obtiendrez un chapon.

LE ROI

Je n'entends rien à cette réponse, Hamlet, ce sont là des
paroles qui m'échappent.

HAMLET

Comme elles m'ont échappé... (*A Polonius.*) Monseigneur, vous avez joué la comédie à l'Université, disiez-
vous ?

POLONIUS

Certes, monseigneur, et l'on jugea que j'étais un bon
acteur.

HAMLET

Quel rôle teniez-vous ?

POLONIUS

Celui de Jules César. J'étais tué au Capitole, Brutus me
tuait.

HAMLET

Tuer un veau aussi capital, c'est bien là le fait d'une
brute.
Les comédiens sont-ils prêts ?

ROSENCRANTZ

Oui, monseigneur, ils attendent votre bon plaisir.

LA REINE

Mon cher Hamlet, viens t'asseoir auprès de moi.

HAMLET

Non, ma chère mère, voici un meilleur aimant.

Il se tourne vers Ophélie.

POLONIUS, *au roi*

Ho ! ho ! Avez-vous remarqué ceci ?

HAMLET

Madame, puis-je m'étendre entre vos genoux ?

OPHÉLIE

Non, monseigneur.

HAMLET

Je voulais dire, ma tête sur vos genoux ?

OPHÉLIE

Oui, monseigneur.

HAMLET

Pensiez-vous que j'avais l'idée de choses vilaines ?

OPHÉLIE

Je ne pense rien, monseigneur.

HAMLET

Rien ? C'est une belle pensée à mettre entre les jambes des pucelles.

OPHÉLIE

Quoi, monseigneur ?

HAMLET

Rien.

OPHÉLIE

Vous êtes gai, monseigneur.

HAMLET

Gai, moi ?

OPHÉLIE

Oui, monseigneur.

HAMLET

Oh ! par Dieu, le roi des farceurs ! Qu'a-t-on de mieux à faire que d'être gai ? Voyez ma mère, comme elle a l'air joyeux. Et pourtant il n'y a pas deux heures que mon père est mort.

OPHÉLIE

Mais non, il y a deux fois deux mois, monseigneur.

HAMLET

Y a-t-il si longtemps ? Alors que le diable prenne le deuil car moi j'irai chercher mes habits de martre[38]. Ô cieux ! mort il y a deux mois et pas encore oublié ! On peut donc espérer que le souvenir d'un grand homme lui survivra de six mois ? Mais pour cela, par Notre-Dame, qu'il fasse bâtir églises ! Sinon il lui faudra souffrir l'oubli comme le

petit cheval [39], dont vous connaissez l'épitaphe : « Hélas !
hélas ! on a oublié le petit cheval ! »

Trompettes. Le rideau se lève, découvrant la scène
où commence une pantomime.

LA PANTOMIME

Entrent un roi et une reine qui s'embrassent fort tendrement.
La reine s'agenouille et fait au roi force protestations, il la
relève et appuie sa tête sur son épaule, puis il s'allonge sur un
tertre couvert de fleurs. Elle, le voyant endormi, se retire.
Paraît alors un personnage qui ôte au roi sa couronne,
embrasse celle-ci, verse un poison dans l'oreille du dormeur, et
s'en va. La reine revient et à la vue du roi mort s'abandonne
au désespoir. A nouveau, suivi de trois ou quatre figurants,
arrive l'empoisonneur. Il semble prendre part au deuil de la
reine. On emporte le corps. L'empoisonneur courtise la reine
en lui offrant des cadeaux. Elle le repousse d'abord, mais finit
par accepter son amour.

OPHÉLIE

Qu'est-ce que cela veut dire, monseigneur ?

HAMLET

Action sournoise et mauvaise, par Dieu ! Et tout le mal
qui s'ensuit.

OPHÉLIE

Cette pantomime dit sans doute quel est le sujet de la
pièce.

Paraît un comédien.

HAMLET

Celui-ci va nous l'apprendre. Les comédiens ne savent pas
garder un secret, ils vont tout vous dire.

OPHÉLIE

Va-t-il nous expliquer ce que l'on nous a montré ?

HAMLET

Oui, et tout ce que vous lui montrerez. Si vous ne rougissez pas d'en faire montre, il ne rougira pas de vous en dire l'usage.

OPHÉLIE

Oh ! vous êtes vilain, vilain. Je vais écouter la pièce.

LE COMÉDIEN

Nous livrons à votre clémence
La tragédie qui commence.
Écoutez-nous s'il vous plaît.
Avec un peu de patience.

Il sort.

HAMLET

Est-ce un prologue, ou la devise d'une bague ?

OPHÉLIE

Cela est bref, monseigneur.

HAMLET

Comme l'amour d'une femme.

Entrent deux comédiens, un roi et une reine.

LE ROI DE COMÉDIE

Trente fois[40] les coursiers de Phébus ont franchi
Le globe de Tellus et l'onde de Neptune,
D'un éclat emprunté trente fois douze lunes
Douze fois trente fois ont traversé nos nuits,
Depuis qu'Amour lia nos cœurs, depuis qu'Hymen
Dans une sainte union a réuni nos mains.

LA REINE DE COMÉDIE

Puissent Lune et Soleil faire autant d'autres tours
Avant que n'ait cessé de vivre notre amour !
Mais depuis peu, hélas ! vous me semblez si las,

Si malade, et en somme en un si triste état
Que je tremble pour vous. Et pourtant, monseigneur,
De mon anxiété n'ayez aucune peur.
Car l'amour d'une femme et sa peur sont les mêmes :
Ils ne sont rien ou bien se portent aux extrêmes.
Or, ce qu'est mon amour, Sire, vous le savez,
Et tel est mon amour, telle mon anxiété.
Lorsque l'amour est grand, tout est cause de trouble,
Et quand tout inquiète, un grand amour redouble.

LE ROI DE COMÉDIE

Oui, je dois te quitter, mon amour, et bientôt.
Les forces de mon corps n'aspirent qu'au repos.
Honorée, adorée, toi pourtant tu vivras
Dans ce bel univers — où tu accepteras
Peut-être qu'un mari aussi tendre...

LA REINE DE COMÉDIE

                    Arrêtez !
Qui en prend un second a tué le premier.
Un tel amour serait en mon cœur félonie,
Que maudite je sois si je me remarie !

HAMLET, *à part.*

Absinthe, absinthe amère.

LA REINE DE COMÉDIE

Le mobile qui porte à de secondes noces
Est moins une passion qu'un sordide négoce.
Une seconde fois je tue mon feu mari
Quand un second mari m'embrasse dans mon lit.

LE ROI DE COMÉDIE

Je sais que vous pensez ce qu'aujourd'hui vous dites,
Mais ce que nous voulons nous l'abandonnons vite.
La mémoire se joue de notre intention
Qui naît dans la violence et meurt de consomption.
De même le fruit vert à l'arbre reste pris

Qui sans qu'on le secoue en tombera, mûri.
Inévitablement nous manquons de payer
Ce qui n'est dû qu'à nous comme seuls créanciers,
Et ce que nous voulons quand la passion nous presse,
La fin de la passion en fait notre paresse.
L'allégresse et le deuil, même les plus violents,
S'achèvent, emportant avec eux les serments.
Où s'ébattait la joie le chagrin se lamente,
La gaieté pour un rien s'attriste et le deuil chante.
Ce monde périra. Faut-il donc s'étonner
Qu'avec notre destin notre amour soit changé ?
Si l'amour en effet mène la destinée
Ou l'inverse, c'est là question toujours posée.
D'un puissant abattu la clientèle fuit,
Un gueux s'élève-t-il, il n'a plus d'ennemi.
Et l'Amour n'est-il pas le serf de Destinée,
Puisqu'on voit la grandeur d'amis environnée
Tandis que le besoin, cherche-t-il un appui,
Voit de ses faux amis surgir des ennemis.
Mais pour en revenir à ma première idée,
Nos vœux s'opposent tant à notre destinée
Que tous nos plans toujours seront jetés à bas.
Nos pensées sont à nous, les faits ne le sont pas.
Crois donc que tu n'auras pas de second mari :
A la mort du premier tu changeras d'avis !

LA REINE DE COMÉDIE

Terre et ciel, privez-moi de fruits et de lumière,
Nuit et jour, privez-moi de liesse et de repos,
Mon espoir et ma foi, décevez mes prières,
Vie frugale d'ermite en prison, sois mon lot,
Et vous, maux dont pâlit la face de la joie,
Que mes plus chers projets deviennent votre proie
— Oui, qu'un malheur sans fin me chasse d'ici-bas,
Si je puis être veuve et ne le rester pas !

HAMLET

Si elle allait se parjurer !

LE ROI DE COMÉDIE

C'est un grave serment... Laissez-moi, mon amour,
Mon esprit s'affaiblit et je voudrais du jour
Tromper par le sommeil l'ennui...

Il dort.

LA REINE DE COMÉDIE

Que ton pauvre cerveau, le sommeil le répare
Et que le mauvais sort jamais ne nous sépare !

Elle sort.

HAMLET

Madame, que pensez-vous de cette pièce ?

LA REINE

La dame fait trop de serments, me semble-t-il.

HAMLET

Oh ! mais elle tiendra parole.

LE ROI

Connaissez-vous le sujet ? N'a-t-il rien qui puisse offenser ?

HAMLET

Offenser ? Absolument pas ; ce n'est qu'un jeu, ils
s'empoisonnent pour rire.

LE ROI

Quel est le titre de la pièce ?

HAMLET

Le Piège de la Souris. Et pourquoi diable ? Eh bien, au
figuré. Cette pièce a pour sujet un meurtre commis à
Vienne. Gonzague est le nom du duc, Baptista celui de sa
femme, et vous allez voir qu'il s'agit d'un joli tour de
coquin, mais n'est-ce pas, peu importe ! Votre Majesté et

nous qui avons la conscience pure, cela ne nous émeut pas. Que bronche le cheval blessé, nous, notre col est indemne...

> *Entre Lucianus avec une fiole de poison. Il se dirige vers le dormeur.*

Celui-ci, un certain Lucianus, le neveu du roi[41].

OPHÉLIE

Vous êtes un vrai coryphée, monseigneur.

HAMLET

Oh ! je saurais bien expliquer ce qui se passe entre vous et votre amoureux, pour peu que je puisse voir le trémoussement des marionnettes.

OPHÉLIE

Quelle pointe, quelle pointe, monseigneur !

HAMLET

Ne tentez pas de l'ébrécher, cela vous ferait gémir.

OPHÉLIE

Meilleur encore, mais pire.

HAMLET

C'est bien ainsi que vous prenez vos maris : pour le meilleur et le pire... Allons, meurtrier ! Par la vérole, finis-en avec tes maudites grimaces et commence ! Au fait, au fait ! « Le corbeau croassant beugle : Vengeance ! »

LUCIANUS

Pensée noire, main prompte, drogue sûre,
Convenance de l'heure, absence des témoins !
Ô toi faite à minuit, ô fétide mixture
Qu'Hécate a infectée de ses funestes soins,
Par l'affreuse magie de tes propriétés
Dévaste sans retard la vie et la santé.

> *Il verse le poison dans les oreilles du dormeur.*

HAMLET

Il l'empoisonne dans son jardin pour lui ravir ses états.
Son nom est Gonzague, on peut en lire l'histoire, elle est
écrite dans l'italien le plus pur. Et maintenant vous allez
voir comment le meurtrier se fait aimer de la femme de
Gonzague.

OPHÉLIE

Le roi se lève !

HAMLET

Quoi, effrayé par un tir à blanc ?

LA REINE

Êtes-vous souffrant, monseigneur ?

POLONIUS

Qu'on interrompe la pièce !

LE ROI

Donnez-moi un flambeau ! Partons !

POLONIUS

Des flambeaux, des flambeaux, des flambeaux !

Tous sortent, sauf Hamlet et Horatio.

HAMLET

Que gémisse le cerf blessé
Quand le chevreuil vagabonde.
L'un doit dormir, l'autre veiller,
C'est la loi de ce monde.

Avec cela, monsieur, et une forêt de plumes [42], et deux
roses de Provins sur mes souliers à crevés, n'est-ce pas
qu'on me recevra chez les comédiens, monsieur, si tout le
reste me manque ?

HORATIO

A demi-part.

HAMLET

A part entière, j'en suis sûr.
     Car, mon cher Damon, tu le vois,
     Ce royaume qui fut privé
     D'un vrai Jupiter a pour roi
     Maintenant un, un... pauvre bougre.

HORATIO

Vous auriez pu trouver une rime[43].

HAMLET

Ô mon cher Horatio, je gagerais mille livres sur la parole
du spectre... Tu as vu ?

HORATIO

Parfaitement, monseigneur.

HAMLET

Dès qu'on a parlé de poison ?

HORATIO

Je l'ai parfaitement observé.

Rentrent Rosencrantz et Guildenstern.

HAMLET

Ah ! ah ! Allons, de la musique ! Allons, des flageolets !
     Si le Roi n'aime pas la comédie,
     C'est qu'elle lui déplaît, pardi !
Allons, de la musique.

GUILDENSTERN

Mon cher seigneur, permettez-moi de vous dire un mot.

HAMLET

Toute une histoire, monsieur.

GUILDENSTERN

Le roi, monsieur...

HAMLET

Ah oui, monsieur, que fait-il ?

GUILDENSTERN

Est parti prodigieusement échauffé.

HAMLET

Le vin, monsieur ?

GUILDENSTERN

Non, plutôt la bile, monseigneur.

HAMLET

Ce serait plus sage de votre part d'aller dire cela à son médecin. Car, si c'est moi qui le saigne, peut-être en sera-t-il encore plus échauffé ?

GUILDENSTERN

Mon cher seigneur, mettez un peu d'ordre dans vos propos, ne faites pas le cheval furieux, écoutez-moi.

HAMLET

Je suis maîtrisé, monsieur... Votre arrêt ?

GUILDENSTERN

La reine votre mère, dans sa profonde affliction, m'envoie vers vous.

HAMLET

Vous êtes le bienvenu.

GUILDENSTERN

Non, mon cher seigneur, cette politesse n'est pas de bon aloi. Si vous voulez bien me faire une réponse sensée, j'accomplirai l'ordre de votre mère. Sinon, permettez-moi de partir, et mon rôle est terminé.

HAMLET

Monsieur, je ne saurais...

ROSENCRANTZ

Quoi, monseigneur ?

HAMLET

Vous faire une réponse sensée, car j'ai l'esprit dérangé. Mais pour une réponse comme je puis vous en faire, monsieur, eh bien, je suis à vos ordres, ou plutôt, comme vous disiez, à ceux de ma mère. Donc, sans plus, venons-en au fait. Ma mère, dites-vous...

ROSENCRANTZ

Déclare que votre conduite l'a frappée d'étonnement, de stupeur.

HAMLET

Ô l'admirable fils qui peut ainsi stupéfier sa mère ! Mais qu'y a-t-il aux talons de cette stupeur d'une mère ? Allons, dites-le.

ROSENCRANTZ

Elle voudrait vous parler dans sa chambre avant que vous n'alliez vous coucher.

HAMLET

Nous lui obéirons, serait-elle dix fois notre mère. Avez-vous autre chose à dire ?

ROSENCRANTZ

Vous m'aimiez jadis, monseigneur.

HAMLET

Et je le fais encore, par ces doigts voleurs et filous.

ROSENCRANTZ

Mon cher seigneur, quelle est la cause de votre trouble ?

Vous barrez la porte à votre délivrance quand vous cachez vos peines à un ami.

HAMLET

Monsieur, je voudrais de l'avancement.

ROSENCRANTZ

Est-ce possible ? Quand le roi lui-même vous donne sa voix pour lui succéder en Danemark ?

HAMLET

Eh oui, monsieur, mais « le temps que l'herbe pousse »… C'est un vieux proverbe un peu moisi.

Les comédiens apportent les flageolets.

Ah ! les flageolets ! Donnez-m'en un. (*A Guildenstern.*) Un mot, entre nous. Pourquoi cherchez-vous toujours à me tenir sous le vent, comme pour me pousser dans quelque nasse ?

GUILDENSTERN

Ô monseigneur, si mon zèle est trop hardi, c'est que mon affection ne connaît pas de manières.

HAMLET

Je ne vous entends pas très bien.. Voulez-vous jouer de ce flageolet ?

GUILDENSTERN

Je ne saurais, monseigneur.

HAMLET

Je vous en prie.

GUILDENSTERN

Je ne saurais, croyez-moi.

HAMLET

Je vous en supplie.

GUILDENSTERN

Je ne sais pas du tout comment on en joue, monseigneur.

HAMLET

C'est aussi facile que de mentir. Contrôlez ces trous avec les doigts et le pouce, appliquez votre bouche, soufflez, et l'instrument rendra la plus éloquente musique. Tenez, ce sont là les trous.

GUILDENSTERN

Mais je ne pourrais en tirer la moindre harmonie, je n'ai pas appris !

HAMLET

Voyez donc dans quel mépris vous me tenez ! Vous voudriez jouer de moi, vous donner l'air de connaître mes touches, arracher le cœur même de mon secret, faire chanter la plus basse et la plus aiguë de mes notes — mais ce petit instrument, qui contient tant de musique et dont la voix est si belle, vous ne savez pas le faire parler. Croyez-vous, par Dieu, que je sois plus simple qu'une flûte ? Prenez-moi pour l'instrument qu'il vous plaît, vous aurez beau tracasser toutes mes cordes, vous ne tirerez pas un son de moi.

Entre Polonius.

Dieu vous bénisse, monsieur !

POLONIUS

Monseigneur, la reine voudrait tout de suite vous parler.

HAMLET

Voyez-vous ce nuage là-bas, qui a presque la forme d'un chameau ?

POLONIUS

Par la Messe, on croirait un chameau, c'est vrai.

HAMLET

Il me semble que c'est une belette.

POLONIUS

Il a bien le dos de la belette.

HAMLET

Ou d'une baleine ?

POLONIUS

Oui, tout à fait la baleine.

HAMLET

Bien, je vais à l'instant trouver ma mère. *(A part.)* Ces
pitreries obligées sont à la limite de mes forces... *(Haut.)*
Je viens à l'instant.

POLONIUS

Je vais le lui dire.

Sortent Polonius, Rosencrantz et Guildenstern.

HAMLET

« A l'instant », c'est vite dit.
Laissez-moi, mes amis.

Tous les autres s'en vont.

Voici l'heure sinistre de la nuit,
L'heure des tombes qui s'ouvrent, celle où l'enfer
Souffle au-dehors sa peste sur le monde.
Maintenant je pourrais boire le sang chaud
Et faire ce travail funeste que le jour
Frissonnerait de voir... Mais, paix ! D'abord ma mère.
Oh, n'oublie pas, mon cœur, qui elle est. Que jamais
Une âme de Néron ne hante ta vigueur !
Sois féroce mais non dénaturé.
Mes mots seuls la poignarderont ; c'est en cela
Que mon âme et ma voix seront hypocrites ;

Mon âme ! aussi cinglantes soient mes paroles,
Ne consens pas à les marquer du sceau des actes !

Il sort.

Scène III

L'antichambre de la salle d'audience.

LE ROI, ROSENCRANTZ *et* GUILDENSTERN.

LE ROI

Je n'aime pas ses façons. Et il est dangereux
De laisser le champ libre à sa folie.
Tenez-vous prêts. Je vais faire copier vos instructions
Et avec vous il partira pour l'Angleterre.
L'intérêt de notre pays ne saurait admettre
Le péril qui si près de nous s'accroît d'heure en heure
Sous ce front arrogant.

GUILDENSTERN

Nous nous préparerons.
C'est une sainte et pieuse précaution
Que de veiller au bien des milliers d'êtres
Dont Votre Majesté entretient la vie.

ROSENCRANTZ

Déjà l'individu est-il tenu
De fonder sur la force et le fer de l'esprit
Pour se garder du malheur. A plus forte raison,
L'être dont la fortune est le soutien
De si nombreuses vies ! Un roi qui meurt
N'est pas seul à mourir. Il est un gouffre
Qui emporte tout avec lui. Oh, il est cette roue
Énorme qui, fixée au mont le plus haut,

Porte dans ses rayons dix mille moindres êtres
Ajustés, mortaisés. Et quand elle s'écroule,
Ces pauvres additions, ces chétives annexes
Accompagnent sa vaste chute. Un roi soupire-t-il,
C'est tout un peuple aussitôt qui gémit.

LE ROI

Équipez-vous pour ce prompt départ, je vous prie.
Il faut charger de chaînes ce danger
Qui marche pour l'instant d'un pied trop libre.

ROSENCRANTZ

Nous allons faire hâte.

Ils sortent.
Entre Polonius.

POLONIUS

Il se rend chez sa mère, monseigneur.
Derrière la tapisserie je vais prendre place
Pour écouter... Elle va l'accabler, je vous le garantis,
Mais, comme vous disiez, et fort sagement,
Mieux vaut que quelqu'un d'autre qu'une mère,
Si naturellement partiale, et bien placé,
Puisse entendre ce qu'il dira. Adieu, mon suzerain,
Avant votre coucher, je viendrai vous voir
Et vous dirai ce que j'aurai appris.

LE ROI

Merci, mon cher seigneur.

Polonius sort.

Oh, mon crime est fétide, il empeste le ciel,
La plus vieille malédiction, celle du premier fratricide,
Pèse sur lui ! Et je ne peux prier !
Mon désir en est grand, et ma volonté,
Mais le poids de ma faute les accable
Et comme un homme astreint à deux travaux
Je demeure hésitant au lieu d'entreprendre

Et ne fais rien. Pourtant, cette main maudite,
Serait-elle doublée dans son épaisseur
Par le sang fraternel, n'y a-t-il pas
Assez de pluie aux cieux cléments pour la laver
Et la faire de neige ? Qu'est-ce que la merci
De Dieu sinon de voir le péché en face,
Et la prière, n'est-ce pas la vertu double
Qui peut nous retenir au bord de la faute
Ou nous vaut le pardon ? Je pourrais relever le front,
Mon crime ne serait plus... Hélas ! quelle prière
Peut convenir ? « Pardonne-moi mon horrible meurtre » ?
Certes non, s'il est vrai que je jouis encore
De ce gain dont l'appât me fit meurtrier,
Ma couronne, ma reine et l'éclat du pouvoir.
Peut-on trouver le pardon quand on profite du crime ?
De par les voies corrompues de ce monde
La main coupable pleine d'or peut bien
Écarter la justice, et souvent l'on voit
Le gain même de l'acte réprouvé
Permettre d'acheter le pardon de la loi,
Mais il en va, là-haut, tout autrement.
Là, plus de faux-fuyants, là nous sommes contraints,
Sous les yeux, sous la dent de nos forfaits
D'avouer ce qu'ils furent... Alors, que reste-t-il ?
Essaierai-je du repentir ? Oui, que ne peut-il pas ?
Mais aussi que peut-il, quand on ne peut se repentir ?
Ô situation misérable ! Ô conscience
Noire comme la mort ! Âme engluée
Qui, en se débattant pour se libérer,
S'enlise de plus en plus ! Anges, secourez-moi !
Essayez, mes genoux rétifs, de vous plier,
Et vous, fibres d'acier de mon cœur, devenez
Les tendres nerfs de l'enfant nouveau-né...
Tout va changer, peut-être.

Il se met à genoux
Entre Hamlet.

HAMLET

C'est maintenant, il prie, c'est maintenant...
Que je vais en finir ! *(Il tire son épée.)* Mais il ira au ciel,
Est-ce là me venger ? Cela vaut examen.
Un misérable tue mon père et, en retour,
Moi son unique fils, j'envoie ce misérable
Au paradis...
Ah ! c'est là un viatique, une récompense,
Ce n'est pas me venger. Il a surpris mon père
Quand il était impur et rassasié,
Tous ses péchés en fleur, dans la pleine sève de mai,
Et, hormis Dieu, qui sait quel compte il devait rendre ?
Pour celui-là, selon toute apparence et jugement,
Certes sa dette est lourde. Alors, suis-je vengé
Si je le tue quand il se purifie,
Quand il s'est préparé pour le grand voyage ?
Non, mon épée !
Réserve-toi pour un coup plus horrible,
Et quand il sera ivre, ou fou de colère
Ou dans l'incestueux plaisir de son lit,
Ou au jeu, en train de jurer, ou occupé
A quelque action dont nul salut ne peut venir,
Alors, renverse-le ! Que ses talons
Aillent ruer sur la face du ciel,
Et que son âme soit aussi noire alors, et maudite,
Que l'enfer où il entrera... Ma mère attend.
Ce remède ajoute bien peu à tes faibles jours.

Il sort.

LE ROI, *se relevant.*

Mes mots prennent leur vol, ma pensée se traîne.
Et des mots sans pensée n'atteignent pas le ciel.

Il sort.

Scène IV

La chambre de la reine.

LA REINE *et* POLONIUS.

POLONIUS

Il vient. Surtout ne le ménagez pas.
Dites-lui que ses incartades ont passé toute mesure
Et qu'entre lui et un grand courroux Votre Grâce
A dû s'interposer. — Moi, dans ce coin,
Je fais le mort... S'il vous plaît, rudoyez-le.

HAMLET, *au-dehors.*

Mère, mère, mère !

LA REINE

Vous avez ma parole, n'ayez crainte.
Retirez-vous, je l'entends qui vient.

> *Polonius se cache derrière la tapisserie.*
> *Entre Hamlet.*

HAMLET

Eh bien, mère, qu'y a-t-il ?

LA REINE

Hamlet, tu as gravement offensé ton père.

HAMLET

Mère, vous avez gravement offensé mon père.

LA REINE

Allons, allons, vous répondez comme un fou.

HAMLET

Allez, allez, vous questionnez comme une dévergondée.

LA REINE

Comment ! Que dis-tu, Hamlet ?

HAMLET

Eh bien, que me voulez-vous ?

LA REINE

Oubliez-vous qui je suis ?

HAMLET

Oh ! non, par la sainte croix !
Vous êtes la reine ; du frère de votre mari vous êtes la
　　femme
Et, à mon grand regret, vous êtes ma mère.

LA REINE

Ah ! je vais t'opposer quelqu'un
Qui saura bien te parler !

HAMLET, *la retenant.*

Non, non, asseyez-vous, vous ne bougerez pas
Que je n'aie présenté à vos yeux un miroir
Où vous pourrez plonger, jusqu'au fond de vous.

LA REINE

Que fais-tu ? Tu ne vas pas me tuer ? Ah !
Au secours, au secours !

POLONIUS, *derrière la tapisserie.*

Eh quoi, holà ! Au secours, au secours !

HAMLET

Tiens, un rat ? Mort, un ducat qu'il est mort !
　　　　Il donne un coup d'épée à travers la tapisserie.

POLONIUS

Oh ! il m'a tué !

LA REINE

Malheur à moi, qu'as-tu fait ?

HAMLET

Eh, je ne sais. Est-ce le roi ?

Il soulève la tapisserie.

LA REINE

Oh ! quel geste de fou, quel acte sanglant !

HAMLET

Sanglant, ma chère mère. Presque aussi noir
Que de tuer un roi et d'épouser son frère.

LA REINE

Que de tuer un roi !

HAMLET

Oui, madame, c'est bien ce que j'ai dit.
(*A Polonius.*) Adieu, pauvre imbécile, étourdi, indiscret.
Je t'ai pris pour ton maître, subis ton sort.
Tu vois qu'il est dangereux d'être trop zélé.

Il laisse retomber la tapisserie.

Cessez de vous tordre les mains, asseyez-vous, taisez-vous
Que je vous torde le cœur ; car j'y parviendrai
S'il est d'une matière un peu malléable,
Et n'est pas devenu, dans la pratique du crime,
Du bronze cuirassé contre tout émoi.

LA REINE

Qu'ai-je fait, que tu oses
Me crier au visage des mots si durs ?

HAMLET

Un acte tel
Qu'il souille de la pudeur la rougeur aimable,
Taxe d'hypocrisie la vertu, arrache la rose
Du tendre front d'un innocent amour
Et y imprime son fer ! Oh, c'est un acte
Qui fait du vœu nuptial le même mensonge
Qu'un serment de joueur, et qui arrache
A ce contrat son âme, et de la religion
Fait un vain bruit de mots ! En rougit la face du ciel,
Et même cette masse impassible, la Lune,
Le visage enflammé comme à la veille
Du Jugement, en est malade de dégoût !

LA REINE

Ah, qu'est-ce que cet acte
Qui gronde dans tes mots comme l'orage ?

HAMLET

Regardez ce portrait, puis celui-ci !
Ils représentent deux frères,
Et voyez quelle grâce était sur ce front !
Les boucles d'Hypérion ! de Jupiter
Le front, de Mars cet œil qui commande et menace,
Et la prestance de Mercure, le messager,
Quand il se pose sur une cime qu'étreint le ciel.
En vérité, ce fut un alliage, une forme
Où chaque dieu semblait apposer son sceau
Pour faire à l'univers la promesse d'un homme...
Ce fut votre mari ! Maintenant, voyez l'autre,
Votre nouveau mari, l'épi germé
Qui a gâté le bon grain. Êtes-vous aveugle,
Pour délaisser ainsi la superbe montagne
Et paître dans le marais ? Ah ! êtes-vous aveugle ?
Ne dites pas que c'est par amour : à votre âge
L'ardeur du sang se calme et, maîtrisée,
Se fie à la raison. Et quelle raison
Choisirait celui-ci après celui-là ? Vous avez des sens,

Sinon vous seriez inerte, mais vos sens
Sont paralysés, sûrement. Car la folie
Ne délire jamais ni ne trouble les sens
Au point de ne savoir même plus distinguer
Êtres si dissemblables. Quel démon
Vous a ainsi dupée à colin-maillard ?
Les yeux sans le toucher, le toucher sans la vue,
Les oreilles sans yeux ni mains, l'odorat seul,
La plus faible partie d'un unique vrai sens
Ne seraient pas si stupides. Honte, rougiras-tu ?
Et toi, enfer rebelle,
Si tu peux secouer les os d'une matrone,
Que la vertu ne soit pour l'ardente jeunesse
Qu'une cire, qui fonde dans son feu ! Plus de vergogne
Quand bondira la passion dévorante,
Puisque le gel lui-même est un feu si vif
Et la raison l'entremetteuse du désir !

LA REINE

Hamlet, n'en dis pas plus !
Tu tournes mon regard vers le fond de mon âme
Et j'y vois de si noires taches, dont la teinte
Ne disparaîtra plus !

HAMLET

Oui, et cela pour vivre
Dans la rance sueur d'un lit graisseux,
Et croupir dans le stupre, et bêtifier, forniquer
Dans une bauge ordurière !

LA REINE

N'en dis pas plus ! Comme autant de poignards
Tes mots entrent dans mes oreilles.
Plus rien, mon tendre Hamlet.

HAMLET

Un assassin, un rustre,
Un pantin ! Le vingtième du dixième,

Et même pas, de votre maître ancien.
Un singe de nos rois ; un aigrefin
Du trône et du pouvoir, qui a saisi
La précieuse couronne sur sa planche
Et qui l'a empochée !

LA REINE

Plus rien !

HAMLET

Un roi de carnaval...

Entre le spectre, dans son vêtement de nuit.

Couvrez-moi de vos ailes, sauvez-moi,
Ô célestes gardiens !... Que me veut Votre Grâce ?

LA REINE

Hélas ! il est fou !

HAMLET

Venez-vous pour châtier votre fils paresseux
Qui, esclave des circonstances et de son trouble,
Tarde à exécuter votre ordre terrible ?
Oh, dites-moi !

LE SPECTRE

N'oublie pas, n'oublie pas ! Ma venue n'a pour but
Qu'aiguiser ton dessein presque émoussé.
Mais, vois, le désarroi accable ta mère,
Oh, entre elle et son âme en combat dresse-toi !
C'est sur les êtres frêles que la pensée
Agit le plus fortement. Parle-lui, Hamlet.

HAMLET

Madame, qu'avez-vous ?

LA REINE

Hélas ! qu'avez-vous vous-même,
A tenir vos yeux fixés sur le vide

Et à parler à l'air immatériel ?
Votre esprit égaré se trahit dans vos yeux
Et, comme des soldats réveillés par l'alarme,
Vos cheveux qui étaient couchés s'animent, se soulèvent
Et demeurent dressés. Mon noble fils,
Sur la flamme et le feu de ta fureur,
Jette la froide patience. Que vois-tu ?

HAMLET

Mais lui, lui ! Regardez sa pâleur, ses yeux !
Même des pierres seraient sensibles
A son aspect leur prêchant cette cause.
Ne me regardez pas,
De peur que ce regard pitoyable[44] n'altère
Mon sévère projet, et que ma tâche perde
Dans les larmes sa vraie couleur de sang.

LA REINE

A qui dis-tu cela ?

HAMLET

Ne voyez-vous rien, là !

LA REINE

Rien. Et pourtant je vois tout ce qu'on peut voir.

HAMLET

Et n'entendez-vous rien ?

LA REINE

Non, rien sauf nos deux voix.

HAMLET

Mais regardez, ici ! Et voyez, il s'enfuit !
Mon père, dans l'habit qu'il portait, vivant,
Regardez, le voilà qui sort, par cette porte.

Le spectre disparaît.

LA REINE

Voilà bien ce que forge votre cerveau !
A inventer ces images sans corps
Le délire est habile.

HAMLET

Le délire !
Mon pouls est régulier autant que le vôtre,
Il fait le bruit de la santé — ce n'est pas la folie
Qui hantait ma parole, la preuve en est
Que je puis tout redire, quand la folie
Ne sait que divaguer. Ô mère, oh, pour l'amour de Dieu,
Sur votre âme n'étendez pas l'onguent flatteur
De croire que ma folie parle, et non votre faute.
Ce ne serait que recouvrir l'ulcère
Quand la putride corruption minerait tout
D'un invisible abcès. Confessez-vous à Dieu,
Regrettez le passé, rectifiez l'avenir,
N'étendez pas l'engrais sur la mauvaise herbe
Pour la faire plus foisonnante. Et pardonnez-moi ma
    vertu
Puisque, dans la mollesse infirme de ce temps,
La vertu doit mendier le pardon du vice
Et à genoux le supplier de lui permettre
De lui faire du bien.

LA REINE

Hamlet, tu m'as brisé le cœur en deux morceaux.

HAMLET

Oh ! jetez-en la plus mauvaise part
Et vivez plus pure avec l'autre.
Bonne nuit ! N'allez pas au lit de mon oncle,
Affectez la vertu que vous n'avez pas.
Ce monstre, l'habitude, qui dévore tout sentiment
De notre iniquité, est un ange en ceci
Qu'il nous procure une livrée, un froc
Facile à revêtir pour la pratique

De la justice et du bien. Abstenez-vous ce soir,
Et cela vous rendra un peu plus aisée
L'abstinence suivante. Et plus aisée encore
Celle qui la suivra. Car l'habitude
Parvient presque à changer la marque de nature,
Et à dompter le diable ou à l'exorciser
Avec une admirable force. Une fois encore, bonne nuit.
Et quand vous aurez faim que Dieu vous bénisse,
Moi je vous supplierai de me bénir. Pour ce seigneur,

Il montre Polonius.

Je regrette. Ce sont les cieux qui ont voulu,
Pour que je sois son châtiment et lui le mien,
Faire de moi leur foudre et leur ministre.
Je me charge de lui, et je veux répondre
De sa mort. Bonne nuit encore, bonne nuit.
Je dois être cruel pour être juste,
Et ce début est dur, mais pire viendra…
Encore un mot, madame.

LA REINE

Que dois-je faire ?

HAMLET

Oh ! surtout pas ce que je vous ai dit !
Que ce bouffi encor vous attire à sa couche,
Qu'il vous pince la joue lascivement, qu'il vous appelle
Sa souris, et qu'avec deux baisers fétides
Ou ces doigts qui fricotent dans votre cou,
Il vous fasse tout avouer : que je ne suis
Pas vraiment fou, que ma folie n'est qu'une ruse.
Il serait bon que vous le lui disiez,
Car vous qui n'êtes qu'une reine, belle, chaste, prudente,
Iriez-vous dérober de si précieux secrets
A ce crapaud, ce chat, cette chauve-souris ? Qui le ferait ?
Non, contre la raison, contre votre parole,
Ouvrez la cage[45] sur le toit de la maison,
Laissez tous ces oiseaux prendre leur vol

Et glissez-vous alors, comme le singe
Illustre, dans la cage, et sautez, vous aussi,
Et rompez-vous le cou !

LA REINE

N'en doute pas : si les mots sont le souffle
Et le souffle la vie, jamais ma vie
Ne soufflera un mot de ce que tu m'as dit.

HAMLET

Je dois partir pour l'Angleterre, le savez-vous ?

LA REINE

Hélas !
Je l'avais oublié. La décision est prise.

HAMLET

Les lettres sont scellées et mes deux condisciples,
Auxquels je me fierai comme aux crocs des vipères,
Sont chargés de porter les ordres. Ils me fraient le
    chemin,
Ils ont à me conduire au piège... Qu'ils essaient,
C'est un plaisir de voir l'artificier
Sauter avec sa mine. Et ce serait le diable
Si je ne puis creuser par-dessous leur sape
Et les catapulter jusque dans la lune.
Deux ruses qui se heurtent, quelle joie !
Celui-ci me contraint de faire mes malles,
Je vais traîner sa tripe jusqu'à côté.
Ma mère, bonne nuit, et pour de bon. Ce conseiller,
Le voici bien tranquille et discret, bien grave,
Lui qui fut un coquin stupide et bavard.
Allons, monsieur, allons faire une fin.
Ma mère, bonne nuit.

Il sort, emportant le corps.

ACTE IV

Scène première

Entre LE ROI *avec* ROSENCRANTZ *et* GUILDENSTERN.

LE ROI

Ces larmes, ces grands soupirs ! Quelle est leur cause ?
Il nous faut la connaître ! Dites-la !
Où se tient votre fils ?

LA REINE

Laissez-nous un instant.

Sortent Rosencrantz et Guildenstern.

Ah, mon tendre seigneur, qu'ai-je vu ce soir !

LE ROI

Quoi, Gertrude ? Et Hamlet ? Comment va-t-il ?

LA REINE

Fou comme vent et mer quand ils se heurtent
Pour décider du plus fort ! Dans sa frénésie,
Derrière la tenture il entend bouger,
Tire aussitôt l'épée, crie : « Un rat ! un rat ! »
Et, dans l'emportement de cette idée, il tue
Le bon vieillard qui était caché.

LE ROI

Oh, quel acte funeste ! Eussions-nous été là,
Nous aurions eu le même sort. Le laisser libre
Est un danger pour tous. Oui, pour vous-même
Et pour nous et pour tout le monde. Hélas !
Comment répondre de ce meurtre ? Il retombera
Sur nous qui aurions dû brider, contraindre,
Enfermer ce dément. Mais nous l'aimions si fort
Que nous ne voulions pas du meilleur remède,
Tout comme l'homme qui souffre d'un mal honteux
Le laisse dévorer la moelle de sa vie
Plutôt que d'avouer... Où est-il parti ?

LA REINE

Mettre à l'écart le corps de sa victime.
Et, comme il est resté dans sa folie même
Pur comme l'or parmi de vils métaux,
Ce qu'il a fait, il le pleure.

LE ROI

Oh, Gertrude, venez !
Dès que le jour paraîtra sur les crêtes,
Le navire l'emportera. Quant à cet acte odieux,
Il faudra tout notre prestige et notre adresse
Pour le couvrir et pour l'excuser. Ho ! Guildenstern !

Rentrent Rosencrantz et Guildenstern.

Mes amis, demandez quelque renfort.
Hamlet dans sa folie a tué Polonius
Et l'a traîné loin de la chambre de sa mère.
Débusquez-le, parlez-lui doucement, transportez le corps
A la chapelle. Hâtez-vous, je vous prie.

Ils sortent.

Venez, Gertrude. Appelons nos amis les plus judicieux,
Informons-les, tant de nos intentions
Que de ce contretemps : ainsi la calomnie
Dont le murmure lance à travers le monde,

Aussi droit qu'un boulet de canon vers sa cible,
Son dard empoisonné, pourra-t-elle sans doute
Épargner notre nom, et ne frapper
Que l'air invulnérable. Oh! venez vite!
Mon âme est pleine de tumulte et de stupeur.

Ils sortent.

Scène II

Une autre salle du château.

Entre HAMLET

HAMLET

Je l'ai casé en lieu sûr.

DES VOIX *dans la coulisse.*

Hamlet! Monseigneur Hamlet!

HAMLET

Mais, chut! Quel est ce bruit, qui appelle Hamlet?
Oh! les voici!

Entrent Rosencrantz et Guildenstern.

ROSENCRANTZ

Qu'avez-vous fait du cadavre, monseigneur?

HAMLET

Je l'ai rendu à sa parente, la poussière.

ROSENCRANTZ

Dites-nous où il est, qu'on puisse le prendre
Et le porter jusqu'à la chapelle.

HAMLET

Gardez-vous de le croire.

ROSENCRANTZ

De croire quoi ?

HAMLET

Que je puisse garder votre secret et trahir le mien. Et puis, à la question d'une éponge, quelle réponse peut faire le fils d'un roi ?

ROSENCRANTZ

Me prenez-vous pour une éponge, monseigneur ?

HAMLET

Oui, monsieur, une éponge qui absorbe les faveurs du roi, et ses récompenses, et son pouvoir. Du reste, cette sorte de serviteurs finit par rendre au roi les plus grands services, car il les garde comme un quartier de pomme dans quelque coin de sa bouche et, cette chose qu'il remâche, tôt ou tard il l'avalera. S'il a besoin de ce que vous avez récolté, il suffira qu'il vous presse, éponge, et de nouveau vous serez à sec.

ROSENCRANTZ

Je ne vous comprends pas, monseigneur.

HAMLET

J'en suis bien aise. Les propos empoisonnés dorment dans les oreilles stupides.

ROSENCRANTZ

Monseigneur, il faut nous dire où est ce cadavre et venir avec nous auprès du roi.

HAMLET

Le cadavre est auprès du roi, mais le roi n'est pas avec le cadavre. Le roi est une chose...

GUILDENSTERN

Une chose, monseigneur !

HAMLET

Une chose de rien. Menez-moi auprès de lui. Au renard !
Au renard ! Dénichez le renard !

Ils sortent.

Scène III

La grande salle du château.

LE ROI *et deux ou trois conseillers d'État.*

LE ROI

J'ai envoyé à sa recherche ainsi qu'à celle du corps.
Quel péril que cet homme erre en liberté !
Et pourtant je ne puis le livrer à la loi,
Il est l'idole de la foule inconséquente
Qui ne se fie qu'à l'engouement des yeux,
Et c'est le châtiment qu'elle juge, toujours,
Et jamais le délit. Pour que tout aille bien,
Il faut que ce départ soudain puisse paraître
Un temps de réflexion. Aux maux désespérés
Les remèdes du désespoir, ou rien du tout.

Entrent Rosencrantz, Guildenstern et d'autres.

Eh bien, quoi de nouveau ?

ROSENCRANTZ

Où est caché le cadavre, monseigneur,
On ne peut le lui faire dire.

LE ROI

Mais lui-même, où est-il ?

ROSENCRANTZ

Dehors, monseigneur, et sous bonne garde,
Dans l'attente de vos ordres.

LE ROI

Amenez-le devant nous.

ROSENCRANTZ

Holà ! que l'on fasse entrer le prince.

Entre Hamlet.

LE ROI

Eh bien, Hamlet, où est Polonius ?

HAMLET

A souper.

LE ROI

A souper ? où donc ?

HAMLET

Non pas là où l'on mange, mais là où l'on est mangé. Un
certain congrès de vers politiques[46] l'a pris en charge.
Pour les plaisirs de la table, le seul vrai souverain, c'est
votre ver. Nous engraissons toutes les créatures pour nous
engraisser, et nous nous engraissons pour le ver. Un roi
gros et un mendiant maigre, ce n'est plus qu'un menu
varié : deux plats pour la même table, puis c'est fini.

LE ROI

Hélas, hélas !

HAMLET

N'importe qui peut pêcher avec le ver qui a mangé un roi
et manger le poisson qui a mangé le ver.

LE ROI

Que veux-tu dire par là ?

HAMLET

Rien, rien. Sauf vous montrer comment un roi peut processionner dans les boyaux d'un mendiant.

LE ROI

Où est Polonius ?

HAMLET

Au ciel. Vous pouvez y envoyer voir et, si votre messager ne l'y trouve pas, allez le chercher vous-même dans l'autre endroit. Mais si vous ne l'avez pas trouvé d'ici un mois, il faudra bien que vous le sentiez quand vous monterez dans la galerie.

LE ROI, *aux gardes.*

Qu'on aille le chercher là !

HAMLET

Je suis sûr qu'il vous attendra.

LE ROI

Pour ta sécurité, Hamlet, qui nous est aussi chère
Que ce que tu as fait nous est douloureux,
Il convient que tu disparaisses d'ici,
Aussi promptement que l'éclair. Prépare-toi,
Le vaisseau est frété, le vent favorable,
Tes compagnons t'attendent, tout est prêt
Pour ton voyage en Angleterre.

HAMLET

Angleterre.

LE ROI

Oui, Hamlet.

HAMLET

Parfait.

LE ROI

Certes, si tu savais mes intentions.

HAMLET

Je vois un ange qui les voit. Allons, en Angleterre! Ma chère mère, au revoir.

LE ROI

Ton tendre père, Hamlet.

HAMLET

Ma mère, je dis bien. Car père et mère, c'est mari et femme, et mari et femme, c'est même chair, vous êtes donc ma mère. Allons, en Angleterre!

Ils sortent.

LE ROI, *à Rosencrantz et Guildenstern.*

Suivez-le pas à pas, menez-le vite à bord,
Ne traînez pas. Je veux qu'il soit parti ce soir.
Allez! Tout ce qui touche à cette affaire
Est préparé et scellé. Je vous prie, hâtez-vous.

Tous sortent, à l'exception du roi.

Et toi, Angleterre, si tu tiens tant soit peu à mon amitié
— Ce dont mon grand pouvoir doit te convaincre,
Puisque tu sens encor du glaive danois
La cuisante brûlure, et qu'en tremblant
Tu nous paies un libre tribut — ne néglige pas
Notre commandement, dont la teneur,
Pleinement spécifiée dans une lettre,
Est qu'il faut tuer Hamlet, sur-le-champ. Obéis,
Angleterre! Car il bout dans mon sang comme une fièvre
Et tu dois me guérir. Tant que ce n'est pas fait,
Pas de bonheur pour moi, quoi qu'il arrive.

Il sort.

Scène IV

Une plaine près d'un port au Danemark.

Le prince FORTINBRAS *et son armée.*

FORTINBRAS

Capitaine, allez saluer le roi danois
Et lui dire que Fortinbras, comme convenu,
Le prie de lui permettre un libre passage
A travers ses États. Vous savez notre étape
Mais si Sa Majesté voulait nous parler,
Nous irions en personne lui rendre hommage.
Faites-le-lui savoir.

LE CAPITAINE

Oui, Monseigneur.

Il sort.

FORTINBRAS, *à ses troupes.*

Avancez doucement.

Fortinbras sort avec son armée.
Le capitaine rencontre Hamlet, Rosencrantz et
Guildenstern qui font route vers le port.

HAMLET

A qui sont ces troupes, mon cher monsieur ?

LE CAPITAINE

Au roi de Norvège, monsieur.

HAMLET

Et où vont-elles, monsieur, je vous prie ?

LE CAPITAINE

Attaquer un certain endroit de la Pologne.

HAMLET

Qui les commande, monsieur ?

LE CAPITAINE

Fortinbras, le neveu du vieux Norvège.

HAMLET

S'attaque-t-il au cœur de la Pologne, monsieur,
Ou à quelque région frontière ?

LE CAPITAINE

Pour être franc, et sans exagérer,
Nous allons conquérir un lopin de terre
Dont on ne pourra rien tirer que la gloire.
Pour cinq ducats, pour cinq, je ne voudrais pas le louer,
Et la Norvège ni la Pologne n'en trouveraient meilleur
    prix,
Le vendraient-elles en toute propriété.

HAMLET

Eh bien, les Polonais ne le défendront jamais.

LE CAPITAINE

Que si ! Il y a déjà une garnison.

HAMLET

Deux mille âmes, vingt mille ducats
Pour trancher la question de ce fétu !
Voilà bien l'abcès de trop de richesse et de trop de paix,
Il crève à l'intérieur, et rien ne trahit
Pourquoi cet homme est mort... Merci humblement,
    monsieur.

LE CAPITAINE

Que Dieu vous garde, monsieur.

Il sort.

ROSENCRANTZ

Venez-vous, monseigneur ?

HAMLET

Je vous rejoins tout de suite, passez devant.

Rosencrantz, Guildenstern et leur suite sortent.

Comme tous ces hasards m'accusent ! Éperonnant
Ma trop lente vengeance ! Qu'est un homme
Si tout son bien, si l'emploi de son temps
N'est que manger et dormir ? Une bête, rien plus.
Oh, celui-là qui nous dota de ce vaste esprit
Qui voit si loin dans le passé et l'avenir,
Ne nous a pas donné cette raison divine
Pour qu'inactive elle moisisse en nous ! Pourtant,
Soit par oubli bestial, soit qu'un lâche scrupule
Me fasse examiner de trop près les choses
— Et cette hésitation, coupée en quatre,
N'a qu'un quart de sagesse et trois de frayeur —
Je ne sais pas pourquoi j'en suis encore
A me dire : voici ce qu'il faut faire,
Quand tout, motifs et volonté, force et moyens,
Me pousse à l'accomplir... Vastes comme la terre,
Des exemples m'exhortent. Et ainsi cette armée
Si nombreuse et coûteuse, que conduit
Un jeune prince raffiné, dont le courage
Gonflé d'une ambition superbe fait la nique
A l'avenir imprévisible, et qui expose
A tous les coups du sort, à tous les périls
Son être même, pourtant précaire, pourtant mortel,
Pour la coquille d'un œuf. La grandeur vraie
N'est pas de s'émouvoir sans un grand motif,
C'est d'en découvrir un dans la moindre querelle
Quand l'honneur est en jeu. Et moi ? Que suis-je ?
Moi dont le père tué, la mère salie
Devraient bouleverser la raison et le sang,
Et qui ne fais que dormir ? Quand à ma honte
Je vois la proche mort de ces vingt mille hommes

Qui pour quelque mirage de la gloire
Vont au tombeau comme ils iraient au lit,
Et combattent pour trois arpents, où ils vont être
Trop nombreux pour tous en découdre, un peu de terre
Où ne tiendrait pas même le sépulcre
Pour loger tous ces morts... Oh, désormais,
Que ma pensée se voue au sang, ou qu'elle avoue son
    néant !

Il sort.
Quelques semaines s'écoulent.

Scène V

A Elseneur, une salle du château.

LA REINE *et sa suite.* HORATIO *et un* GENTILHOMME.

LA REINE

Je ne veux pas lui parler.

LE GENTILHOMME

Elle insiste. A vrai dire, elle a perdu la raison.
Elle est dans un état qui fait pitié.

LA REINE

Que veut-elle ?

LE GENTILHOMME

Elle parle beaucoup de son père. Elle a appris, dit-elle,
Que le monde est méchant. Elle balbutie, se frappe le
    cœur,
S'irrite pour des riens, et dit des choses
Ambiguës et à demi folles. Ses discours
N'ont aucun sens. Pourtant, ceux qui l'écoutent

Sont enclins à chercher dans ses mots décousus
Une logique, et s'y efforcent, et les adaptent
Tant bien que mal à leur propre pensée.
Elle cligne des yeux, d'ailleurs, hoche la tête
Et ces gestes font croire à un sens caché
Qui, bien qu'il reste vague, est déjà très fâcheux.

HORATIO

Il faut lui parler. Elle peut répandre
De dangereuses pensées dans les esprits malveillants.

LA REINE

Qu'elle entre.

Le gentilhomme sort.

(*A part.*) A mon âme malade, et c'est cela le péché,
Un rien semble l'annonce de grands malheurs.
On est si anxieux, quand on se sent coupable,
Si démuni, qu'on meurt de craindre la mort.

Le gentilhomme revient avec Ophélie.

OPHÉLIE

Où est la belle reine du Danemark ?

LA REINE

Que me voulez-vous, Ophélie ?

OPHÉLIE, *chantant.*

Votre amoureux très fidèle,
A quoi le reconnaît-on ?
A son chapeau de coquilles,
Ses sandales et son bourdon.

LA REINE

Hélas ! douce Ophélie, à quoi rime cette chanson ?

OPHÉLIE

Vous dites ? Oh, non, écoutez-moi s'il vous plaît.

Chantant.

Il est mort, il est mort, madame,
Il est mort, il est enterré,
A sa tête est l'herbe fraîche,
Une pierre est à ses pieds.
Oh! oh!

LA REINE

Voyons, voyons, Ophélie...

OPHÉLIE

Je vous prie, écoutez!

Chantant.

Son linceul est comme la neige...

Entre le roi.

LA REINE

Hélas! voyez cela, monseigneur!

OPHÉLIE, *chantant.*

... Des montagnes, semé de fleurs,
Mais ont manqué à sa tombe
Des larmes de vraie douleur.

LE ROI

Comment allez-vous, gracieuse dame?

OPHÉLIE

Très bien, que Dieu vous le rende. On dit que la chouette
était fille de boulanger [47]. Ô Seigneur, nous savons ce que
nous sommes, mais ce que nous deviendrons, qui le sait?
Que Dieu soit à votre table!

LE ROI

Elle pense à son père.

OPHÉLIE

N'en soufflez mot, je vous prie, mais si l'on vous demande
ce que ça veut dire, vous répondrez :

Chantant.

C'est demain la Saint-Valentin,
Pour être sa Valentine,
Je suis venue, bien pucelle,
Tôt matin frapper à sa vitre.

Il s'est levé, habillé,
Il m'ouvrit tout grand sa chambre,
Une pucelle est entrée
Qui jamais n'en est ressortie.

LE ROI

Charmante Ophélie !

OPHÉLIE

Là, pour de vrai, mais sans jurer, je termine.

Chantant.

Ô Jésus, sainte Charité,
Hélas, hélas ! quelle honte !
Les garçons ne s'en privent guère,
Pour les filles c'est grand mécompte.
Avant de me culbuter,
Vous m'épousiez, lui dit-elle,
Et il répond :
J'en jure, je l'aurais fait,
Mais pas après ça, ma belle !

LE ROI

Depuis quand est-elle comme cela ?

OPHÉLIE

J'espère que tout ira bien. Il faut être patient, mais je ne
puis m'empêcher de pleurer quand je pense qu'on l'a
couché dans la terre froide. Mon frère va le savoir. Et

puis, merci pour vos bons conseils. Allons, ma voiture !
Bonsoir, mesdames, bonsoir, ô charmantes dames, bonsoir, bonsoir.

Elle sort.

LE ROI

Suivez-la et veillez sur elle, je vous prie.

Sortent Horatio et le gentilhomme.

Voilà bien le poison des grandes douleurs ! Tout provient
De la mort de son père... Et maintenant, voyez !
Ô Gertrude, Gertrude,
Quand viennent les désastres ce ne sont pas
De solitaires éclaireurs, mais des bataillons.
D'abord son père mort, puis l'éloignement
De votre fils, dont l'extrême violence
Causa le juste exil. Et tous ces gens troublés
Par la mort du bon Polonius, et qui chuchotent
De malsaines rumeurs, des extravagances !
Ah, que nous fûmes sots, de l'enterrer
En secret, précipitamment ! Et voici la pauvre Ophélie
Privée de soi et du haut jugement
Sans quoi on n'est qu'une ombre ou une bête.
Enfin, et cela seul grave autant que le reste,
Son frère est en secret revenu de France,
Il rumine stupeur et doute, il s'enveloppe
De nuées, et les voix bourdonnantes ne manquent pas
Pour l'infecter de propos venimeux
Sur la mort de son père — où, à court d'arguments,
Le besoin de prouver n'hésite pas
A porter d'oreille en oreille
Des accusations contre nous !... Ô ma chère Gertrude,
Toute cette mitraille me transperce
Et m'accable de mille morts.

Bruit au-dehors.

LA REINE

Dieu, qu'est-ce que ce bruit ?

LE ROI

Holà !

Entre un officier.

Où sont mes Suisses ? Qu'ils gardent les portes !
Que se passe-t-il ?

L'OFFICIER

Gardez-vous, monseigneur !
L'océan qui déborde ses limites
Ne dévore pas les plaines avec une hâte plus implacable
Que le jeune Laërte et ses insurgés
Ne renversent vos officiers. La populace l'acclame roi,
Et comme si le monde ne faisait que commencer,
Dans l'ignorance ou l'oubli de l'Antiquité, de l'usage,
Qui étayent et qui soutiennent tous les titres,
« C'est à nous de choisir ! » crient-ils, « que Laërte soit
    roi ! »
Et les bonnets, les mains, les voix clament aux nues :
« Laërte sera roi, Laërte roi ! »

Les cris se rapprochent.

LA REINE

Avec quel entrain ils aboient sur la fausse piste !
Vous courez à rebours, traîtres chiens danois !

LE ROI

Les portes sont enfoncées.

Entre Laërte en armes, suivi d'une foule de Danois.

LAËRTE

Où est ce roi ? Vous tous, restez dehors.

LES DANOIS

Non, laissez-nous entrer !

LAËRTE

Je vous prie de me laisser faire.

LES DANOIS

Oui, oui !

Ils refluent au-dehors.

LAËRTE

Merci. Gardez la porte. Ô méprisable roi,
Rends-moi mon père !

LA REINE

Du calme, mon bon Laërte.

LAËRTE

Si une goutte de mon sang reste calme
Elle me proclame un bâtard !
Elle crie cocu ! à mon père, elle imprime le mot putain
Ici, sur le front chaste et immaculé
De ma vertueuse mère !

Il se jette en avant et la reine s'interpose.

LE ROI

Pourquoi, Laërte,
Veux-tu te rebeller comme les géants[48] ?
Laissez-le libre, Gertrude, ne craignez rien pour nous.
Tant de sacré enveloppe les rois
Que le traître au travers ne peut qu'entrevoir
Ce qu'il ne pourra faire. Dis-moi, Laërte,
Pourquoi cette fureur ?... Lâchez-le, Gertrude...
Explique-toi, mon ami.

LAËRTE

Où est mon père ?

LE ROI

Mort.

LA REINE

Non par sa faute à lui !

LE ROI

Qu'il me questionne à son gré.

LAËRTE

Comment, comment est-il mort ? On ne me trompera
  pas !
Au diable mon serment d'allégeance, à l'enfer le plus noir
Mes vœux de fidélité ! Conscience, religion,
Je les jette à son cercle le plus bas
Sans crainte d'être damné ! Car au point où j'en suis,
Ni ce monde ni l'autre ne m'importent !
Advienne que pourra ! Je n'ai d'autre souci
Que de venger totalement mon père.

LE ROI

Qui donc t'arrêtera ?

LAËRTE

Ma volonté, et non celle du monde !
Et quant à mes moyens, je les ménagerai,
Avec peu j'irai loin !

LE ROI

Mon cher Laërte,
Parce que vous cherchez la vérité
Sur la mort de votre cher père,
Faut-il qu'il soit écrit dans votre vengeance
Que vous raflerez tout l'enjeu, et ruinerez
Gagnants comme perdants, amis comme ennemis ?

LAËRTE

Je n'en veux qu'à ses ennemis.

LE ROI

Voulez-vous donc les connaître ?

LAËRTE

A ses vrais amis j'ouvrirai grand mes bras, comme ceci,

Et tel le pélican généreux de sa vie
Je les repaîtrai de mon sang.

LE ROI

Ah, vous parlez maintenant
En bon fils et en digne gentilhomme !
Que je sois innocent de la mort de votre père
Et que j'en souffre cruellement,
Cela va s'imposer à votre raison
Comme le jour à vos yeux.

DES VOIX, *dehors.*

Laissez-la entrer.

LAËRTE

Qu'y a-t-il ? Qu'est-ce que ce bruit ?

> *Rentre Ophélie, avec des fleurs dans les mains.*

Fièvre, dessèche mon cerveau ! Larmes sept fois salées
Brûlez mes yeux, faites-en de la cendre !
Par le Ciel, ta folie sera payée cher. Sur la balance
Je ferai pencher le fléau. Rose de Mai,
Chère fille, suave sœur, douce Ophélie !
Est-il possible, ô cieux, que l'esprit d'une jeune fille
Soit aussi périssable que le corps d'un vieillard ?
Quel art dans ceux qui aiment ! L'être aimant
Sait envoyer un peu du meilleur de lui-même
En gage, à son amour.

OPHÉLIE, *chantant.*

Sans linceul ils l'ont mis en bière,
Tralala, tralala, lonlaire,
Et tant de pleurs ont coulé...
Ô ma colombe, au revoir !

LAËRTE

Aurais-tu ta raison pour me prêcher vengeance,
Je serais moins ému.

OPHÉLIE

Il faudra chanter « En bas, en bas », si vous le mettez en
bas. Oh, comme ce refrain est à propos ! C'est le perfide
intendant qui a volé la fille du maître.

LAËRTE

Ce néant vaut plus que toute pensée.

OPHÉLIE, *à Laërte.*

Voilà du romarin, c'est pour le souvenir. Mon amour,
souvenez-vous, s'il vous plaît. Et voici des pensées, c'est
pour la pensée.

LAËRTE

Quel enseignement dans la folie ! La pensée et le souvenir,
comme il le fallait !

OPHÉLIE, *au roi.*

Voici pour vous du fenouil [49] et des ancolies. (*A la reine.*)
Et voici de la rue pour vous, et j'en garde un peu pour
moi. On peut l'appeler l'herbe de grâce quand c'est
dimanche. Non, il faut la porter d'une autre façon. Voici
une pâquerette. J'aurais voulu vous apporter des violettes, mais elles se sont fanées toutes au moment que mon
père est mort. On dit qu'il a fait une bonne fin...

Chantant.

Je n'ai de joie que dans mon doux Robin...

LAËRTE

La mélancolie, l'affliction, la souffrance, l'enfer lui-
    même,
Elle en fait de la grâce et de la beauté.

OPHÉLIE, *chantant.*

Va-t-il plus ne revenir,
Va-t-il plus ne revenir ?
Non, non, il est mort,

Va-t'en à ton lit de mort,
Il ne va plus revenir.

Sa barbe était comme neige,
Comme chanvre ses cheveux,
Et il est parti, parti,
Pourquoi donc pleurer sur lui,
De son âme Dieu ait merci...
Et de toute âme chrétienne, fasse Dieu ! Au revoir.

Elle sort.

LAËRTE

Voyez-vous ceci, ô mon Dieu ?

LE ROI

Laissez-moi partager votre douleur, Laërte,
Sinon vous me déniez ce qui m'est dû. Retirez-vous,
Choisissez les plus sages de vos amis,
Ils nous écouteront et seront nos juges.
Si, de façon directe ou par entremise,
Ils nous découvrent coupable, nous vous laissons
Notre royaume, notre sceptre et notre vie,
Oui, tout ce qui est nôtre, en réparation.
Sinon, daignez nous accorder votre patience
Et nous travaillerons à vous faire droit
En communiant avec vous, d'âme à âme.

LAËRTE

Soit ! Son étrange mort, ses obsèques furtives
Sans trophée ni épées, sans écusson,
Sans rite nobiliaire sur sa dépouille,
Sans la solennité qui est d'usage,
Me crient, comme un tonnerre dans le ciel,
Que je dois chercher à savoir.

LE ROI

Vous le ferez,

Et que tombe la grande hache où est le crime.
Je vous en prie, venez.

Ils sortent.

Scène VI

Entrent HORATIO *et d'autres.*

HORATIO

Quels sont ces gens qui veulent me parler ?

UN GENTILHOMME

Des marins, monsieur. Ils ont des lettres pour vous,
prétendent-ils.

HORATIO

Faites-les entrer.
(*A part.*) Je ne vois pas de quelle région du monde
Je puis attendre un message,
S'il n'est de monseigneur Hamlet.

On introduit les marins.

LE PREMIER MARIN

Dieu vous bénisse, monsieur.

HORATIO

Qu'il te bénisse toi aussi.

LE PREMIER MARIN

Il le fera si ça lui chante, monsieur. Voici une lettre pour
vous, monsieur. Elle vient de l'ambassadeur qui allait en
Angleterre, si toutefois votre nom est bien Horatio,
comme je me le suis laissé dire.

HORATIO, *lisant.*

« Horatio, quand tu m'auras lu, introduis ces gens auprès
du roi, ils ont des lettres pour lui... Nous n'avions pas fait
deux jours de mer que des pirates armés jusqu'aux dents
nous prenaient en chasse. Comme nous ne pouvions les
gagner à la voile, nous fîmes preuve de ce courage auquel
ils nous obligeaient et, au moment de l'abordage, je me
suis jeté sur leur pont. A l'instant même ils se dégagèrent
et je suis resté leur seul prisonnier. Ils m'ont traité en
charitables fripouilles, mais ils savent bien ce qu'ils font et
je suis destiné à leur être utile. Fais parvenir au roi les
lettres que je lui adresse, et viens me rejoindre aussi vite
que si tu fuyais la mort. J'ai des mots à te dire, à l'oreille,
qui te rendront muet et pourtant ils sont trop légers
encore pour le calibre de cette affaire. Ces braves gens
vont te conduire où je suis. Rosencrantz et Guildenstern
poursuivent leur course vers l'Angleterre, et sur eux aussi
j'aurai beaucoup à t'apprendre. Au revoir. Ton ami, tu
n'en doutes pas,

« HAMLET. »

Venez, je vais vous introduire avec vos lettres.
Faites vite, et ensuite menez-moi
Vers celui qui les a écrites.

Ils sortent.

Scène VII

LE ROI *revient avec* LAËRTE.

LE ROI

Que maintenant votre conscience m'acquitte,
Et que j'entre en ami dans votre cœur !
Vous avez appris, vous avez compris
Que celui qui a tué votre noble père
En voulait aussi à ma vie.

LAËRTE

Il semble bien. Mais, dites-moi,
Pourquoi n'avez-vous pas sévi contre des actes
Si criminels, si lourds de conséquences,
Quand votre sûreté autant que votre grandeur
Vous montraient la sagesse de le faire ?

LE ROI

Pour deux précises raisons
Qui pourront vous sembler plutôt débiles,
Mais qui m'importent, croyez ! La reine sa mère
Ne vit que de le voir et quant à moi,
Que ce soit là ma force ou mon malheur,
Je la sens si intime à ma vie et mon âme
Que, tel que la planète à son cercle attachée,
Je ne me meus que par elle. L'autre motif
Qui fait que je n'ai pu rendre un compte public
Est la grande affection que le peuple lui voue.
Dans cet amour on eût plongé ses fautes
Et, comme une fontaine pétrifiante,
Il eût changé ses chaînes en parure... Croyez-moi,
Trop faiblement lestées pour un vent si fort,
Mes flèches se seraient rabattues sur l'arc
Au lieu d'atteindre leur but.

LAËRTE

Et c'est ainsi que j'ai perdu mon noble père
Et que je vois ma sœur dans cet affreux état,
Elle dont la valeur, si l'éloge peut se pencher sur le passé,
Défiait de si haut par sa perfection
Tout notre temps... Mais je me vengerai !

LE ROI

N'y perdez pas le sommeil ! Et n'allez croire
Que je sois d'un ressort si usé ou faible
Que je puisse tenir pour plaisanterie
Le danger qui me tire par la barbe ! Non ! Avant peu
Vous en apprendrez plus. Nous aimions

Votre père ; et nous nous aimons nous-même. Je suppose
Que cela vous permet d'imaginer...

> *Entre un messager avec des lettres.*

Eh bien, quelles nouvelles ?

LE MESSAGER

Des lettres, monseigneur, des lettres d'Hamlet.
Celle-ci pour Votre Majesté et celle-là pour la reine.

LE ROI

D'Hamlet ? Qui les a apportées ?

LE MESSAGER

Des marins, dit-on, monseigneur. Je ne les ai pas vus,
Je les tiens de Claudio, qui les a reçues
De celui qui les a portées.

LE ROI

Vous en aurez connaissance,
Laërte. *(Au messager.)* Laissez-nous.

> *Le messager sort.*

(Lisant :) « Sachez, haut et puissant, qu'on m'a déposé nu
sur le sol de votre royaume. Demain je mendierai la
faveur de voir vos yeux royaux, et avec votre congé je vous
rendrai compte de ce retour soudain et, plus encore,
étrange.

> « HAMLET. »

Qu'est-ce que cela signifie ? Sont-ils tous revenus ?
Ou n'est-ce là qu'une supercherie ?

LAËRTE

Reconnaissez-vous l'écriture ?

LE ROI

C'est bien celle d'Hamlet... « Nu »...

Et dans un post-scriptum il ajoute : « Seul. »
Pouvez-vous m'expliquer cela ?

LAËRTE

Je m'y perds, monseigneur. Mais qu'il arrive !
Mon cœur malade se réchauffe
A l'idée que je vis pour lui dire en face :
« Meurs, comme ça ![50] »

LE ROI

S'il en est ainsi, Laërte,
(Comment est-ce possible ? Comment en douter, pour-
    tant ?)
Voulez-vous vous laisser guider par moi ?

LAËRTE

Oui, monseigneur,
Pourvu que vous ne m'imposiez pas de faire la paix.

LE ROI

Mais si, la paix en toi. S'il est vrai qu'il soit de retour
Et se dérobe au voyage et ne veuille plus le reprendre,
Je veux l'inciter à un exploit dont l'idée
Vient de mûrir en moi, et dans lequel
Il ne pourra que périr, sans que sa mort
Soulève un souffle de blâme. Et sa mère elle-même
N'aura aucun soupçon de cette ruse
Et n'y verra qu'accident.

LAËRTE

Ô monseigneur, je vous obéirais
Combien plus volontiers si vous faisiez en sorte
Que je sois l'instrument !

LE ROI

Voilà qui tombe bien.
Depuis votre départ on a beaucoup vanté
En présence d'Hamlet un certain talent

Où l'on dit que vous excellez. Toutes vos qualités
N'éveillent pas en lui autant de désir
Que celle-ci qui pourtant, à mes yeux,
Est tout à fait secondaire.

LAËRTE

Quelle est cette qualité, monseigneur ?

LE ROI

Rien qu'un ruban sur la toque de la jeunesse,
Bien qu'il ait son utilité. Car un costume
Frivole et négligé sied au jeune âge
Tout autant qu'aux mûres années les robes et les four-
  rures
Du sérieux et de l'opulence... Il y a deux mois
Nous avions ici un seigneur normand...
Je connais les Français, j'ai servi contre eux,
Je sais qu'ils sont bons cavaliers, mais celui-là,
C'était la magie même. Enraciné en selle,
Il faisait accomplir à son cheval
De si étonnantes prouesses
Qu'il semblait faire corps et presque se confondre
Avec la noble bête. Il excédait
A tel point ma pensée des tours et des figures
Que je n'inventais rien qu'il ne surpassât.

LAËRTE

Un Normand, n'est-ce pas ?

LE ROI

Un Normand.

LAËRTE

J'en jurerais, c'est Lamord !

LE ROI

Lui-même.

LAËRTE

Je le connais, c'est le joyau,
La vraie perle de son pays.

LE ROI

Il vous rendait hommage !
Et saluait en vous tant de maîtrise
Dans l'art et la pratique de l'escrime
Et surtout de l'épée, qu'il s'écriait
Que ce serait un merveilleux spectacle
Si l'on trouvait votre égal. Devant vous, jurait-il,
Les escrimeurs français n'avaient plus d'attaque,
De parade ni de coup d'œil. Mon ami, ce rapport
A enflammé Hamlet d'une telle envie
Qu'il n'a plus fait que désirer, que réclamer
Pour lutter avec vous, votre prompt retour.
Eh bien, ce qui s'ensuit...

LAËRTE

Que s'ensuit-il, monseigneur ?

LE ROI

Laërte, aimiez-vous votre père
Ou n'êtes-vous qu'une image de la souffrance,
Le visage, mais non le cœur ?

LAËRTE

Pourquoi cette question ?

LE ROI

Ce n'est pas que je pense que vous l'avez peu aimé,
Mais je sais que toute affection a son heure
Et je vois sur des cas qui sont des preuves
Le temps en amoindrir l'étincelle et le feu.
Il y a dans la flamme même de l'amour
La mèche qui charbonne et qui l'abattra.
Rien ne garde à jamais sa vertu première,
Puisque cette vertu devenant pléthorique

Meurt de son propre excès. Ce que nous voulons faire,
Faisons-le sur-le-champ. Car notre vouloir change,
Il connaît autant de déclins et de délais
Qu'il y a de mains et de bouches, et de hasards,
Et bientôt l'intention n'est plus qu'un soupir prodigue
Qui ne soulage qu'en épuisant. Allons, crevons l'abcès !
Hamlet revient. Qu'êtes-vous décidé à faire
Pour vous montrer le fils de Polonius
Autrement qu'en paroles ?

LAËRTE

Lui couper la gorge en pleine église.

LE ROI

Nul sanctuaire en effet pour sauver le meurtre,
Nulle barrière pour la vengeance ! Et pourtant, cher Laërte,
Faites ceci : enfermez-vous dans votre chambre.
Hamlet à son retour apprendra le vôtre ;
Nous pousserons certains à lui vanter
Votre mérite, à vernir à nouveau la renommée
Que le Français vous a faite... Bref, nous vous opposons,
Et nous parions sur vous. Lui, sans méfiance
Et généreux, exempt de toute ruse,
N'examinera pas les fleurets. Aisément
Ou en trichant un peu, vous pourrez donc
Faire choix d'une épée non rabattue
Et venger, d'une adroite feinte, votre père.

LAËRTE

Je le ferai !
Et pour cela j'aurai enduit ma lame. Car j'ai acquis
Un poison si mortel chez un bateleur
Qu'il suffit d'y plonger l'épée... A la seconde
Où le sang est atteint, l'emplâtre le plus rare
Et toute la vertu des herbes de lune
Ne peuvent rien pour sauver de la mort
Votre homme, serait-il rien qu'égratigné.

Dans ce venin je tremperai ma pointe
Pour que, si je le pique, ce soit sa mort !

LE ROI

Il faut y réfléchir, il faut peser
Quels moments, quels moyens peuvent le mieux
Servir notre dessein. S'il venait à échouer,
Et que notre intention se trahisse en nos fautes,
Mieux vaudrait n'avoir rien tenté. Notre projet
Doit donc avoir un suppléant qui nous secoure
Si l'autre fait long feu. Voyons, voyons,
Nous ferons un pari sur vos talents,
Un pari solennel... Ah, j'ai trouvé !
Quand le combat vous aura échauffés
(Et poussez pour cela vos bottes les plus rudes !)
Il voudra boire. Et j'aurai préparé
A cette fin une coupe... Une gorgée,
Et s'il a échappé à votre poison
Notre but est encore atteint. Oh, attention !
Ce bruit ?

Entre la reine.

LA REINE

Un malheur vient sur les talons de l'autre
Tant ils se suivent de près. Votre sœur s'est noyée,
   Laërte.

LAËRTE

Noyée ? Où s'est-elle noyée ?

LA REINE

Tout auprès d'un ruisseau un saule se penche
Qui mire dans les eaux son feuillage gris,
C'est là qu'elle est allée[51] tresser des guirlandes
Capricieuses, d'ortie et de boutons d'or,
De marguerites et des longues fleurs pourpres
Que les hardis bergers nomment d'un mot plus libre
Mais que nos chastes vierges appellent doigts des morts.

Et voulut-elle alors, aux branches inclinées,
Grimper pour accrocher sa couronne florale ?
Un des rameaux, perfide, se rompit
Et Ophélie et ses trophées agrestes
Sont tombés où l'eau pleure. Sa robe s'étendit
Et d'abord la porta, telle une sirène,
Tandis qu'elle chantait des bribes de vieux airs [52],
Inconsciente peut-être de sa détresse
Ou faite de naissance pour vivre ainsi.
Mais que pouvait durer cet instant ? Alourdis
Par tout ce qu'ils buvaient, ses vêtements
Prirent l'infortunée à sa musique,
Et l'ont vouée à une mort fangeuse.

LAËRTE

Hélas ! elle est donc noyée ?

LA REINE

Noyée, noyée.

LAËRTE

Tu n'as eu que trop d'eau déjà, pauvre Ophélie,
Je proscris donc mes larmes... Mais c'est la loi
De notre humanité, la nature les veut,
Peu m'importe la honte ! Avec ces pleurs,
La femme en moi aura disparu... Monseigneur, adieu.
Le feu de ma parole voudrait flamber,
Mais ces sottes larmes l'éteignent.

Il sort.

LE ROI

Gertrude, suivons-le.
Quelle peine j'ai eue à calmer sa rage !
Et je crains qu'à nouveau ceci ne l'excite.
Suivons-le donc.

Ils sortent.

ACTE V

Scène première

Un cimetière.

Entrent UN FOSSOYEUR *et son compagnon.*

LE PREMIER FOSSOYEUR

Va-t-on l'ensevelir en terre chrétienne, celle qui s'est ensauvée toute seule ?

LE SECOND FOSSOYEUR

Oui, je te dis, et tu vas creuser tout de suite. Le coroner a fait son enquête et il a conclu la terre chrétienne.

LE PREMIER FOSSOYEUR

Comment est-ce que c'est possible, si elle ne s'est pas noyée en légitime défense ?

LE SECOND FOSSOYEUR

Eh, c'est pourtant ce qu'il a conclu.

LE PREMIER FOSSOYEUR

Sûr que c'était *se offendendo*[53], autrement ça n'est pas possible. Car voici le point : si je me noie exprès, ça veut dire il y a un acte, et un acte ça a trois branches, à savoir agir, faire et accomplir. Ergo donc qu'elle s'est noyée exprès.

LE SECOND FOSSOYEUR

Oui, mais écoute un peu, mon compère fossoyeur.

LE PREMIER FOSSOYEUR

Un moment, tu permets ? Voici l'eau — bon. Voici l'homme — bon. Si cet homme va dans cette eau, et s'y noie, c'est lui qui y est allé, qu'il le veuille ou non, tu retiens ? Mais si c'est l'eau qui vient à lui, et le noie, il ne se noie pas lui-même. Ergo donc que celui qui n'est pas coupable de sa mort n'a pas abrégé sa vie.

LE SECOND FOSSOYEUR

C'est ça la loi ?

LE PREMIER FOSSOYEUR

Eh oui, parbleu. La loi des enquêtes du coroner.

LE SECOND FOSSOYEUR

Veux-tu que je te dise le vrai ? Si ç'avait pas été une dame de la haute, on ne la mettrait pas en terre chrétienne.

LE PREMIER FOSSOYEUR

Ah ! tu l'as dit ! Et c'est grand dommage que les grosses huiles aient le droit dans ce monde de se noyer ou de se pendre plus que leurs chrétiens de frères. Allons, ma bonne bêche. Il n'y a de vieille noblesse que chez les jardiniers, les terrassiers et les fossoyeurs : ils continuent le métier d'Adam.

LE SECOND FOSSOYEUR

Est-ce qu'il était gentilhomme ?

LE PREMIER FOSSOYEUR

Il fut le premier à porter des armes.

LE SECOND FOSSOYEUR

Allons donc, il n'en avait pas.

LE PREMIER FOSSOYEUR

Comment, t'es donc un païen ? Comment donc que tu comprends l'Écriture ? L'Écriture dit Adam bêchait. Et pouvait-il bêcher sans avoir un fer[54] ?... Je m'en vais te poser une autre question. Si tu réponds à côté, fais ta prière et...

LE SECOND FOSSOYEUR

Dis toujours.

LE PREMIER FOSSOYEUR

Qui est-ce qui bâtit plus solidement que le maçon, le charpentier ou le constructeur de navires ?

LE SECOND FOSSOYEUR

Le fabricant de potences. Cette charpente-là, ça survit à mille occupants.

LE PREMIER FOSSOYEUR

Pas trop mal répondu, ma foi, la potence, c'est plutôt bien. Mais pour qui donc que c'est bien ? C'est bien pour ceux qui font mal. Et toi tu fais mal de dire que la potence est plus solide que l'église, ergo donc la potence, c'est bien pour toi. Allons, cherche encore.

LE SECOND FOSSOYEUR

Qui bâtit plus solidement que le maçon, le charpentier, le constructeur de navires ?

LE PREMIER FOSSOYEUR

Oui, dis-le, et tu pourras dételer.

LE SECOND FOSSOYEUR

Ah, je crois que j'ai trouvé.

LE PREMIER FOSSOYEUR

Vas-y.

LE SECOND FOSSOYEUR

Par la Messe, je ne sais plus.

LE PREMIER FOSSOYEUR

Ne te creuse pas la cervelle, ce n'est pas quand il est fouetté que l'âne flemmard va plus vite. Et la prochaine fois, tu réponds : « C'est le fossoyeur. » Car les maisons qu'il bâtit dureront jusqu'au Jugement. Allons, va-t'en chez Yaughan me chercher un pot de bière.

> *Sort le second fossoyeur.*
> *Hamlet et Horatio entrent dans le cimetière.*

LE PREMIER FOSSOYEUR, *chantant.*

> Quand j'aimais dans mon jeune temps,
> Je trouvais qu' c'était ben plaisant.
> Raccourcir la durée du jour... han !
> J'en avais jamais mon content... han !

HAMLET

Celui-ci n'a-t-il aucun sens de ce qu'il fait, qu'il chante en creusant des tombes ?

HORATIO

L'habitude lui a rendu la chose indifférente.

HAMLET

C'est juste. La main qui travaille peu a le bout des doigts plus sensible.

LE PREMIER FOSSOYEUR, *chantant.*

> Mais l'âge est v'nu, à pas d' loup,
> Il m'a pris par la peau du cou,
> Me v'là embarqué pour l'aut' monde
> Et déjà j' ne suis plus dans l' coup'.

> *Il ramasse et jette un crâne.*

HAMLET

Ce crâne avait une langue, et pouvait chanter jadis ! Et
voici que ce coquin le jette contre la terre, comme si
c'était la mâchoire de Caïn, celui qui commit le premier
meurtre. C'est peut-être la caboche d'un politicien qu'il
envoie promener, cet âne. D'un qui se croyait plus fin que
Dieu, ne se peut-il pas ?

HORATIO

Il se pourrait, monseigneur.

HAMLET

Ou encore d'un courtisan, un qui savait dire : « Ah, mon
cher seigneur, bonjour, ah, mon bon seigneur, comment
allez-vous ? » Qui sait si ce n'est pas monseigneur Untel,
qui disait tant de bien du cheval de monseigneur Untel,
avec l'idée qu'il se le ferait offrir ? Oui, pourquoi pas ?

HORATIO

Oui, pourquoi pas, monseigneur.

HAMLET

Eh bien, c'est donc lui, et ce crâne-là sans mâchoire,
abîmé au couvercle par la bêche d'un fossoyeur, c'est
Noble Dame du Ver. Un beau retour des choses, pour qui
sait voir ! La croissance de ces os n'a-t-elle coûté si cher
que pour qu'ils servent au jeu de quilles ? Les miens me
font mal, rien que d'y penser.

LE PREMIER FOSSOYEUR, *chantant.*

Une pioche et deux coups d' bêche,
Un drap pour le met' dedans,
Avec un trou dans la glaise,
Pour c' copain c'est suffisant... han !

Il envoie rouler un second crâne.

HAMLET

En voici un autre. Et pourquoi ne serait-ce pas celui d'un

homme de loi ? Où sont-ils, maintenant, ses distinguos et ses arguties, ses procès et ses baux, ses finasseries ? Comment peut-il supporter que ce rustre grossier lui tape sur l'occiput avec sa pelle fangeuse ? Pourquoi ne le menace-t-il pas d'une action en justice, pour voies de fait ? (*Il prend le crâne.*) Hum ! Ce gaillard-là a peut-être été en son temps un grand acquéreur de terre, et tout affairé d'hypothèques, de reçus, de levées, de doubles garanties, de recours. Mais n'est-ce pas la fin de ses garanties, la levée de tous ses recours, que d'avoir sa fine caboche toute pleine de fine ordure ? Et tous ses garants simples ou doubles ne lui garantiront-ils rien de plus, de tous ses achats, que la longueur et la largeur d'une couple de contrats ? A peine si ses titres d'achats eussent pu tenir dans cette boîte... Faut-il donc que leur possesseur n'ait pas plus de place, dis-moi ?

HORATIO

Pas un pouce de plus, monseigneur.

HAMLET

Ne fait-on pas le parchemin avec la peau du mouton ?

HORATIO

Oui, monseigneur, et avec celle du veau.

HAMLET

Moutons et veaux ceux qui cherchent la garantie des parchemins. Je vais parler à ce gaillard-là... A qui est cette tombe, mon ami ?

LE PREMIER FOSSOYEUR

A moi, monsieur...

Chantant.

Avec un trou dans la glaise,
Pour c' copain c'est suffisant.

HAMLET

Sûrement qu'elle est la tienne : tu es dedans.

LE PREMIER FOSSOYEUR

Vous n'y êtes pas, monsieur... et c'est pourquoi ce n'est pas la vôtre. Pour ma part je n'y suis pas non plus et cependant c'est la mienne.

HAMLET

Tu veux me mettre dedans quand tu dis que c'est la tienne. Car les tombes sont pour les morts, elles ne sont pas pour les vifs, ainsi donc tu mens.

LE PREMIER FOSSOYEUR

Un mensonge, pris sur le vif, monsieur. Il vous reviendra vivement.

HAMLET

Pour quel homme creuses-tu cette fosse ?

LE PREMIER FOSSOYEUR

Ce n'est pas un homme, monsieur.

HAMLET

Pour quelle femme, alors ?

LE PREMIER FOSSOYEUR

Ce n'est pas non plus une femme.

HAMLET

Qui va-t-on y enterrer ?

LE PREMIER FOSSOYEUR

Une qui fut une femme, monsieur. Mais, paix à son âme ! qui est morte.

HAMLET

Quel puriste que ce rustre ! Parlez comme un dictionnaire, sinon vos à-peu-près vous perdront. Par le Ciel, Horatio, je l'ai bien vu au cours de ces trois années, notre époque est devenue si raffinée que l'orteil du manant touche le talon de l'homme de cour et lui écorche les engelures... Depuis combien de temps es-tu fossoyeur ?

LE PREMIER FOSSOYEUR

Exactement depuis le jour où notre feu roi Hamlet triompha de Fortinbras.

HAMLET

Cela fait combien d'années ?

LE PREMIER FOSSOYEUR

Vous ne le savez pas ? Le premier imbécile venu vous le dirait. C'était le jour que naquit le jeune Hamlet, celui-là qui est fou et qu'on a envoyé en Angleterre.

HAMLET

Et pourquoi diable l'a-t-on envoyé en Angleterre ?

LE PREMIER FOSSOYEUR

Eh bien, parce qu'il est fou. Il y retrouvera la raison et, s'il n'y arrive pas, ça n'y aura pas grande importance.

HAMLET

Pourquoi ?

LE PREMIER FOSSOYEUR

On ne le remarquera pas. Tous les gens là-bas sont fous comme lui.

HAMLET

Comment est-il devenu fou ?

LE PREMIER FOSSOYEUR

Très bizarrement, à ce qu'on dit.

HAMLET

Comment ça, bizarrement ?

LE PREMIER FOSSOYEUR

Ma foi, il a perdu ses esprits.

HAMLET

Et pour quelle raison ?

LE PREMIER FOSSOYEUR

Parbleu ! la raison d'État[55]. Voici trente ans que je suis
fossoyeur ici et j'ai commencé jeunot.

HAMLET

Combien de temps un homme peut-il rester dans la terre,
avant de pourrir ?

LE PREMIER FOSSOYEUR

Ma foi, s'il n'est pas pourri avant de mourir — et ça ne
manque pas au jour d'aujourd'hui les vérolés qui supportent tout juste l'inhumation — il vous durera bien huit
ans, neuf ans. Un tanneur durera neuf ans.

HAMLET

Pourquoi le tanneur plutôt qu'un autre ?

LE PREMIER FOSSOYEUR

Eh, monsieur, c'est que sa peau est si boucanée, de par
son travail, qu'il ne prend pas l'eau aussi vite. Il n'y a pas
pire que l'eau pour votre fils de pute de cadavre. Tenez,
voici un crâne. Ça fait vingt-trois ans qu'il était en terre.

HAMLET

Qui est-ce donc ?

LE PREMIER FOSSOYEUR

Un sacré bougre de farceur. Qui pensez-vous que ce fût ?

HAMLET

Ah, je ne sais pas.

LE PREMIER FOSSOYEUR

La peste soit de cet enragé plaisantin ! Un jour il m'a versé un flacon de vin du Rhin sur la tête ! Ce crâne que voici, monsieur, eh bien, monsieur, ce fut le crâne de Yorick, le bouffon du roi.

HAMLET

Ce crâne-ci ?

LE PREMIER FOSSOYEUR

Exactement celui-là.

HAMLET

Donne. (*Il prend le crâne.*) Hélas ! pauvre Yorick ! Je l'ai connu, Horatio, c'était un garçon d'une verve prodigieuse, d'une fantaisie infinie. Mille fois il m'a porté sur son dos ; et maintenant, quelle horrible chose que d'y songer ! J'en ai la nausée. Voici la place des lèvres que j'ai baisées tant de fois. Où sont tes railleries, maintenant ? Tes gambades, tes chansons, tes explosions de drôlerie dont s'esclaffait toute la table ? Plus un sarcasme aujourd'hui pour te moquer de cette grimace ? Rien que ce lugubre bâillement ? Va donc trouver Madame dans sa chambre et lui dire qu'elle a beau se mettre un pouce de fard, il faudra bien qu'elle en vienne à cette figure. Fais-la rire avec cette idée... Je t'en prie, Horatio, dis-moi.

HORATIO

Que dois-je vous dire, monseigneur ?

HAMLET

Crois-tu qu'Alexandre a eu cette mine, dans la terre ?

HORATIO

Exactement celle-ci.

HAMLET

Et cette odeur aussi ? Pouah ! (*Il jette le crâne.*)

HORATIO

Exactement, monseigneur.

HAMLET

A quels vils usages risquons-nous de faire retour, Horatio ! Ne peut-on suivre par l'imagination le destin de la
noble poussière d'Alexandre, jusqu'à la bonde de tonneau
qu'elle va boucher ?

HORATIO

Ce serait trop de subtilité, monseigneur.

HAMLET

Mais non, en vérité, pas du tout. Il suffit de l'accompagner jusque-là sans passer les bornes de la vraisemblance
— comme ceci, par exemple : Alexandre est mort,
Alexandre est enterré, Alexandre retourne à la poussière,
la poussière devient la terre, de la terre on tire la glaise et
pourquoi cette glaise que le voici devenu ne pourrait-elle
fermer un tonneau de bière ?

> L'impérial César, mort et changé en glaise,
> Bouchera quelque trou pour arrêter le vent.
> Dire que cette terre, effroi jadis du monde,
> Va rapiécer le mur où passait l'ouragan !

Mais, chut ! éloignons-nous. Voici le roi,
La reine, les courtisans.

> *Un cortège entre dans le cimetière.*
> *Laërte, le roi, la reine, des courtisans et un officiant*
> *accompagnent le corps d'Ophélie.*

Qui accompagnent-ils ?
Et pourquoi ce rite incomplet ? Ce qu'il signifie,
C'est que celui qu'on mène a désespéré
Et s'est donné la mort... Il était de haut rang.
Cachons-nous un instant et observons.

> *Ils se retirent.*

LAËRTE

Est-ce là toute la cérémonie ?

HAMLET, *bas.*

Laërte !
Un bien noble jeune homme... Écoutons-le.

LAËRTE

Est-ce là toute la cérémonie ?

L'OFFICIANT

Nous avons donné à ses funérailles
Autant d'ampleur qu'il nous était permis.
Sa mort était suspecte,
Et si un ordre souverain n'avait prévalu sur l'usage,
Elle aurait reposé dans la terre profane
Jusqu'aux trompettes du dernier jour.
Au lieu des bonnes prières,
Des tessons, des éclats de silex, des cailloux
Eussent été jetés sur elle.
Mais on lui a donné les guirlandes des vierges,
On a jeté des fleurs sur son corps, et les cloches
L'auront accompagnée à son dernier séjour.

LAËRTE

Il n'y aura donc rien d'autre ?

L'OFFICIANT

Et non, rien d'autre !
Ce serait profaner le service des morts
Que de chanter un grave requiem
Et d'implorer pour elle un même repos
Que pour les âmes parties en paix.

LAËRTE

Mettez-la dans la terre,
Et de sa belle chair immaculée
Que naissent les violettes ! Ô prêtre hargneux,

Ma sœur officiera parmi les anges
Quand toi tu hurleras.

HAMLET

Quoi, la belle Ophélie !

LA REINE, *répandant des fleurs.*

Que les fleurs aillent aux fleurs. Adieu, adieu !
J'avais l'espoir que tu épouserais mon cher Hamlet,
Et pensais décorer ton lit nuptial, ma charmante fille,
Et non fleurir ton tombeau.

LAËRTE

Oh ! qu'un triple malheur
Tombe dix fois triplé sur la tête maudite
Dont la perverse action t'a séparée
De ton esprit délicat ! Retenez un moment la terre.
Que je la prenne encore dans mes bras.

Il saute dans la fosse.

Et maintenant jetez votre poussière
Sur le vif et la morte, et tant et tant
Que de ce creux vous fassiez une crête
Plus haute que le vieux Pélion ou que la cime
De l'Olympe bleu dans le ciel !

HAMLET, *s'avançant.*

Quel est-il celui-là, dont le chagrin
S'exprime avec autant de force ? Dont le cri
Conjure l'astre errant et fait qu'il s'arrête
Comme un homme frappé d'effroi ? Mais me voici,
Moi, Hamlet le Danois !

Il saute dans la fosse à la suite de Laërte.

LAËRTE, *le saisissant.*

Le diable emporte ton âme !

HAMLET

C'est mal prié.
Et, s'il te plaît, ôte tes doigts de ma gorge,
Car bien que je ne sois bilieux ni impulsif,
Pourtant je sens en moi quelque chose de dangereux
Qu'il sera sage que tu craignes. Ôte ta main !

LE ROI

Séparez-les.

LA REINE

Hamlet, Hamlet !

TOUS

Messieurs !

HORATIO

Mon cher seigneur, calmez-vous.

On les sépare et ils sortent de la tombe.

HAMLET

Eh bien, je veux me battre avec lui sur ce thème
Jusqu'à ce que mes yeux accablés se ferment.

LA REINE

Sur quel thème, mon fils ?

HAMLET

J'aimais Ophélie. Quarante mille frères
Ne pourraient pas avec tout leur amour
Atteindre au chiffre du mien... Que feras-tu pour elle ?

LE ROI

Oh ! il est fou, Laërte.

LA REINE

Pour l'amour de Dieu, laissez-le.

HAMLET

Morbleu, explique-moi ce que tu vas faire.
Pleurer ? Te battre ? Jeûner ? Te déchirer la poitrine ?
Ou avaler du vinaigre ? Ou manger un crocodile ?
Je le ferai ! Viens-tu ici pour pleurnicher,
Pour me braver en sautant dans sa tombe ?
Fais-toi enterrer vif avec elle et je le ferai,
Et puisque tu as tant à dire sur les montagnes,
Qu'on les jette sur nous par millions d'acres, et que notre
     tertre,
S'étant roussi le crâne aux demeures du feu,
Fasse d'Ossa une simple verrue ! Oui, fais le matamore,
Et je déclamerai aussi bien que toi.

LE ROI

C'est de la folie pure.
Et ainsi un moment l'accès va l'accabler,
Puis, aussi patiemment que la colombe
Qui couve ses deux petits tout dorés encore,
Il s'assiéra, silencieux et prostré.

HAMLET

Écoutez-moi, monsieur,
Dites-moi pourquoi diable vous me traitez si mal !
Toujours, moi, je vous ai aimé ; mais peu importe.
Hercule[56] même aurait beau s'y mettre,
Le chat peut bien miauler, le chien gagnera.

                                          Il sort.

LE ROI

Je te prie, mon cher Horatio, accompagne-le.

                              Horatio suit Hamlet.

(*Bas, à Laërte.*) Soyez patient, songez à nos propos d'hier,
Nous allons en venir au dénouement...
Ma chère Gertrude, faites que l'on veille sur votre fils.
Je veux sur cette tombe un monument durable...

Bientôt nous connaîtrons des heures paisibles,
En attendant, agissons patiemment.

Ils sortent.

Scène II

La grande salle du château.

Entrent HAMLET *et* HORATIO.

HAMLET

Bien, venons-en maintenant à l'autre affaire.
Te souviens-tu de la situation ?

HORATIO

Si je m'en souviens, monseigneur !

HAMLET

Mon cher, il y avait dans mon cœur un combat
Qui me privait de sommeil. Je me sentais
Plus mal que des mutins aux fers. Mais je fus audacieux,
Et que bénie soit cette audace ! Il faut bien voir
Que la témérité quelquefois nous sert
Quand nos calculs les plus profonds achoppent,
Et cela devrait nous apprendre qu'il est un Dieu
Qui prend en main nos projets, quel que soit
Le style de l'ébauche.

HORATIO

Cela n'est pas douteux.

HAMLET

Je sors de ma cabine, mon caban
Jeté sur les épaules. Dans le noir

Je tâtonne pour les trouver. J'y réussis,
Je subtilise leur paquet, et je rentre enfin
Dans mon appartement, où je m'enhardis,
Mes craintes l'emportant sur tout, à décacheter
La missive royale. Et j'y trouve, Horatio,
— Ô félonie du roi ! — l'ordre formel,
Truffé de réflexions de diverses sortes
Sur l'intérêt du Danemark, de l'Angleterre
Et l'affreux loup-garou qui vit en moi,
Qu'au vu de cette lettre et sans tarder,
Non, pas même du temps d'affûter la hache,
On me tranche la tête.

HORATIO

Est-ce possible ?

HAMLET

Voici l'ordre, que tu liras plus à loisir.
Mais comment j'ai agi, veux-tu le savoir ?

HORATIO

Je vous en prie.

HAMLET

Ainsi pris au filet de leurs infamies
— Avant que je n'aie pu la lui expliquer
Mon cerveau commençait la pièce ! — je m'assieds,
Je forge une autre lettre et j'en fais copie...
Jadis je méprisais, comme nos ministres,
L'art de calligraphier, et je me suis donné
Beaucoup de mal pour l'oublier, mais cette fois
Il m'a rendu grand service. Mon ami,
Ce que j'ai écrit là, veux-tu le savoir ?

HORATIO

Certes, mon cher seigneur.

HAMLET

Une pressante adjuration signée du roi :
Vu que l'Anglais est son vassal fidèle,
Vu que leur affection doit fleurir comme le palmier[57],
Vu que la paix doit porter sans cesse sa couronne d'épis de
    blé
Et rester comme un trait d'union entre leurs deux cœurs
(Ah, la lourdeur des vus[58] de ce m'as-tu vu !)
Qu'il veuille, dis-je, au vu et su de cette lettre,
Sans balancer un instant et sans même
Leur accorder le temps de se confesser,
Faire égorger les porteurs.

HORATIO

Comment avez-vous scellé ?

HAMLET

Eh bien, le Ciel aussi a réglé cela.
J'avais sur moi le cachet de mon père
Qui reste le modèle du sceau danois.
J'ai donc plié la lettre comme était l'autre,
Écrit l'adresse, imprimé le sceau, replacé le tout
Sans encombre ; et jamais la substitution
N'aura été soupçonnée. Le lendemain
Vit ce combat naval. Et ce qui s'ensuivit,
Tu le sais.

HORATIO

Et ainsi Rosencrantz et Guildenstern...

HAMLET

Ah ! mon ami, c'est eux qui ont courtisé l'emploi,
Ils n'encombrent pas ma conscience ! Leur catastrophe
Est la suite de leurs intrigues. C'est dangereux,
Pour les hommes de peu, de s'introduire
Dans un assaut féroce où flamboient les épées
De puissants adversaires.

HORATIO

Mais quel roi est-ce là ?

HAMLET

Ne te semble-t-il pas qu'un devoir m'incombe ?
Celui qui a tué mon roi, prostitué ma mère,
Qui s'est jeté entre mes droits et la couronne,
Qui a lancé sa nasse sur ma vie,
Et avec quelle fourbe ! n'est-il pas
Payable en bonne règle avec ce bras ?
Et n'est-ce pas totale damnation
Que de laisser ce chancre de nos natures
Progresser dans le mal ?

HORATIO

Il sera sûrement informé bientôt
Du dénouement des choses d'Angleterre.

HAMLET

Il le sera. Mais l'intervalle est mien,
Et l'on fauche une vie dans le temps de dire : Un.
Ce qui me fâche, cher Horatio,
C'est de m'être oublié devant Laërte
Car je vois dans l'aspect de ma propre cause
Un reflet de la sienne. J'essaierai
De gagner sa faveur. Mais vrai, il m'a jeté,
Par l'emphase de sa douleur, dans une rage
Haute comme une tour !

HORATIO

Attention ! Qui vient là ?

Entre Osric, courtisan vêtu à la dernière mode.

OSRIC

Que Votre Seigneurie soit la bienvenue, à son retour sur le
sol danois !

HAMLET

Je vous remercie humblement, monsieur. *(Bas.)* Connais-
tu ce moucheron ?

HORATIO, *bas.*

Non, mon cher seigneur.

HAMLET, *bas.*

Tu n'en es que plus près du Ciel, c'est un vice que le
connaître. Il a beaucoup de terres, qui sont fertiles.
Qu'une bête règne sur d'autres bêtes, et elle aura sa
mangeoire à la table même du roi. C'est un choucas, mais,
comme je te l'ai dit, possesseur de vastes boues.

OSRIC

Mon aimable seigneur, si Votre Seigneurie avait loisir de
m'écouter, | je | lui ferais |part | d'un |message| de | Sa
Majesté.

HAMLET

Je le recevrai, monsieur, avec toute l'attention dont mon
esprit est capable... Rendez votre chapeau à son vrai
usage : c'est pour la tête.

OSRIC

Je remercie Votre Seigneurie, il fait très chaud.

HAMLET

Mais non, très froid, croyez-moi ; le vent est au nord.

OSRIC

En effet, monseigneur, il fait passablement froid.

HAMLET

Et pourtant cette chaleur me paraît absolument étouffante.

OSRIC

Une chaleur excessive, monseigneur ! Absolument étouffante, je ne saurais dire à quel point. Mais, mon cher seigneur, Sa Majesté m'a chargé de vous apprendre qu'elle a fait un grave pari sur votre tête. Monsieur, voici de quoi il s'agit...

HAMLET, *l'engageant de nouveau à se couvrir.*

Je vous en supplie, n'oubliez pas...

OSRIC

Non, non, mon cher seigneur, c'est pour être plus à mon aise, je vous assure. Monsieur, la cour a vu récemment arriver Laërte, un parfait gentilhomme, croyez-moi, que distinguent les plus hautes qualités, un très agréable commerce et la plus belle prestance. En vérité, pour achever d'en faire l'article, je dirai qu'il est la carte et le portulan de la courtoisie, car vous trouveriez en lui, comme un continent, toutes ces régions que veut visiter un gentilhomme.

HAMLET

Monsieur, son portrait ne perd rien de votre fait, et pourtant je sais bien que l'inventaire détaillé de ses vertus étourdirait l'arithmétique de la mémoire. Elle ne ferait qu'y louvoyer loin de cette voile rapide. Mais pour allier la vérité à l'éloge, je dirai que je le tiens pour une âme de très haut prix ; et que le suc de ses qualités est d'une telle valeur et d'une rareté si grande que, pour le peindre au vrai, il n'a de semblable qu'en son miroir. Oui, qui pourrait l'imiter ? Son reflet, son reflet seul.

OSRIC

Votre Seigneurie en parle à la perfection.

HAMLET

Mais la matière qui est en jeu, monsieur ? Pourquoi

affublons-nous ce gentilhomme des rudesses de notre
souffle ?

OSRIC

Comment, monsieur ?

HORATIO

Ne comprenez-vous pas votre parler chez un autre ? Vous
y viendrez, monsieur, je n'en doute pas.

HAMLET

Qu'impliquait donc la référence a ce gentilhomme ?

OSRIC

Laërte ?

HORATIO, *bas.*

Sa bourse est déjà vide, il a dépensé tout son bel or de
paroles.

HAMLET

Oui, monsieur.

OSRIC

Je sais que vous n'êtes pas ignorant...

HAMLET

Tant mieux si vous le pensez, monsieur ; bien qu'en vérité
cela ne prouve guère en ma faveur. Eh bien, monsieur ?

OSRIC

Que vous n'êtes pas ignorant de la valeur de Laërte...

HAMLET

Je n'oserais l'avouer, de peur de sembler rivaliser avec lui.
Pour bien connaître un homme il faut d'abord se connaître.

OSRIC

Je ne parle, monsieur, que de sa valeur aux armes. Si l'on en croit seulement ce qu'on dit de lui dans sa suite, il y serait sans rival.

HAMLET

Quelle est son arme ?

OSRIC

La rapière et la dague.

HAMLET

Cela fait deux armes. Bien. Ensuite ?

OSRIC

Le roi, monsieur, a fait avec lui le pari de six chevaux de Barbarie, contre lesquels il a gagé, à ce que je crois, six rapières et six poignards de France, avec leurs accessoires, ceinturons, pendants, etc. Trois de ces affûts sont d'un goût très rare, vraiment, très bien appariés aux gardes ; de bien délicats affûts, d'un travail plein de finesse.

HAMLET

Qu'appelez-vous les affûts ?

HORATIO, *bas.*

Je savais bien qu'il faudrait recourir aux notes avant la fin.

OSRIC

Les affûts, monsieur, ce sont les pendants.

HAMLET

Le mot conviendrait mieux à la chose, si c'était un canon que nous portions au côté... En attendant je préférerais que l'on en reste aux pendants. Mais poursuivons ! Six chevaux de Barbarie contre six épées françaises, leurs accessoires, et trois affûts d'un travail plein de finesse.

L'enjeu français contre le danois. Pourquoi tout cela est-il gagé, comme vous dites ?

OSRIC

Le roi, monsieur, a parié, il a parié, monsieur, qu'en douze reprises entre Laërte et vous-même, il ne marquerait pas trois touches de plus que vous. Il a parié douze contre neuf[59]. Et le combat aurait lieu sur-le-champ, si Votre Seigneurie daignait répondre.

HAMLET

Et si je répondais non ?

OSRIC

Je voulais dire, monseigneur : si vous répondiez de votre personne.

HAMLET

Monsieur, je vais faire quelques pas dans cette salle, n'en déplaise à Sa Majesté. C'est l'heure de ma récréation. Et si l'on apporte les épées[60], si ce gentilhomme est d'accord et si le roi maintient son pari, je le rendrai vainqueur si je le peux. Autrement j'en serai quitte pour la honte et pour les points concédés.

OSRIC

Rapporterai-je votre réponse dans ces termes ?

HAMLET

Pour le sens, oui. Mais parez-la, monsieur, de toutes les fleurs qui vous plairont.

OSRIC

Mon dévouement se recommande à Votre Seigneurie.

HAMLET

Merci, merci.

                                                            Osric sort.

Il fait bien de se recommander lui-même, qui trouverait-on d'autre pour s'en charger ?

HORATIO

Voyez l'étourneau qui s'envole avec sa coquille sur la tête !

HAMLET

Que de politesses devait-il faire au sein de sa nourrice avant de commencer à téter ! Comme tant d'autres de la même volée, dont je sais que raffole ce temps futile, il n'a fait qu'adopter le ton du jour et, sous les dehors des bonnes manières, une sorte d'écume, un ramassis d'opinions qui leur permet de prétendre aux idées les plus fortes et subtiles ; mais soufflez seulement dessus pour les mettre un peu à l'épreuve : toutes ces bulles vont éclater.

Entre un seigneur.

LE SEIGNEUR

Monseigneur, Sa Majesté vous a fait mander ses compliments par le jeune Osric qui lui a rapporté que vous l'attendiez dans cette salle. Elle m'envoie vous demander s'il est à votre gré de combattre avec Laërte, ou si vous préférez différer l'assaut.

HAMLET

Je suis constant dans mes résolutions et elles se conforment au gré du roi. S'il me dit ce qui lui convient, je m'y prépare. Maintenant ou n'importe quand. Il suffit que je sois en forme, comme à présent.

LE SEIGNEUR

Le roi descend avec la reine et toute la cour.

HAMLET

A la bonne heure !

LE SEIGNEUR

La reine voudrait qu'avant de combattre vous fassiez à Laërte un accueil courtois.

HAMLET

Elle me donne là un bon conseil.

Le seigneur sort.

HORATIO

Vous allez perdre ce pari, monseigneur.

HAMLET

Je ne le pense pas. Depuis son départ pour la France, je n'ai pas cessé de m'exercer. Je gagnerai grâce à l'avantage qu'il me concède. Pourtant tu ne saurais croire combien tout cela me pèse ici, du côté du cœur... Mais peu importe !

HORATIO

Certes, non, mon cher seigneur...

HAMLET

C'est de la pure sottise. La sorte de pressentiment qui troublerait une femme.

HORATIO

Si votre esprit a quelque répugnance, écoutez-le. Je préviendrai leur venue en disant que vous n'êtes pas en forme.

HAMLET

Pas du tout ! Défions le présage ! Même la chute d'un moineau est réglée par la Providence. Si ce doit être pour maintenant, ce ne sera plus à venir. Si ce n'est plus à venir, c'est pour maintenant. Et si ce n'est pas pour maintenant, pourtant mon heure viendra. L'essentiel, c'est d'être prêt. Puisqu'on ne sait rien [61] de ce que l'on quitte, qu'importe si on le quitte avant l'heure. Ah, peu importe !

Entrent le roi, la reine, les courtisans; Osric et un seigneur qui seront les juges; et enfin Laërte.

LE ROI

Venez, Hamlet, venez prendre cette main
Que vous présente la mienne.

> *Il met la main de Laërte dans celle d'Hamlet.*

HAMLET

J'ai des torts envers vous, monsieur, pardonnez-moi
Comme il sied à un gentilhomme. Cette cour
N'ignore pas, et vous ne pouvez pas ne pas savoir
Que je suis affligé d'un triste égarement.
Si j'ai fait quelque chose qui ait pu
Blesser vos sentiments ou votre honneur.
J'affirme ici que ce n'est que folie.
Est-ce Hamlet qui a offensé Laërte ? Non, jamais.
Si Hamlet s'absente d'Hamlet,
Et si dans cette absence il offense Laërte,
Alors ce n'est pas Hamlet qui agit, Hamlet l'affirme,
Et la seule coupable est sa folie : Hamlet
Est au nombre des offensés ; et sa folie
S'est faite l'ennemie du pauvre Hamlet.
Monsieur, devant cette assemblée,
Je désavoue toute intention mauvaise.
Soyez donc assez généreux pour m'acquitter
Comme si, en tirant par-dessus ma maison,
J'avais blessé d'une flèche mon frère.

LAËRTE

Mon sentiment filial est satisfait,
Dont les raisons étaient dans cette affaire
L'aiguillon le plus vif de ma vengeance.
Sur le point de l'honneur je suis plus réservé
Et me refuserai à l'apaisement
Tant que quelques experts, hommes d'expérience, et
    intègres
N'auront pas de leur voix autorisée
Rendu le jugement qui protège mon nom.

Mais sans attendre j'accepte votre amitié
Et je ne ferai rien qui puisse lui nuire.

HAMLET

Je me plie volontiers à ces conditions, et loyalement
Je soutiendrai ce pari fraternel.
Allons, nos épées ! En garde !

LAËRTE

Allons, une pour moi.

HAMLET

Je ne serai pour vous qu'un repoussoir[62], Laërte,
Votre art comme une étoile dans la nuit
Resplendira de mon inexpérience.

LAËRTE

Vous voulez rire, monsieur.

HAMLET

Je vous jure que non.

LE ROI

Donnez-leur les épées, jeune Osric. Mon cousin,
Connaissez-vous les clauses du pari ?

HAMLET

Très bien, monseigneur.
Votre Grâce a favorisé le camp le plus faible.

LE ROI

Je ne crains rien, je vous ai vus tous deux.
Mais il a fait des progrès, c'est pourquoi
Il nous donne des points.

LAËRTE

Celle-ci est trop lourde, voyons une autre.

                    Il prend l'épée dont la pointe est empoisonnée.

HAMLET

Celle-ci me convient. Ont-elles toutes même longueur ?

OSRIC

Certes, mon cher seigneur.

LE ROI

Plâcez les cruches de vin sur cette table.
Si Hamlet porte la première botte ou la seconde,
Ou s'il est à égalité au troisième échange,
Que fassent feu tous nos canons ! Le roi
Boira au souffle d'Hamlet. Et dans la coupe
Il jettera une perle[63] de plus haut prix
Que celle qu'ont portée sur leur couronne
Les quatre derniers rois du Danemark.
Donnez-moi les coupes,
Et que les timbaliers disent aux trompettes,
Les trompettes aux canonniers dehors,
Et les canons au ciel et le ciel à la terre,
Que « le roi boit à la santé d'Hamlet » ! Allons, en place,
Et vous, ouvrez vos yeux, les juges.

HAMLET

En garde, monsieur.

LAËRTE

En garde, monseigneur.

Ils combattent.

HAMLET

Une !

LAËRTE

Non.

HAMLET

Arbitre ?

OSRIC

Touché, très visiblement touché.

LAËRTE

Soit ! Reprenons.

LE ROI

Un moment. Qu'on me donne à boire. Hamlet,
Cette perle est à toi, je bois à ta santé.
Donnez-lui cette coupe.

HAMLET

D'abord cette reprise. Posez-la.

> *La coupe empoisonnée est posée sur une table.*

En garde !

> *Ils combattent.*

Une autre touche ! Qu'en dites-vous ?

LAËRTE

Touché, touché, je l'avoue.

LE ROI

Notre fils va gagner.

LA REINE

Il est tout en sueur et hors d'haleine.
Tiens, Hamlet, prends mon mouchoir, essuie-toi le front.

> *Elle le lui donne et, s'approchant de la table, elle
> prend la coupe d'Hamlet.*

La reine boit à ton succès, Hamlet.

HAMLET

Ma chère dame !

LE ROI

Gertrude, ne buvez pas.

LA REINE

Si, monseigneur, je vous prie de m'excuser.

Elle boit et tend la coupe à Hamlet.

LE ROI, *à part.*

La coupe empoisonnée ! Il est trop tard !

HAMLET

Je n'ose pas boire encore, madame... Tout à l'heure.

LA REINE

Viens que j'essuie ton visage.

LAËRTE, *au roi.*

Cette fois, monseigneur, je vais le toucher.

LE ROI

J'en doute.

LAËRTE, *à part.*

Mais c'est presque à l'encontre de ma conscience.

HAMLET

En garde pour la troisième passe, Laërte ! Vous plaisantez !
Je vous prie, donnez-vous à fond dans cette reprise.
Vous me traitez en enfant, je le crains.

LAËRTE

Vous le dites ? Bien, gardez-vous !

Ils combattent.

OSRIC

Coup nul.

On les sépare.

LAËRTE, *soudain.*

Gardez-vous !

> *Il prend Hamlet au dépourvu et le blesse légèrement.*
> *Corps à corps au cours duquel ils échangent leurs*
> *rapières.*

LE ROI

Séparez-les, ils sont comme fous.

HAMLET, *attaquant.*

Non, reprenons !

> *La reine tombe.*

OSRIC

Oh ! voyez la reine, la reine !

> *Hamlet blesse Laërte.*

HORATIO

Du sang de part et d'autre ! Comment vous sentez-vous,
  monseigneur ?

> *Laërte tombe.*

OSRIC

Laërte ! Qu'y a-t-il ?

LAËRTE, *bas.*

Oh ! Osric, je me suis pris à mon propre piège
Comme une bécasse. Je meurs
Très justement de ma propre traîtrise.

HAMLET

Comment va la reine ?

LE ROI

Elle s'est évanouie en voyant le sang.

LA REINE

Non, non, c'est ce vin, ce vin ! Ô mon cher Hamlet,
Le vin ! le vin ! Je suis empoisonnée !

Elle meurt.

HAMLET

Infamie. Que l'on ferme les portes !
Trahison ! Que l'on démasque le traître !

LAËRTE

Ô Hamlet, le voici. Hamlet, on t'a tué,
Aucun remède au monde ne te sauvera,
Il n'y a plus en toi une demi-heure de vie.
Et l'arme de la trahison est dans ta main,
Démouchetée et empoisonnée. La hideuse ruse
S'est retournée contre moi ; vois, je m'écroule
Pour ne me relever jamais... Ta mère est empoisonnée...
Je n'en peux plus... Le roi, le roi est coupable.

HAMLET

La pointe aussi est empoisonnée ? Alors, venin,
Parachève ton œuvre !

Il frappe le roi.

TOUS

Trahison ! Trahison !

LE ROI

Oh ! défendez-moi, mes amis, je suis seulement blessé !

HAMLET

Tiens, roi maudit, incestueux, assassin !

Il l'oblige à boire.

Achève cette boisson. Est-ce là ta perle ?
Ta bague de mariage[64] ? Suis ma mère !

Le roi meurt.

LAËRTE

Il a eu ce qu'il méritait.
C'est un poison qu'il avait préparé.
Noble Hamlet, échangeons notre pardon.
Que ma mort ni celle de mon père ne retombe sur toi,
Non plus que sur moi la tienne !

Il meurt.

HAMLET

Que le Ciel te pardonne ! Je te suis...

Il tombe.

Je suis mort, Horatio. Ô reine infortunée, adieu !
Et vous qui pâlissez à ce coup du sort,
Spectateurs silencieux de cette scène,
Si j'en avais le temps (mais l'implacable huissier,
La Mort, est inflexible) oh, je pourrais vous dire...
Peu importe... Horatio, je suis mort. Toi qui vis,
Justifie-moi et explique ma cause
A ceux qui douteront.

HORATIO

N'espérez pas cela.
Je suis moins un Danois qu'un antique Romain...
Il reste un peu de ce vin.

Il prend la coupe.

HAMLET

Si tu es un homme,
Donne-moi cette coupe, donne... Par le Ciel

Il se dresse, arrache la coupe et retombe.

Je l'aurai... Oh ! par Dieu, Horatio, quel nom terni
Me survivrait si rien n'était connu !
Si jamais j'ai eu place dans ton cœur,
Prive-toi un moment des joies du Ciel,
Et respire à regret dans cet âpre monde

Pour dire ce que je fus.

> *On entend le bruit d'une troupe de soldats, et une salve.*

Quel est ce bruit guerrier ?

OSRIC

Le jeune Fortinbras rentre vainqueur de **Pologne**
Et salue les ambassadeurs anglais
De cette salve martiale.

HAMLET

Oh, je meurs, Horatio.
La force du poison l'emporte sur ma vie,
Je ne puis vivre assez pour rien savoir
Des nouvelles de l'Angleterre.
Mais je prédis que Fortinbras sera élu
Et je lui donne ma voix qui meurt. Dis-lui cela,
Avec tous les hasards grands ou minimes
Qui m'ont incité à... Mais le reste est silence.

> *Il meurt.*

HORATIO

Un noble cœur se rompt. Bonne nuit, cher prince,
Que les chants des anges te portent à ton suprême repos.
Pourquoi ces tambours se rapprochent-ils ?

> *Entrent le prince Fortinbras, les ambassadeurs
> anglais et d'autres.*

FORTINBRAS

Où donc est ce spectacle ?

HORATIO

Que désirez-vous voir ? Arrêtez-vous ici
Si vous cherchez le deuil et le prodige.

FORTINBRAS

Cette curée
Proclame le carnage. Ô orgueilleuse Mort,

Quel festin se prépare en ton antre éternel,
Pour que tu aies ainsi frappé tant de princes
D'un seul coup si sanglant ?

LE PREMIER AMBASSADEUR

Ce spectacle est lugubre,
Et nos nouvelles d'Angleterre arrivent trop tard.
Il est sourd maintenant celui qui aurait dû nous entendre
Et tenir de nous que ses ordres ont tous été accomplis,
Que Rosencrantz et Guildenstern sont morts.
Qui nous remerciera ?

HORATIO

Ce n'est certes pas lui,
Quand bien même il aurait le pouvoir de le faire.
Il n'a jamais ordonné leur mort.
Mais puisqu'au moment même où ce sang fut versé,
Vous d'Angleterre et vous des guerres de Pologne,
Vous êtes arrivés — ordonnez que ces corps
Soient hissés à la vue de tous sur une estrade,
Et laissez-moi apprendre au monde ignorant
Comment ce drame a eu lieu. Je parlerai
D'actes lascifs, sanglants, contre nature,
De jugements et meurtres de hasard,
Des morts que provoqua une ruse obligée,
Et, dans ce dénouement, d'intrigues maladroites
Retombées sur leurs inventeurs. Oui, je puis tout vous
    dire,
Toute la vérité.

FORTINBRAS

Hâtons-nous de l'entendre,
Et appelons à la partager les plus nobles.
Pour moi, non sans chagrin j'embrasse ma fortune :
J'ai des droits jamais oubliés sur ce royaume,
Cette occasion m'incite à les faire valoir.

HORATIO

De cela aussi j'aurai à parler, au nom
D'un homme dont la voix en entraînera d'autres.
Mais profitons du désarroi et faisons vite,
De peur que des complots ou des méprises
Ne viennent ajouter à nos malheurs.

FORTINBRAS

Que quatre capitaines
Portent comme un soldat Hamlet sur l'estrade,
Car sûrement il aurait, à l'épreuve,
Prouvé son sang royal. Sur son passage,
Que la musique et la présentation des armes
Témoignent hautement de sa valeur.
Qu'on enlève ces corps. Un pareil spectacle
Sied au champ de bataille et non à ce lieu.
Allons, ordonnez aux soldats de tirer les salves.

> *Les soldats emportent les corps, on entend une*
> *marche funèbre, « après quoi est tirée une salve*
> *d'artillerie ».*

Le Roi Lear

La scène est en Grande-Bretagne.

PERSONNAGES

LEAR, *roi de Grande-Bretagne.*
LE ROI DE FRANCE.
LE DUC DE BOURGOGNE.
LE DUC DE CORNOUAILLES, *mari de Régane.*
LE DUC D'ALBANY, *mari de Goneril.*
LE COMTE DE KENT.
LE COMTE DE GLOUCESTER ★.
EDGAR, *fils de Gloucester.*
EDMOND, *bâtard de Gloucester.*
CURAN, *courtisan.*
OSWALD, *intendant de Goneril.*
UN VIEILLARD, *métayer de Gloucester.*
UN MÉDECIN.
UN FOU.
GONERIL ⎫
RÉGANE ⎬ *filles de Lear.*
CORDÉLIA ⎭

    Un gentilhomme, un héraut, des capitaines, des chevaliers de la suite du roi Lear, des messagers, des soldats, des serviteurs et autres gens de la suite.

    ★ *On prononce « Gloster ».*
    N. B. — *Les indications scéniques placées entre guillemets sont celles des premières éditions.*

ACTE PREMIER

Scène première

La salle du trône, dans le palais du roi Lear.

Entrent KENT, GLOUCESTER, EDMOND.

KENT

Je croyais que le roi aimait le duc d'Albany plus que le duc de Cornouailles.

GLOUCESTER

C'est bien ce que nous pensions ! Mais maintenant, dans le partage de ce royaume, on ne peut distinguer lequel des deux le roi estime le plus, car les lots sont si bien équilibrés que la plus vétilleuse exigence ne pourrait se résoudre à faire son choix.

KENT

N'est-ce pas là votre fils, monseigneur ?

GLOUCESTER

J'ai eu la charge de l'élever, monsieur. Et j'ai rougi si souvent d'avoir à le reconnaître que j'en ai le cuir tout boucané.

KENT

Je conçois mal...

GLOUCESTER

Monsieur, la mère de ce jeune homme y est fort bien
arrivée. Sur quoi elle prit de l'embonpoint et eut un fils
pour son berceau, ma parole, avant que pour son lit elle
ait trouvé un époux. Ne flairez-vous pas un écart ?

KENT

Je ne pourrai le déplorer, puisque la conséquence en est si
gracieuse.

GLOUCESTER

Mais, monsieur, j'ai aussi un fils légitime, de quelque
douze mois son aîné, et qui n'est pas plus cher à mon
cœur ! Le petit coquin que voici est venu au monde avec
quelque impertinence, c'est vrai, sans qu'on soit allé le
chercher : mais sa mère était bien belle, il y eut bien du
plaisir à le faire, et je dois reconnaître ce fils de pute...
Edmond, connaissez-vous ce noble gentilhomme ?

EDMOND

Non, monseigneur.

GLOUCESTER

C'est monseigneur de Kent. Et retenez : c'est mon
honorable ami.

EDMOND

Mes hommages à Votre Seigneurie.

KENT

Il faut que je sois votre ami. Accordez-moi de mieux vous
connaître.

EDMOND

Je ferai de mon mieux pour en être digne.

GLOUCESTER

Il a été neuf ans loin de ce pays et il va le quitter encore...
(On entend une fanfare.) Voici le roi.

> *Entrent un officier qui porte une couronne, puis le roi
> Lear, Cornouailles, Albany, Goneril, Régane, Cordé-
> lia, et leurs suites.*

LEAR

Gloucester, mettez-vous aux ordres
Des souverains de France et de Bourgogne.

GLOUCESTER

Certes, mon suzerain.

Il sort, suivi d'Edmond.

LEAR

Pendant ce temps,
Nous allons exprimer nos plus secrets desseins.
Donnez-moi cette carte ! Apprenez que notre royaume,
Nous l'avons divisé en trois : si ferme est notre intention
De décharger nos ans du souci des affaires
Sur des forces plus jeunes, pour après
Nous traîner vers la mort sans ce fardeau.
Notre fils de Cornouailles !
Et vous, notre fils d'Albany, non moins aimant !
C'est décidé, nous proclamerons aujourd'hui
Quelles sont les dots de nos filles, pour prévenir
De futures querelles... Ces princes, France et Bourgogne,
Grands rivaux pour le cœur de notre cadette,
Et qui en amoureux sont depuis longtemps à la Cour,
Auront aussi réponse. Voyons, mes filles,
Puisqu'en ce jour nous abandonnons le pouvoir
Et nos droits sur les fiefs et les soucis de l'État,
Laquelle d'entre vous allons-nous dire la plus aimante,
Pour pouvoir réserver nos plus grandes largesses
A qui peut y prétendre par le mérite

Autant que par la nature... Goneril,
Parlez d'abord, notre aînée.

GONERIL

Ah, monsieur, je vous aime
Plus que les mots n'ont pouvoir de le dire ! Vous m'êtes
 cher
Plus que mes yeux, mon espace, ma liberté,
Plus que tout ce qu'on tient pour précieux ou rare,
Et pas moins que la vie et toutes ses grâces,
Pas moins que la santé, la beauté, l'honneur ;
Autant qu'aima jamais un fils, autant qu'un père
A pu jamais se sentir chéri. C'est un amour
Qui rend pauvre le souffle et vaine la parole.
Je vous aime au-delà de tous ces « plus » ou « autant ».

CORDÉLIA, *à part.*

Que dira Cordélia ? Qu'elle aime et se taise.

LEAR, *consultant la carte.*

Tout ce pays, de ce trait-ci à cet autre,
Avec ses ombreuses forêts et la profusion de ses plaines,
Avec ses poissonneuses rivières et ses immenses prairies,
Nous t'en faisons souveraine. En jouiront à jamais
Ceux qui naîtront de toi et d'Albany.
Mais notre seconde fille, que dit-elle ?
Notre très chère Régane, épouse de Cornouailles ?

RÉGANE

Je suis du même métal que mon aînée,
Et je m'estime d'un même prix. Du fond de mon cœur
 sincère
J'ai trouvé qu'elle disait bien ce qu'est vraiment mon
 amour.
Mais elle reste en chemin. Moi, je proclame
Que je suis l'ennemie de toute autre joie
Qui pourrait s'ébaucher au meilleur de mon âme
Et que je n'ai de félicité qu'en l'amour
De Votre Altesse chérie.

CORDÉLIA, *à part.*

Soit, pauvre Cordélia !
Mais non, pas vraiment pauvre, tant je sais
Que mon cœur est plus riche que ma langue !

LEAR

Pour toi et pour les tiens et à jamais
Voici un vaste tiers de notre beau royaume.
Il vaut bien en grandeur et valeur et délices
Celui qui est échu à Goneril... Mais, notre joie,
Bien que notre cadette et la plus petite,
Toi dont les vins de France et le lait de Bourgogne
Se disputent le jeune amour, que vas-tu dire
Pour tirer un troisième lot qui soit plus riche
Que celui de tes sœurs ? Parle, veux-tu ?

CORDÉLIA

Je ne dirai rien, monseigneur.

LEAR

Rien ?

CORDÉLIA

Rien.

LEAR

De rien ne te viendra rien ! Parle encore.

CORDÉLIA

Pour mon malheur, je ne puis élever
Mon cœur jusqu'à mes lèvres. J'aime Votre Grandeur
Comme c'est mon devoir, ni plus ni moins.

LEAR

Comment, comment, Cordélia ? Corrige un peu tes
    paroles,
Sinon tu gâtes tes chances.

CORDÉLIA

Mon cher seigneur, vous m'avez engendrée,
Et élevée, et aimée ; pour ma part,
Je vous rends comme il faut ces choses dues
En vous obéissant, vous aimant et vous honorant entre
     tous.
Pourquoi mes sœurs ont-elles des époux, elles qui assu-
     rent
N'aimer que vous ? Grâce à Dieu, si je me marie,
Le prince dont la main prendra la mienne
Aura aussi la moitié de mon cœur,
Et de mes attentions et de mon respect. Croyez-moi,
Je ne me marierai jamais comme ont fait mes sœurs
Pour n'aimer que mon père !

LEAR

Est-ce là le fond de ton cœur ?

CORDÉLIA

Oui, monseigneur.

LEAR

Si jeune, et si peu aimante ?

CORDÉLIA

Si jeune, monseigneur, et si véridique.

LEAR

Soit ! Que ta vérité te serve de dot !
Puisque, par les rayons du divin soleil,
Par les mystères d'Hécate et par la nuit,
Et par tous les pouvoirs des sphères célestes,
Dont nous tenons l'existence et la mort,
Je désavoue tous mes devoirs de père,
Les liens du sang et de la parenté,
Et te tiens pour toujours, et dès à présent,
Étrangère à mon cœur ! Le Scythe barbare,
Ou celui qui fait cuire ses enfants

Pour assouvir sa faim, trouveront en moi
Autant de sympathie, de pitié ou d'accueil
Que toi, qui fus ma fille.

KENT

Mon suzerain...

LEAR

Silence, Kent !
Ne viens pas entre le dragon et sa colère.
C'est elle que j'aimais le plus, et je comptais bien
Confier mes derniers jours à ses tendres soins...
(*A Cordélia.*) Va-t'en ! Fuis mes regards !
Et qu'au tombeau ma paix soit aussi totale
Que ce dessèchement d'un cœur paternel.
Appelez France ! Allons ! Appelez Bourgogne !
Albany, Cornouailles,
Ajoutez à la dot de mes deux aînées
Cet autre tiers,
Et qu'elle épouse l'orgueil, qu'elle nomme de la franchise.
Oui, je vous investis conjointement de mes pouvoirs,
De mes prérogatives, et de ces fastueux attributs
Qui s'attroupent autour des rois. Pour ce qui est de nous,
Avec cent chevaliers que nous nous réservons
Et donc vous reviendra l'entretien, nous prendrons
Chaque mois, tour à tour, domicile chez l'un de vous.
Nous ne voulons garder
Que le nom et le rang de souverain. Le reste,
Autorité, puissance, revenus,
Est à vous, chers enfants. Et pour bien le marquer,
Que l'on partage en deux cette couronne.

KENT

Majestueux Lear,
Moi roi que j'ai toujours honoré comme tel,
Aimé comme mon père, obéi comme un maître,
Invoqué comme un saint patron dans mes prières...

LEAR

L'arc est bandé, la flèche part, évite le trait !

KENT

Qu'il s'abatte plutôt, dût sa pointe percer
Le centre de mon cœur ! Quand Lear est fou,
Kent peut être indiscret. Que veux-tu faire, vieil homme ?
Crois-tu que le devoir ait peur de parler
Quand le pouvoir succombe à la flatterie ?
Le vœu que fait l'honneur, c'est de parler rude
Quand le roi perd le sens ! Garde ton sceptre
Et, du meilleur de ton esprit, modère
Cette colère affreuse. Je t'affirme
Sur ma vie, et du fond de mon jugement,
Que ta plus jeune fille n'est pas la moins affectueuse.
Ils n'ont pas le cœur vide, ceux dont les sourdes paroles
Ne sonnent pas le creux !

LEAR

Sur ta vie, Kent, plus un mot !

KENT

Ma vie, je ne la tiens que pour un pion
A engager contre tes ennemis. Jamais
Je n'ai eu peur de la perdre
Quand ta sécurité a été en jeu.

LEAR

Je ne veux plus te voir.

KENT

Lear, apprends à mieux voir et laisse-moi
Rester de tes regards l'honorable cible.

LEAR

Ah, au nom d'Apollon...

KENT

Au nom d'Apollon, roi ?
C'est en vain que tu jures tes plus grands dieux.

LEAR

Vassal ! Infâme traître !

Il porte la main à son épée.

ALBANY, CORNOUAILLES

Modérez-vous, cher seigneur !

KENT

Assassine plutôt ton médecin
Et verse son salaire au mal qui t'infecte.
Annule ta donation,
Sinon, tant que les mots franchiront ma gorge,
Je te crierai que tu agis mal.

LEAR

Écoute-moi, félon !
Par ton serment d'allégeance, écoute-moi !
Puisque tu as cherché à nous faire rompre notre parole,
Ce que jamais nous n'osâmes ; puisque l'enflure de ton
    orgueil
Veut se dresser entre la sentence et l'exécution,
Ce que ne peuvent tolérer notre caractère ni notre rang,
Reçois — notre autorité prévalant encore — ta récom-
    pense.
Tu as cinq jours pour rassembler tout ce qui pourra
Te protéger des calamités de ce monde
Et, le sixième jour, montre à notre royaume
Ton détestable dos. Si, au dixième,
Ta carcasse bannie est trouvée sur nos terres,
Tu mourras sur-le-champ. Va-t'en ! Par Jupiter,
Ce n'est pas ce décret que j'annulerai.

KENT

Adieu, roi. Puisque c'est sous ce jour que tu veux
    paraître,

Revive ailleurs la liberté, c'est ici l'exil.
(A Cordélia.) Toi, que les dieux te prennent
Sous leur tendre tutelle, ô jeune fille
Qui penses juste et as parlé si droit.
    (A Goneril et Régane.)
Et puissent vos actions tenir vos vastes promesses,
Puissent d'heureux effets naître des mots d'amour! Ô
    princes,
Tel est l'adieu que Kent vous fait à tous
Avant d'aller ployer ses vieilles manières
A un pays nouveau.

Il sort.

    *« Fanfares ». Revient Gloucester, avec France,
Bourgogne et une suite.*

GLOUCESTER

Voici France et Bourgogne, noble prince.

LEAR

Monseigneur de Bourgogne,
A vous nos premiers mots, vous le rival
De ce roi près de notre fille. Quelle est la moindre
Des dots qu'il vous faudrait : celle sans quoi
Vous cesseriez votre cour?

BOURGOGNE

Très noble souverain,
Je ne demande rien de plus que ce qu'offrit Votre
    Altesse...
Proposeriez-vous moins?

LEAR

Noble et loyal Bourgogne,
Tant qu'elle nous fut chère, c'est vrai, nous la tenions à
    haut prix.
Mais comme sa valeur a baissé! La voici, monsieur,
Si quelque chose en ce petit être tout d'apparence,
Ou toute sa personne accrue de notre colère,

Mais rien de plus ! peut convenir à Votre Grâce,
Oui, la voici, elle est vôtre.

BOURGOGNE

Je ne sais que répondre.

LEAR

La voulez-vous, avec ces disgrâces qu'elle a,
Sans affections, dernière née de notre haine ?
Sa dot ? Notre malédiction, et ce serment :
Qu'elle aille au diable ! Eh bien, la prenez-vous
Ou la laissez-vous choir ?

BOURGOGNE

Pardonnez-moi, noble sire.
On ne fait pas son choix dans ces conditions.

LEAR

Bien, monsieur, laissez-la !
Par la puissance qui m'a créé,
Je vous ai dit toute sa richesse. *(A France.)* Pour vous,
    grand roi,
Je ne voudrais manquer à votre affection
Au point de vous unir à ce que je hais. Et je vous conjure
De guider vos penchants vers une personne
Plus digne d'eux que cette misérable
Que la nature a honte de dire sienne !

FRANCE

Qu'il est étrange
Que celle que tout à l'heure vous préfériez,
Le refrain de tous vos éloges, le baume de vos vieux ans,
La meilleure entre les meilleures, la plus chère,
Ait en ce rien de temps commis le forfait
Qui la dépouille de tout cela ! Sûrement, sa faute
Offense la nature à un tel point
Qu'elle en est monstrueuse. Et votre affection,
Tant proclamée, en ressort bien aveugle !

Croire d'elle cela !
C'est un acte de foi que la raison seule
Ne pourra jamais m'imposer.

CORDÉLIA

J'en supplie Votre Majesté, cette fois dernière !
C'est vrai, je n'ai pas l'art d'huile, de glu,
Qui promet sans tenir, car ce que je veux,
Je le fais avant d'en parler… Mais veuillez dire
Que ce n'est rien d'impur, rien de criminel,
Rien d'impudique, aucun faux pas hors de l'honneur
Qui m'a privée de vos bonnes grâces,
Mais simplement le manque, qui m'enrichit,
D'un œil toujours à quémander, et d'une sorte de langue
Que je suis fort heureuse de n'avoir pas,
Bien que cela me perde dans vos pensées.

LEAR

Mieux eût valu pour toi n'être pas née
Que de tant me déplaire !

FRANCE

N'est-ce donc que cela ? Cette réserve instinctive
Qui garde si souvent informulé
Ce qu'elle compte faire ! Monseigneur de Bourgogne,
Quelle réponse faites-vous là ? Ce n'est pas aimer
Que mêler à l'amour des soucis qui restent
Si loin de ce qui importe ! La voulez-vous ?
Elle est sa propre dot.

BOURGOGNE

Donnez-lui, noble roi,
Cette part seulement que vous-même aviez proposée
Et sur-le-champ je prends la main de Cordélia,
Duchesse de Bourgogne.

LEAR

Rien ! j'ai juré, je n'en démords pas.

BOURGOGNE

Je regrette bien, Cordélia, que cette perte d'un père
Vous fasse perdre un mari.

CORDÉLIA

Paix soit avec Bourgogne !
Puisque pour lui l'amour, c'est ce goût des biens,
Je ne serai pas son épouse.

FRANCE

Très pure Cordélia, dans ta pauvreté la plus riche,
Et la plus digne d'être élue, ô délaissée,
Et toi que j'aime tant, oui, bien que méprisée,
Écoute : je me saisis et de tes vertus et de toi,
Qu'il soit permis que je prenne ce qui a été rejeté.
Dieux, dieux ! Qu'il est étrange que votre manque
    d'égards
Envers elle, et votre froideur, ce soit cela qui échauffe
Mon amour et le porte à ce respect plein de feu !
Ta fille qui est sans dot, roi, et que le hasard m'a jetée,
J'en fais ma reine et celle des miens sur la belle terre de
    France,
Et pas un duc de l'aqueuse Bourgogne
Ne pourra m'acheter cette jeune fille précieuse
Autant qu'inappréciée. Dis-leur adieu, Cordélia,
Malgré leur cruauté. Tu ne perds ce pays
Que pour en trouver un, ailleurs, de plus de prix.

LEAR

Eh bien, France, elle est tienne, et qu'elle reste ton bien,
Car ce n'est pas notre fille, et jamais nos yeux
Ne reverront son visage... Ah, va-t'en donc,
Sans nos bénédictions ni notre grâce,
Sans rien de notre amour ! Venez, noble Bourgogne.

    « *Fanfare* ». *Lear, Bourgogne, Cornouaillles,
Albany, Gloucester et leur suite partent.*

FRANCE

Dites adieu à vos sœurs.

CORDÉLIA

Joyaux de notre père, les yeux en pleurs,
Cordélia prend congé de vous. Je sais ce que vous êtes,
Mais je suis votre sœur et, vraiment, je répugne
A dire par leur nom vos défauts... Notre père,
Aimez-le bien. A vos cœurs si loquaces
Je le confie. Hélas, si j'avais sa faveur,
Je lui conseillerais un plus sûr asile.
Soit ! Adieu à vous deux.

RÉGANE

Ne nous prescrivez pas notre devoir.

GONERIL

Appliquez-vous plutôt
A satisfaire cet époux, qui vous a prise
Comme on fait l'aumône, au hasard !
Vous avez lésiné sur l'obéissance
Et vous l'avez cherchée, vous la méritez, cette perte !

CORDÉLIA

Le temps démasquera ce qui se dérobe
Dans les plis de la ruse. Qu'elle cache ses crimes !
Il finira par les couvrir de honte.
Puissiez-vous prospérer !

FRANCE

Venez, ma belle Cordélia.

Il sort avec Cordélia.

GONERIL

Ma sœur, je n'ai pas peu à vous dire sur ce qui, toutes
deux, et si fortement, nous concerne. Notre père, je crois,
va partir ce soir.

RÉGANE

Tout à fait sûr ! et chez vous. Le mois prochain, chez nous.

GONERIL

Voyez toutes les lubies de sa vieillesse ! Nous venons de les observer, ça n'en finit pas. Il nous avait toujours préféré notre sœur cadette. Et la pauvreté de jugement avec laquelle il la renie aujourd'hui n'est que trop grossièrement manifeste.

RÉGANE

De la sénilité ! Mais a-t-il jamais su ce qu'il était ? Ou si peu que rien ?

GONERIL

Les meilleures, les plus saines années de sa vie n'ont été que des coups de tête. Il s'ensuit qu'il nous faut attendre de sa vieillesse, non seulement les inconvénients de ce caractère enraciné si profond, mais encore l'obstination déréglée qu'apportent les années infirmes et coléreuses.

RÉGANE

Oui, préparons-nous à des actions impulsives comme ce le fut de bannir Kent.

GONERIL

Il leur reste à se faire, France et lui, quelques politesses d'adieu. Je vous en prie, mettons-nous d'accord. Si votre père veut continuer à tout régenter avec les tendances qui sont les siennes, cet abandon de pouvoir ne pourra que nous faire tort.

RÉGANE

Nous allons y penser.

GONERIL

Il faut agir. Et battre le fer tant qu'il est chaud.

Elles sortent.

Scène II

Le château du comte de Gloucester.

Entre EDMOND.

EDMOND

C'est toi, Nature, ma déesse ! C'est ta loi
Que j'ai juré de servir. Car, oui, pourquoi devrais-je
Permettre, par respect d'usages pesteux,
A cette société de saintes nitouches
De me déposséder pour douze ou quinze lunes
Que j'ai de moins que mon frère ? Bâtard, pourquoi ?
Et méprisable, pourquoi ? Puisque mes proportions sont
   aussi correctes,
Mon esprit aussi vif, mon aspect aussi légitime
Que ceux du rejeton de la Dame honnête ? Pourquoi
Nous flétrir de ce mot, de ce mépris, bâtard ? Méprisable,
   vraiment,
Celui qui des lubricités de la nature
A reçu plus de force et de fière valeur
Qu'il n'en va, dans un lit morne, fatigué, rance,
A la procréation d'une race entière d'idiots
Engendrés en dormant ou presque ? J'en conclus,
Edgar le légitime, il me faut votre bien.
Notre père aime autant Edmond le bâtard
Que son fils légitime. Ah, le joli mot, légitime !
Mais, diable, mon légitime, si ce billet
Fait merveille, et si mon stratagème réussit bien,
Edmond le méprisable dépassera
Edgar le légitime... Que je croisse, que je prospère !
Ohé, les dieux ! soutenez les bâtards !

Entre Gloucester.

GLOUCESTER

Kent banni de cette façon ? Et France parti furieux ?
Et le roi qui s'en va ce soir ? En aliénant sa puissance ?

Voué à la figuration ? Et tout cela
Comme sous l'éperon du destin ?... Ah, Edmond !
Quelles sont les nouvelles ?

EDMOND

S'il vous plaît, monseigneur, il n'y en a pas.

Il cache une lettre.

GLOUCESTER

Tiens, pourquoi cherchez-vous à dissimuler
Si anxieusement cette lettre ?

EDMOND

Je ne sais aucune nouvelle, monseigneur.

GLOUCESTER

Qu'est-ce donc, ce papier que vous lisiez ?

EDMOND

Rien, monseigneur.

GLOUCESTER

Rien ? Et pourquoi alors cette hâte effrayée à le fourrer
dans la poche ? Le rien n'a pas autant besoin de se cacher,
que je sache ! Laissez-moi voir. Allons, si ce n'est rien, je
n'aurai pas besoin de lunettes.

EDMOND

Je vous supplie, monsieur, pardonnez-moi. C'est une
lettre de mon frère que je n'ai pas encore tout à fait lue.
Mais, pour ce que j'en ai parcouru, je ne trouve pas qu'il
soit bon que vous en preniez connaissance.

GLOUCESTER

Donnez-moi cette lettre, monsieur.

EDMOND

Que je la garde ou que je la donne, je ferai mal. Le
contenu, pour autant que je le comprends, mérite blâme.

GLOUCESTER

Faites voir, faites voir !

EDMOND

J'espère, pour excuser mon frère, qu'il n'a écrit ceci que pour éprouver ma vertu.

GLOUCESTER, *lisant.*

« Cette politique de respect pour les vieilles gens fait qu'en notre saison la plus belle le monde nous est amer ; elle nous prive de nos biens jusqu'au jour où notre âge trop avancé ne pourra plus y trouver de goût. Je commence à penser que l'oppression tyrannique de la vieillesse est aussi absurde qu'imbécile. Notre résignation est sa seule force. Venez me voir, que je puisse vous dire plus. Si notre père voulait bien dormir jusqu'à ce que je l'éveille, vous jouiriez pour toujours de la moitié de son revenu, sans compter l'affection de votre frère. — Edgar. »
Quoi ! Un complot ? « Dormir jusqu'à ce que je l'éveille... Vous auriez la moitié de son revenu... ». Mon fils Edgar ! Est-ce possible qu'il ait eu une main pour écrire cela ? Un cœur et un cerveau pour le concevoir ? Quand avez-vous reçu ce message ? Qui vous l'a apporté ?

EDMOND

On ne me l'a pas apporté, monseigneur, c'est là qu'est toute la ruse. Je l'ai trouvé jeté dans ma chambre, par la fenêtre.

GLOUCESTER

Vous êtes sûr que c'est l'écriture de votre frère ?

EDMOND

Je le jurerais, monseigneur, si elle marquait une chose honnête ; mais, étant donné le message, je voudrais bien penser que ce ne l'est pas.

GLOUCESTER

C'est bien son écriture.

EDMOND

C'est sa main, monseigneur; mais pas son cœur, je l'espère.

GLOUCESTER

Vous a-t-il jamais fait des ouvertures, sur ce sujet?

EDMOND

Jamais, monseigneur. Quoique souvent je l'aie entendu soutenir qu'il serait séant, quand les fils sont dans la fleur de leur âge et les pères sur leur déclin, que le père devienne comme le pupille du fils, qui disposerait de son revenu.

GLOUCESTER

Oh, le gredin, le gredin! Exactement ce qu'il dit dans cette lettre! Détestable gredin, dénaturé, haïssable, bestial! Oh, pire que bestial! Va le chercher, mon ami, que je le fasse arrêter. L'abominable gredin! Où peut-il être?

EDMOND

Je ne le sais pas trop, monseigneur. Mais si vous vouliez bien contenir votre colère jusqu'à ce que vous ayez pu tirer de lui sur ses intentions quelque indication plus probante, ce serait bien procéder; tandis qu'en agissant avec brutalité contre lui, vous feriez à votre honneur même une vaste brèche, et mettriez en lambeaux ce que son cœur a encore d'obéissance. Je gagerais ma vie, monseigneur, qu'il ne m'a écrit cette lettre que pour éprouver l'affection que je vous porte, et sans autre projet qu'il faille craindre.

GLOUCESTER

C'est là votre pensée?

EDMOND

Si Votre Seigneurie le juge à propos, je vous placerai en un lieu où vous pourrez nous entendre parler de cette missive, et ce seront alors vos oreilles qui apaiseront votre esprit ; oui, et cela, pas plus tard que ce soir même.

GLOUCESTER

Il ne peut être un tel monstre...

EDMOND

Et il ne l'est pas, soyez sûr.

GLOUCESTER

... Envers son père, qui l'aime si tendrement, d'un cœur si entier ! Cieux et terre ! Edmond, sonde-le, gagne sa confiance, fais cela pour moi, je te prie. Et arrange tout comme tu l'entends. Je renoncerais à mes biens pour acquérir une certitude !

EDMOND

Monsieur, je vais tout de suite le sonder ; je mènerai la chose avec les moyens qui s'offriront, et je vous tiendrai au courant.

GLOUCESTER

Ces récentes éclipses du soleil et de la lune ne présagent rien de fameux. La science de la nature a beau les expliquer comme ceci ou comme cela, la nature elle-même n'en est pas moins affligée par leurs conséquences. L'amour tiédit, les amitiés se disloquent, les frères se brouillent. Il y a des émeutes dans les villes, la discorde est dans le pays, la trahison au palais et, entre le père et le fils, les liens naturels se rompent. Ce gredin que j'ai engendré vient confirmer le présage : c'est le fils qui se dresse contre le père ; le roi s'écarte des inclinations instinctives : et c'est le père contre l'enfant. Nous avons vu nos belles années. Machinations, perfidies, trahisons, tous les désordres dévastateurs vont sans répit maintenant

nous suivre jusqu'au tombeau. Démasque-le, ce gredin,
Edmond ; tu n'y perdras pas. Fais-le avec précautions...
Et le noble et fidèle Kent, banni ! Son crime ? L'honnê-
teté ! C'est étrange.

Il sort.

EDMOND

Voilà bien la folie suprême de l'univers : quand notre sort
se révèle mauvais, et souvent par le triste effet de notre
propre conduite, nous rendons coupables de nos désastres
le soleil, la lune, les étoiles — comme si nous étions
coquins par fatalité, bêtes par contrainte céleste, chena-
pans, voleurs et perfides de par un signe qui nous
gouverne, ivrognes, menteurs et adultères par docilité
obligée à l'ascendant de quelque planète et, en un mot,
jamais portés au mal que si un dieu nous y mène. Quel
admirable alibi, pour ce maître ruffian qu'est l'homme,
d'aller mettre son tempérament de bouc à la charge d'une
étoile. Mon père copula avec ma mère dessous la Queue
du Dragon, et ma naissance se place sous la Grande
Ourse, d'où il suit que je suis paillard et ours mal léché.
Mais, par le pied du Christ ! j'aurais été ce que je suis si la
plus virginale étoile du firmament avait scintillé au-dessus
de ma conception de bâtard... Oh, Edgar !

Entre Edgar.

Fort à propos ! Le voici qui arrive comme le dénouement
de l'ancienne comédie. Mon rôle, que ce soit la noire
mélancolie, avec des soupirs comme ceux de Tom, le fou
de Bedlam. — Oh oui, ces éclipses présagent bien ces
discordes ! Fa, sol, la, mi !

EDGAR

Eh bien, mon frère Edmond ? Dans quelle grave méditation êtes-vous plongé ?

EDMOND

Je pensais, mon frère, à une prédiction que j'ai lue l'autre
jour, sur ce qui suivrait ces éclipses.

EDGAR

Vous vous occupez de ces choses ?

EDMOND

Je vous assure que, par malheur, les effets que l'on annonçait se réalisent : rapports dénaturés entre parents et enfants, mort, famine, rupture entre vieux amis, divisions dans l'État, menaces et malédictions proférées contre le roi et les nobles, méfiances sans objet, bannissement d'amis, cohortes qui se débandent, difficultés entre époux, et je ne sais quoi encore.

EDGAR

Depuis quand êtes-vous un dévot de l'astrologie ?

EDMOND

Quand avez-vous vu notre père, pour la dernière fois ?

EDGAR

Hier soir.

EDMOND

Avez-vous parlé avec lui ?

EDGAR

Mais oui, deux heures durant.

EDMOND

Vous êtes-vous quittés en bons termes ? N'avez-vous pas remarqué quelque mécontentement dans ses propos ou sa contenance ?

EDGAR

Non, pas le moindre.

EDMOND

Cherchez en vous pourquoi vous auriez pu l'offenser ; et, je vous en supplie, fuyez sa présence jusqu'à ce qu'un peu de temps ait atténué l'ardeur de son mécontentement. Car, pour l'instant, celui-ci bouillonne si fort que des violences sur vous ne pourraient pas même l'apaiser.

EDGAR

Quelque scélérat m'aura fait ce tort.

EDMOND

C'est bien ce que je crains. Je vous en prie, restez sur vos gardes jusqu'à ce que l'emportement de sa colère décroisse. Et, si vous m'en croyez, retirez-vous avec moi dans mon logement, d'où je vous mènerai au moment voulu écouter parler Monseigneur. Je vous en prie, allez-y ; voici ma clef. Et si vous sortez, que ce soit armé.

EDGAR

Armé, mon frère ?

EDMOND

Mon frère, je vous conseille pour le mieux. Je ne serais pas un honnête homme si je vous disais qu'on vous veut du bien. Je vous ai rapporté ce que j'ai vu et entendu, mais faiblement, rien qui en dise toute l'horreur. Partez, je vous en supplie !

EDGAR

Aurai-je bientôt de vos nouvelles ?

EDMOND

Je serai tout à votre service.

Edgar sort.

Un père si crédule ! Et un frère plein de noblesse
Dont la nature incline si peu au mal
Qu'il n'en soupçonne d'aucune part ; sur cette honnêteté imbécile
Mes intrigues auront beau jeu ! Je vois l'affaire.
Faute de les avoir par droit de naissance,

J'aurai les terres par ruse. Et tout moyen
Me sera bon, s'il peut servir à mes desseins.

Il sort.

Scène III

Une salle au palais du duc d'Albany.

Entrent GONERIL *et* OSWALD, *son intendant.*

GONERIL

Est-ce vrai que mon père a frappé mon écuyer, parce qu'il
aurait rabroué son fou?

OSWALD

Eh oui, madame.

GONERIL

Que d'ennuis je lui dois! De jour, de nuit! A chaque
    heure,
C'est tel ou tel accès d'insolence grossière
Qui nous divisent tous. Je ne puis l'endurer.
Ses chevaliers se font turbulents; quant à lui,
Il nous accable de ses reproches
A la moindre vétille. A son retour de la chasse,
Je ne le verrai pas. Dites-lui que je suis malade.
Si vous vous relâchez dans votre service,
Vous ferez bien. Je prends sur moi la faute.

On entend le son du cor.

OSWALD

Le voici qui revient, madame; je l'entends.

GONERIL

Toi et tes compagnons, affichez ce qu'il vous plaira

De négligence excédée. Je voudrais qu'il en sorte une
  querelle
Et, s'il est mécontent, qu'il aille auprès de ma sœur
Dont la pensée sur ce point ne diffère pas de la mienne :
Ne pas se laisser faire ! Un vieillard désœuvré,
Et qui voudrait toujours user des pouvoirs
Qu'il a abandonnés ! Ah, sur ma vie,
Ces vieux fous, à nouveau, sont comme des mioches
Qu'il faut traiter au fouet, lorsque les caresses
Ne servent plus de rien. Retiens ce que j'ai dit.

OSWALD

Parfaitement, madame.

GONERIL

Et que ses chevaliers
Trouvent auprès de vous un accueil plus froid. Peu
  importe
Ce qu'il en sortira ! Préviens tes compagnons.
Je voudrais en tirer prétexte (et j'y parviendrai)
Pour lui dire ses vérités. Et je vais écrire
Sans tarder, à ma sœur, de se comporter comme moi !
Fais servir le dîner.

Ils sortent.

Scène IV

Une salle du même palais.

« *Entre* KENT », *déguisé.*

KENT

Si seulement, pour déguiser ma voix,
Je sais prendre aussi bien l'accent de quelqu'un d'autre,

Je pourrai l'accomplir, ce dessein honnête
Pour lequel j'ai démantelé mon apparence.
Oui, Kent, Kent le banni,
Si, au lieu même où tu es condamné,
Tu peux servir ce maître que tu vénères,
Il se peut qu'il te sache gré de tant de peines un jour.

Sonnerie de cors. Entre Lear, qui revient de la
chasse, avec des chevaliers et des serviteurs.

LEAR

Le dîner ! Je ne veux pas attendre,
Pas un instant. Allez le préparer.

Sort un serviteur.

Eh bien, toi ? Qui est-tu ?

KENT

Un homme, monsieur.

LEAR

Quelle est ta profession ? Que nous veux-tu ?

KENT

Je fais profession de ne pas être moins que je ne parais, de
servir loyalement celui qui me donne sa confiance,
d'aimer qui est honnête, de parler avec qui est sage et en
dit peu, de craindre le jugement de Dieu, de me battre
quand je n'ai pas d'autre choix, et de ne pas faire maigre.

LEAR

Qui es-tu ?

KENT

Un qui est honnête dans l'âme, et pauvre autant que le
roi.

LEAR

Si tu es aussi pauvre comme sujet qu'il l'est comme roi, tu
n'es pas bien riche. Que veux-tu ?

KENT

Servir.

LEAR

Qui veux-tu servir ?

KENT

Vous.

LEAR

Me connais-tu, mon ami ?

KENT

Non, monsieur. Mais il y a dans votre aspect quelque chose que je dirais volontiers l'air du maître.

LEAR

C'est-à-dire ?

KENT

La majesté.

LEAR

Quels services pourrais-tu rendre ?

KENT

Je puis garder d'honnêtes secrets, aller à cheval, courir, gâter une belle histoire en la racontant, et dire la vérité en face ; ce que les hommes ordinaires sont capables de faire, j'y excelle ; et ce que j'ai de mieux, c'est le zèle.

LEAR

Quel âge as-tu ?

KENT

Je ne suis plus assez jeune, monsieur, pour m'éprendre d'une femme qui chante bien, mais pas assez vieux pour en être fou à propos de quelque autre chose... Je porte sur mon dos quarante-huit années.

LEAR

Suis-moi. Tu vas me servir. Si après le dîner tu ne me plais pas moins qu'à cette heure, je te garderai encore un moment. Oh, mais, le dîner ! le dîner ! Où est mon valet, mon fou ? Allez me chercher mon fou.

Sort un serviteur.
Entre Oswald.

Ah, vous voilà, maraud ! Où est donc ma fille ?

OSWALD, *passant.*

Permettez...

Il sort.

LEAR

Que dit-il, le coquin ? Rappelez-moi ce cloporte ! (*Sort un chevalier.*) Où est mon fou ? Holà ! Tout le monde dort, il me semble. (*Revient le chevalier.*) Eh bien, où est-il passé, le bâtard ?

LE CHEVALIER

Il dit, monseigneur, que votre fille ne va pas bien.

LEAR

Pourquoi cet esclave ne revient-il pas quand je l'appelle ?

LE CHEVALIER

Sire, il m'a dit carrément qu'il ne voulait pas.

LEAR

Qu'il ne voulait pas ?

LE CHEVALIER

Monseigneur, je ne sais pas de quoi il s'agit ; mais, à mon avis, Votre Majesté n'est plus traitée avec cette affection déférente à quoi vous étiez accoutumé. Les égards envers vous ont bien diminué, et cela se voit tout autant dans l'attitude des domestiques que chez le duc lui-même et chez votre fille.

LEAR

Ah ? C'est là ta pensée ?

LE CHEVALIER

Je vous prie de me pardonner, monseigneur, si je me trompe ; mais mon dévouement ne peut pas rester silencieux quand je crois qu'on nuit à Votre Grandeur.

LEAR

Tu ne fais que me confirmer dans mon sentiment. J'ai remarqué un peu — oh, très peu — de négligence ces derniers temps ; et plutôt que d'y voir un propos délibéré, et le désir de m'être désagréable, j'en accusais mon exigence trop soupçonneuse. Je vais y regarder de plus près. Mais où est donc mon fou ? Je ne l'ai pas vu depuis deux jours.

LE CHEVALIER

Depuis que ma jeune maîtresse est partie en France, monseigneur, le fou a bien dépéri.

LEAR

N'en parlez plus ! Je l'ai bien remarqué. Vous, allez dire à ma fille que je voudrais lui parler. *(Sort un serviteur.)* Et vous, allez me chercher mon fou.

Sort un autre serviteur.
Rentre Oswald.

Ah, vous voilà, monsieur ! Venez çà, monsieur. Dites-moi qui je suis.

OSWALD

Le père de Madame.

LEAR

« Le père de Madame ! » Et toi, le laquais d'un joli monsieur, non ? Chien fils de pute, esclave, sale roquet !

OSWALD

Je ne suis rien de cela, monsieur, veuillez m'excuser.

LEAR

Tu oses soutenir mon regard, chenapan ?

Il le frappe.

OSWALD

Je ne permettrai pas qu'on me frappe, monseigneur.

KENT

Ni qu'on te mette à ta place, sale joueur de ballon ?

Il l'envoie à terre.

LEAR

Je te remercie, mon ami. Tu me sers bien, et je t'aimerai.

KENT

Allons, monsieur, debout et au diable ! Ah, je vous apprendrai à les garder, vos distances, allons, décampez ! Si vous voulez de nouveau mesurer au tapis votre longueur d'empoté, ne vous pressez pas. Sinon, ouste, fichez le camp. Avez-vous un grain de bon sens ?... Parfait.

Oswald sort.

LEAR

Vrai, mon bon serviteur, je te remercie. Voici des arrhes sur ton salaire.

Il lui donne de l'argent.
Entre le fou.

LE FOU

Laissez-moi l'engager aussi. Voici mon bonnet !

Il offre à Kent son bonnet.

LEAR

Eh bien, mon gentil page, comment vas-tu ?

LE FOU

Maraud, tu ferais mieux de le prendre, mon bonnet.

KENT

Pourquoi, fou ?

LE FOU

Pourquoi ? Parce que tu prends le parti de celui qui est en
disgrâce. Ouais, si tu ne sais pas prendre le vent, tu vas
bientôt prendre froid. Donc, prends-le, mon bonnet.
Imagine, ce gaillard-là a banni deux de ses filles et, contre
son gré, a fait le bonheur de la troisième. Si tu veux le
suivre, il te faut absolument mon bonnet. Eh bien,
m'n'oncle ? Que n'ai-je deux bonnets de fou et deux filles !

LEAR

Pourquoi, mon garçon ?

LE FOU

Si je leur donnais tout mon bien, il me resterait mes
bonnets. Celui-ci est à moi. Demandes-en un autre à tes
filles.

LEAR

Maraud, prends garde au fouet !

LE FOU

A la niche, la vérité ! On la chasse à coups de fouet, tandis
que la levrette de Madame a le droit de puer au coin du
feu.

LEAR

Quel cuisant camouflet, ç'a été pour moi !

LE FOU

Maraud, je vais t'apprendre un discours.

LEAR

Vas-y.

LE FOU

Prends bonne note, m'n'oncle.
        N'avoue pas tout ce que tu as,
        Ne dis pas tout ce que tu sais,
        Prête moins que tu ne possèdes,
        Va à cheval plus qu'à pied,
        Vérifie avant d'être dupe,
        Risque moins que tu ne le peux,
        Oublie le vin et les putes,
        Reste sage au coin de ton feu
        Et tu auras plus, mon vieux,
        De deux reines dans ton jeu.

KENT

Fou, tout cela, c'est du vent !

LE FOU

Ouais, du vent d'avocat d'office ; il aurait fallu me payer.
M'n' oncle, êtes-vous capable de faire de rien quelque
chose ?

LEAR

Diable, non, mon garçon ! De rien on ne peut rien faire.

LE FOU, *à Kent*.

Veux-tu bien lui dire, je t'en prie, que c'est à cela que
s'élève le revenu de ses terres ? Il ne voudrait pas l'en
croire, son fou.

LEAR

Quel fou acerbe !

LE FOU

Sais-tu la différence, mon enfant, entre un fou acerbe et
un fou... doux ?

LEAR

Non, mon garçon. Apprends-moi cela.

LE FOU

Le baron qui te conseilla
D'abandonner ton royaume,
Viens le mettre à côté de moi,
Tu peux en tenir le rôle.
Fou acerbe et folie douce,
Maintenant vous les voyez,
L'un ici, en robe rousse,
Et l'autre là, détroussée !

LEAR

Tu me traites de fou, mon fils ?

LE FOU

Tu as abandonné tous tes autres titres. Mais celui-là, tu es
né avec.

KENT

Ce n'est pas la seule folie qui vous parle là, monseigneur.

LE FOU

La seule folie ? Oh que non, par le Ciel, les seigneurs et les
grands messieurs ne me la laisseraient pas. Si j'en avais
obtenu le monopole, ils voudraient tous en avoir leur
part ; et les dames aussi, elles ne voudraient pas me la
laisser toute, la folie ; elles y viendraient de toutes leurs
griffes. M'n' oncle, donne-moi un œuf, et je te donnerai
deux couronnes.

LEAR

Que seront-elles, ces deux couronnes ?

LE FOU

Eh bien, quand j'aurai coupé l'œuf en deux et mangé le jaune, il te restera deux couronnes. Quand tu fendis la tienne par le milieu et en distribuas les deux parts, tu pris ton âne sur le dos pour lui éviter d'aller dans la boue. Il y avait peu d'esprit sous ta couronne de chauve quand tu as donné ta couronne d'or. Si dans ce que je te dis là, c'est le fou qui parle, qu'on donne le fouet au premier qui va venir le prétendre.

Chantant.

Jamais les fous n'ont eu moins de chance,
Car les sages sont fous à lier
Aujourd'hui, et ils se torturent
Les méninges… pour les singer.

LEAR

Maraud ! Depuis quand débordes-tu de chansons ?

LE FOU

C'est une habitude, m'n'oncle, depuis ce jour où tu fis tes mères de tes filles. Car lorsque tu leur as distribué les verges, lorsque tu as baissé ta culotte…

Elles ont pleuré de joie
Et moi de chagrin chanté.
Un tel roi, perdre au jeu de l'oie,
Et chez les fous s'enrôler !

Je t'en prie, m'n'oncle, embauche un maître d'école qui puisse enseigner à ton fou comment mentir. Je voudrais apprendre à mentir.

LEAR

Si tu mens, vaurien, nous te ferons fouetter.

LE FOU

Je me demande bien en quoi tu peux leur ressembler, à tes

filles. Elles veulent que j'aie le fouet quand je dis la vérité,
et toi tu veux qu'on me fouette lorsque je mens. Et il
m'arrive d'être battu pour ne rien dire. Ah, je préférerais
être n'importe quoi d'autre qu'un fou. Et pourtant,
m'n'oncle, je ne voudrais pas être dans ta peau. Tu as pelé
ton esprit des deux côtés, et rien laissé au milieu... Voici
l'une des deux pelures.

Entre Goneril.

LEAR

Eh bien, ma fille ? D'où vous vient ce pli sur le front ?
Vous êtes bien renfrognée, ces derniers temps ?

LE FOU

Tu étais bien joli garçon quand tu n'avais pas à t'en faire
pour un petit pli de son front. Maintenant tu n'es qu'un
zéro sans rien devant. Je suis plus que toi aujourd'hui, je
suis un fou, tu n'es rien. *(A Goneril.)* Oui, juré, je vais
retenir ma langue. Votre figure me l'ordonne, bien que
vous n'ayez pipé mot.

    Chut ! Chut ! Chut !
    Qui ne garde croûte ni mie,
    Sera plus vite sans but
    Que sans nostalgie !
Voyez la cosse de pois, décortiquée !

GONERIL

Non seulement, monsieur, ce fou qui a tous les droits
Mais, dans votre insolente suite, combien d'autres
Critiquent et querellent, semant sans fin,
Vulgaires, insupportables, la zizanie !
J'avais pensé, en vous en parlant clair,
Trouver la voie d'une sûre réforme.
Mais je commence à craindre, devant ce que vous-même
N'avez que bien trop tard édicté ou fait,
Que vous ne protégiez cet état de choses,
Et ne l'encouragiez en l'autorisant. Auquel cas,
Ces fautes qui seraient censurées, les sanctions

Qui, pour le bien de tous, ne tarderaient pas,
Oui, tout cela pourrait, en suivant son cours,
Vous valoir des affronts certes fort regrettables
En d'autres circonstances ; mais qu'aujourd'hui
Il faudrait bien qu'on tienne pour raisonnables.

LE FOU

Car, vous savez, m'n'oncle,
     Si longtemps le moineau a nourri le coucou,
     Que les petits coucous lui ont mangé la tête.
Et c'est ainsi que s'éteignit la chandelle, et qu'on est resté
dans le noir.

LEAR

Êtes-vous notre fille ?

GONERIL

Je voudrais que vous rappeliez cette excellente sagesse
Dont je vous sais pourvu, et abandonniez
Ces humeurs qui vous ont tous ces derniers temps
Si éloigné de vous-même !

LE FOU

Est-ce que même un âne ne verrait pas quand c'est la
charrette qui tire le cheval ! Hue donc, Cocotte ! Ah, que
je t'aime !

LEAR

Quelqu'un ici me reconnaît-il ? Ce n'est pas Lear !
Est-ce qu'il marche ainsi, parle ainsi ? Où a-t-il ses yeux ?
Sa raison s'affaiblit, son discernement
Se paralyse peut-être... Ah, je m'éveille, non ?
Qui peut me dire qui je suis ?

LE FOU

Tu es l'ombre de Lear.

LEAR

Je voudrais étudier cela. Car, à tous les signes
Du pouvoir, du savoir et de la raison,
Je pourrais croire à tort que j'ai eu des filles.

LE FOU

Oui, qui feront de toi un père docile.

LEAR

Votre nom, belle dame?

GONERIL

Cet émerveillement, sire, est du même goût
Que vos autres frasques récentes. Je vous en prie,
Veuillez comprendre mes intentions correctement.
Agé comme vous l'êtes, et vénérable, vous devriez être
  sage.
Or, vous gardez ici cent chevaliers
Qui sont si turbulents, débauchés, téméraires,
Que voici notre cour, infectée par leurs mœurs,
Comme une auberge en désordre. Épicurisme, luxure
En font une taverne ou un bordel
Plus qu'un digne palais! Cette honte réclame
Un remède immédiat. Veuillez donc m'écouter,
Car sinon je prendrai ce que je demande,
Et réduisez quelque peu votre suite,
Oui, de façon que ceux qui demeureront avec vous
Soient des hommes en harmonie avec votre âge,
Et sachant qui ils sont — et qui vous êtes.

LEAR

Ténèbres et démons!
Qu'on scelle mes chevaux! Rassemblez ma suite!
Bâtarde dégénérée, je ne te gênerai plus,
Il me reste une fille.

GONERIL

Vous molestez mes gens! Votre turbulente racaille

Se fait servir par de meilleurs qu'elle !

Entre Albany.

LEAR

Malheur à qui se repent trop tard ! Ah, monsieur, vous
   voici ?
Est-ce là votre volonté ? Parlez donc, monsieur... Mes
   chevaux !
Ingratitude, démone au cœur de marbre,
Tu es plus laide que tous les monstres de la mer
Quand tu te manifestes dans un enfant !

ALBANY

S'il vous plaît, monsieur, calmez-vous.

LEAR, *à Goneril.*

Abominable vautour, tu mens ! Mes compagnons
Sont des hommes choisis, du plus rare mérite,
Qui connaissent fort bien tous leurs devoirs
Et scrupuleusement savent se prêter
A ce que veut leur gloire... Ô faute infime,
Comme tu me parus affreuse en Cordélia,
Quand tu fus le levier qui arracha
De leur place fixée les dispositifs de mon cœur,
Y abattant l'amour, y ajoutant
Au fiel du fiel encore ! Ô Lear, Lear, Lear !
Brise-la, cette porte, qui laissa entrer ta folie

Il se frappe le cœur.

Et s'enfuir ton cher jugement... Partez, mes gens, partez
   vite !

Les chevaliers et Kent sortent.

ALBANY

Monseigneur, je n'y suis pour rien, et j'ignore même
Ce qui vous a ému.

LEAR

Il se peut, monseigneur... Ô déesse que j'aime,

Nature, écoute-moi, écoute-moi !
Ton projet, abandonne-le, si tu voulais rendre
Cette créature féconde ! Porte en son sein
La stérilité. Ses organes d'engendrement,
Dessèche-les, et fais que de son corps
Qui va se rabougrir, jamais rien ne naisse
Pour l'honorer. Ou s'il faut qu'elle enfante,
Fais-lui un fils de fiel, qui n'aura de vie
Que pour la tourmenter d'embûches perverses !
Qu'il imprime des rides sur ce front jeune,
Qu'il creuse sur ces joues des sillons de larmes,
Qu'il fasse des fatigues de sa mère
Matière de mépris, de rire… — et qu'elle sente
Combien c'est plus aigu, un enfant ingrat,
Que la dent du serpent ! Ah, que je parte
Loin d'ici, loin d'ici !

Il sort.

ALBANY

Par les dieux que nous révérons, que s'est-il passé ?

GONERIL

Ne prenez pas la peine d'en savoir plus,
Et laissez ses esprits se donner le champ
Que son gâtisme leur ouvre.

Lear revient.

LEAR

Quoi, cinquante des miens repris d'un seul coup ?
En moins de quinze jours ?

ALBANY

Monsieur, de quoi s'agit-il ?

LEAR

Je vais te dire… *(A Goneril.)* Vie et mort ! Que je suis
honteux

Que tu aies ce pouvoir d'ébranler ainsi mon cœur
    d'homme,
Et de voir que ces larmes, qui jaillissent contre mon gré,
Te rendent digne d'elles ! Tempêtes, brouillards nocifs,
Flagellez-la ! Que les incurables blessures
De la malédiction d'un père te déchirent
En chacun de tes sens ! Vieux tendres yeux,
Si pour ce motif-là vous pleurez encore,
Je vous arrache et vous jette, avec l'eau que vous répandez,
Pour attendrir la terre ! En sommes-nous donc là ?
Soit ! J'ai une autre fille qui, j'en suis sûr,
Est bonne et me consolera. Qui, apprenant
Ce que tu fis, viendra avec ses ongles
Écorcher ta face de louve. — Et tu verras
Que je retrouverai cette majesté
Que selon toi j'ai perdue pour toujours.

Il sort.

GONERIL

Avez-vous entendu ?

ALBANY

Je ne puis, Goneril, être aussi partial,
Malgré le grand amour que je vous porte...

GONERIL

Oh, bon ça va, ça va. Holà, Oswald !
(*Au fou.*) Vous, monsieur, plus coquin que fou, suivez
    votre maître.

LE FOU

M'n' oncle Lear, m'n' oncle Lear, attends-moi ! Emmène
ta folie !

    Que je t'attrape, renarde,
    Et toi, bâtarde que v'là,
    Et je vous promets un' danse !
    Si je peux troquer, oh la la,

Mon bonnet contre une potence...
Bon, bon, bon, le fou s'en va.

Il sort.

GONERIL

Cet homme avait été bien conseillé !
Cent chevaliers ! Ah, belle politique et bonne prudence
De lui laisser cent chevaliers en armes !
Pour qu'à la moindre de ses lubies, à la première rumeur,
A chacun de ses rêves, de ses griefs,
Il puisse de leur force armer son délire
Et tenir nos vies à merci !... Oswald, je vous appelle !

ALBANY

Oui ? Vous avez peut-être trop de craintes.

GONERIL

C'est plus sûr que d'avoir trop de confiance !
Laissez-moi couper court aux maux que je crains
Pour ne pas redouter d'en être victime... Je sais son cœur,
    maintenant.
J'ai écrit à ma sœur ce qu'il nous a dit.
Si elle l'entretient, avec ses cent hommes,
Quand elle aura appris quelle inconvenance...

Entre Oswald.

Eh bien, Oswald ?
Avez-vous préparé la lettre pour ma sœur ?

OSWALD

Oui, Madame.

GONERIL

Donnez-vous une escorte, et vite, à cheval !
Dites-lui tout des craintes qui m'assaillent
Et ajoutez tout ce qu'il vous plaira.
De raisons, pour leur donner corps. *(Oswald sort.)* Non,
    monseigneur.

Cette douceur d'agneau qui est dans vos actes,
Je ne la blâme point, mais — veuillez m'excusez —
On nous en veut bien plus d'une imprévoyance
Qu'on ne nous saura gré de bontés funestes.

ALBANY

L'acuité de vos vues, je n'en puis rien dire.
Mais à chercher le mieux, on va souvent au pire.

GONERIL

Voulez-vous donc...

ALBANY

Soit, soit ! On verra bien...

Ils sortent.

Scène V

Une cour devant le palais.

Entrent LEAR, KENT *et* LE FOU.

LEAR

Précède-nous, porte à Cornouailles cette lettre. N'apprends rien de plus à ma fille, sur quoi que ce soit que tu saches, qu'elle n'en voudra savoir après l'avoir lue. Si ton zèle n'est pas très prompt, je serai rendu avant toi.

KENT

Je ne dormirai pas, monseigneur, avant d'avoir remis votre lettre.

Il sort.

LE FOU

Si le cerveau d'un homme était dans ses talons, n'aurait-il pas à craindre les engelures ?

LEAR

Oui, mon petit.

LE FOU

Alors, réjouis-toi, je t'en prie. Ton esprit n'ira jamais en pantoufles.

LEAR

Ha, ha, ha !

LE FOU

Tu vas voir comme ton autre fille sera courtoise avec toi ! Car, bien qu'elle ressemble à celle-ci comme la pomme à vache à la petite pomme d'api, je sais ce que je sais, moi !

LEAR

Qu'est-ce que tu sais, mon petit ?

LE FOU

Que tu vas lui trouver le même goût qu'à ladite pomme d'api. Pourrais-tu dire pourquoi on a le nez au milieu de la figure ?

LEAR

Non.

LE FOU

Eh bien, c'est pour qu'on ait un œil de chaque côté ; et alors, ce qu'on n'a pas su flairer, on peut le tenir à l'œil.

LEAR

Je lui ai fait injure.

LE FOU

Peux-tu me dire comment l'huître produit son écaille ?

LEAR

Non.

LE FOU

Moi non plus ; mais je peux te dire pourquoi l'escargot a une maison.

LEAR

Pourquoi ?

LE FOU

Eh bien, pour y renfourner sa tête ; et ne pas l'abandonner à ses filles ; et ne pas laisser ses cornes sans un fourreau.

LEAR

J'en oublierai ma nature. Un père comme moi, si généreux... Mes chevaux sont prêts ?

LE FOU

Tes ânes s'en occupent. La raison pour laquelle les sept étoiles ne sont que sept est bien jolie.

LEAR

C'est qu'elles ne sont pas huit.

LE FOU

Ma foi, oui. Tu ferais un excellent fou.

LEAR

Me les reprendre de force ! Quel monstre d'ingratitude !

LE FOU

Si tu étais mon fou, m'n' oncle, comme je te ferais fouetter pour être vieux avant l'âge.

LEAR

Que veux-tu dire par là ?

LE FOU

Tu n'aurais pas dû être vieux avant d'être sage.

LEAR

Ô cieux cléments ! Ne me laissez pas
Devenir fou, devenir fou ! Sauvez ma raison !
Je ne veux pas être fou !

Entre un gentilhomme.

Alors ? Mes chevaux sont prêts ?

LE GENTILHOMME

Ils le sont, monseigneur.

LEAR

Viens, petit.

LE FOU

La sotte qui rit de mes sorties
Va perdre son pucelage
Avant l'âge,
Si les instruments n'ont pas raccourci !

Ils sortent.

ACTE II

Scène première

Devant le château du comte de Gloucester.

Entrent EDMOND *et* CURAN, *chacun venant de son côté.*

EDMOND

Dieu te garde, Curan.

CURAN

Et vous aussi, monseigneur. J'ai rencontré votre père et l'ai informé que le duc de Cornouailles et la duchesse Régane seront ses hôtes ce soir.

EDMOND

Ah, pourquoi viennent-ils ?

CURAN

Diable, je n'en sais rien. Vous avez entendu les nouvelles du dehors, je veux dire celles que l'on chuchote, car ça ne va encore que de la bouche à l'oreille ?

EDMOND

Moi ? non. Je vous en prie, que dit-on ?

CURAN

N'avez-vous pas entendu parler de guerres probables
entre les ducs de Cornouailles et d'Albany ?

EDMOND

Pas une seule fois.

CURAN

Eh bien, cela viendra à son heure.
Au revoir, monsieur.

Il sort.

EDMOND

Le duc, ici, ce soir ? C'est d'autant mieux ! C'est parfait !
Cela se noue de soi-même à la trame que j'ai ourdie.
Mon père a posté des gens pour qu'ils arrêtent mon frère,
Et il me reste une chose, très délicate,
A réussir à tout prix. Promptitude et chance, au travail !
Mon frère, un mot ! Descendez !... Je vous appelle, mon
   frère.

Entre Edgar.

Mon père vous épie, monsieur. Oh, fuyez vite !
Il a appris où vous étiez caché.
Mais vous avez la faveur des ténèbres...
N'auriez-vous pas médit du duc de Cornouailles ?
Il vient ici, de nuit, en toute hâte,
Et Régane avec lui. N'auriez-vous pas parlé
De sa querelle avec le duc d'Albany ?
Réfléchissez...

EDGAR

Rien dit, j'en suis bien sûr.

EDMOND

J'entends mon père qui vient... Pardonnez-moi,
Mais je dois contre vous tirer l'épée — par ruse,
Tirez la vôtre, ayez l'air de vous défendre. Battez-vous
   bien...

Rendez-vous ! Comparaissez devant mon père ! Holà, ho,
De la lumière, ici !... Fuyez, mon frère !... Des torches !
Des torches ! *(Edgar s'enfuit.)* Bien, adieu !... Un peu de
    sang
Qui coulerait de moi donnerait l'idée
D'un assaut plus farouche... *(Il se blesse au bras.)* Et j'ai
    vu des ivrognes
En faire plus par jeu... Père, mon père !...
Mais arrêtez-le donc ! Ne va-t-on pas m'aider ?

          Entrent Gloucester et des serviteurs.

GLOUCESTER

Eh bien, Edmond, où est ce misérable ?

EDMOND

Il se tenait ici, dans le noir ! sa lame acérée en main,
Marmonnant des charmes sinistres ; il conjurait la lune
D'être sa dame et sa protectrice.

GLOUCESTER

Mais où est-il ?

EDMOND

Voyez comme je saigne, monseigneur...

GLOUCESTER

Où est ce misérable, Edmond ?

EDMOND

Il s'est enfui par là, quand il n'a pu,
Oh, d'aucune façon...

GLOUCESTER

Poursuivez-le ! Courez vite !... Il ne put quoi,
Disais-tu, d'aucune façon ?

EDMOND

Me persuader de tuer Votre Altesse,

A quoi je rétorquai que les dieux vengeurs
Lancent toutes leurs foudres contre les parricides,
Je lui disais les liens, si nombreux et forts,
Qui unissent l'enfant au père... En fin de compte, monsieur,
Mesurant quel dégoût me faisait maudire
Ses monstrueux desseins, dans un bond féroce
Et d'un glaive apprêté, il m'assaille, moi
Qu'il prend au dépourvu, il me touche au bras,
Puis, quand il voit mes esprits rassemblés,
Et forts de leur bon droit, lui tenir tête
(A moins qu'il n'ait pris peur du bruit que je faisais),
Tout soudain il s'enfuit.

GLOUCESTER

Aussi loin qu'il pourra !
Ce n'est pas sur mon fief qu'il restera libre
Et, capturé, qu'il meure ! Le noble duc, mon maître,
Mon digne souverain, vient ici ce soir.
Sous son autorité je fais proclamer
Que celui qui le trouvera, nous lui saurons gré
S'il le mène au poteau, cet assassin ! ce lâche !
Et qui le cacherait mourra avec lui.

EDMOND

Quand j'ai voulu le détourner de son projet,
Et l'ai trouvé si résolu, je l'ai menacé,
Avec des mots furieux, de le démasquer,
Mais lui de répliquer : Bâtard sans fief, crois-tu,
Si je portais contre toi témoignage,
Que ton crédit, ta valeur, ton mérite,
Te vaudraient d'être cru ? Non, ce que je nierais
— Et d'abord tout ceci, bien sûr, produirais-tu
Une lettre de moi —, j'en chargerais
Tes invites, tes suggestions, tes stratagèmes maudits,
Et il faudrait que tu fisses de l'univers une buse
Pour qu'on ne pense pas que ma mort te profite

Et que c'est là l'aiguillon le plus vif,
Le plus pressant, pour que tu la recherches !

GLOUCESTER

Dénaturé ! Endurci dans le crime !
Il nierait la lettre, dit-il ? Je ne l'ai jamais engendré !

Fanfares.

Écoutez ! Les trompettes ducales. Je ne sais pas
La raison de cette visite... Ah, je vais faire
Surveiller tous les ports. Le scélérat
Ne s'échappera pas. Il faut
Que le duc m'accorde cela... Son signalement,
Je l'enverrai en outre de toute part
Pour que tout le royaume l'ait en mémoire ; quant à mon
    fief,
Loyal enfant, voix de mon sang, je vais faire en sorte
Que tu puisses en hériter.

Entrent Cornouailles, Régane et leur suite.

CORNOUAILLES

Eh bien, mon noble ami ? Depuis mon arrivée,
Il n'y a vraiment qu'un instant,
Il m'a été donné d'étranges nouvelles.

RÉGANE

Si on dit vrai, il n'est pas de vengeance,
Qui s'égale à ce crime ! Comment allez-vous, mon-
    seigneur ?

GLOUCESTER

Oh, madame, mon vieux cœur est brisé, brisé !

RÉGANE

Est-ce donc vrai ? Le filleul de mon père
En voulait à vos jours ? Lui, votre Edgar,
Celui auquel mon père a donné son nom ?

GLOUCESTER

Oh, madame, madame,
Ma honte voudrait bien ne pas l'avouer.

RÉGANE

N'était-il de la bande de débauchés
Qui font escorte à mon père ?

GLOUCESTER

Je n'en sais rien, madame. Oh, c'est trop dur,
C'est trop dur !

EDMOND

Oui, madame, il était de leur compagnie.

RÉGANE

Rien d'étonnant, alors, s'il a trahi la nature.
C'est eux qui l'ont poussé à assassiner le vieil homme
Pour prendre et gaspiller tout son revenu.
J'ai été, par ma sœur, et ce soir même,
Informée sur leur compte : et si fortement mise en garde
Qu'ils ne me trouveront pas
S'ils arrivent chez moi pour y séjourner.

CORNOUAILLES

Ni moi non plus je te l'assure, Régane.
Edmond, j'apprends que vous avez fait montre
D'un zèle tout filial.

EDMOND

Mon devoir, monseigneur.

GLOUCESTER

Oui, il m'a découvert les menées d'Edgar ;
Et, en voulant se saisir de lui,
Il a été blessé, comme vous voyez.

CORNOUAILLES

Le poursuit-on ?

GLOUCESTER

Oui, mon cher suzerain.

CORNOUAILLES

Qu'on l'arrête, et dès lors il n'est plus à craindre !
Menez à votre idée l'affaire. A votre gré
Et autant qu'il le faut, puisez dans ma puissance.
Et vous, Edmond, dont l'obéissante vertu
D'elle-même aujourd'hui se recommande si fort,
Vous allez être des nôtres. Car nous aurons
Grand besoin désormais de natures aussi loyales,
Et pour bien commencer, nous vous prenons avec nous.

EDMOND

Je vous servirai, sire,
En toute loyauté, quoi qu'il advienne.

GLOUCESTER

Je remercie Votre Grâce pour lui.

CORNOUAILLES

Vous ne savez pourquoi nous venons vous voir ?

RÉGANE

Ainsi, tellement tard, par le chas obscur de la nuit ?
Des affaires, noble Gloucester, de quelque poids,
Nous font avoir recours à vos conseils.
Notre père nous a écrit, et semblablement notre sœur,
De leurs dissentiments. Et je crois qu'il est nécessaire
Que nous leur répondions d'ailleurs que chez nous.
Leurs messagers là-bas attendent nos lettres.
Vieil ami, cher ami !
Reprenez cœur, car nous avons besoin
De votre avis, dans cette situation
Qui exige qu'on fasse vite.

GLOUCESTER

A vos ordres, madame !
Vos Grâces sont vraiment les bienvenues !

« *Fanfares.* » *Ils sortent.*

Scène II

Devant le château de Gloucester.

Entrent, chacun de son côté, KENT *et* OSWALD.

OSWALD

Bien le bonjour, l'ami ! Es-tu de cette maison ?

KENT

Ouais.

OSWALD

Où pouvons-nous loger nos chevaux ?

KENT

Au bourbier.

OSWALD

Je t'en prie, si tu m'aimes, dis-moi où.

KENT

Je ne t'aime pas.

OSWALD

Oh, bien, alors, je me fiche pas mal de toi.

KENT

Si je t'avais sous le verrou de mes dents, je te ferais te
ficher de moi.

OSWALD

Pourquoi me traites-tu de cette façon ?
Je ne te connais pas.

KENT

Moi, je te connais, mon gaillard.

OSWALD

Et qui donc crois-tu que je suis ?

KENT

Un valet de cuisine, un larbin, un pauvre mangeur de
restes ; un vil, et vaniteux, et frivole, et chétif valet de
cuisine, qu'on paye de cent sous et de trois livrées, et qui
pue dans ses bas de laine ! Un fils de pute aux tripes de
lièvre, aux finasseries de margoulin ! Un pendard de
laquais qui se lorgne dans les miroirs, un lèche-cul
pomponné, un gueux dont tout le bien tient dans un sac
et qui est prêt, pour bon et loyal service, à faire le
maquereau, un concentré de souteneur, le fils et l'héritier
d'une chienne bâtarde, un, oui, que je voudrais bien faire
glapir sous le fouet pour peu que tu refuses le moindre
mot de cette liste de titres !

OSWALD

Ah, çà, quel monstre es-tu, pour te déchaîner ainsi contre
quelqu'un que tu ne connais pas plus qu'il ne te connaît ?

KENT

Et toi, quel impudent coquin, de nier que tu me connais !
Il n'y a pas deux jours que je t'ai fait un croc-en-jambe et
battu devant notre roi. L'épée en main, canaille ! Car, s'il
fait nuit, il y a quand même de la lune. Et je vais faire de
toi un coulis de clair de lune, fils de putain, pilier de
coiffeur, salaud ! En garde !

Il tire l'épée.

OSWALD

Va-t'en ! Je n'ai rien à faire avec toi.

KENT

En garde, chenapan. Tu viens avec des lettres contre le
roi, car tu as pris le parti de Madame Chiffe de Vent
contre la majesté de son père. En garde, coquin, ou je fais
un hachis de tes jambonneaux. En garde, chenapan !
Viens par là.

OSWALD

Au secours, holà, au secours, au meurtre !

KENT

Frappe donc, valet ! Défends-toi, coquin ! Défends-toi,
parfait lèche-bottes ! mais frappe donc !

Il le bat.

OSWALD

Au secours, holà ! Au meurtre, au meurtre !

Entre Edmond, l'épée à la main.

EDMOND

Eh bien ? Que se passe-t-il ? Séparez-vous !

KENT

Vous aussi, mon joli monsieur, si vous voulez bien !
Venez ça, que je vous donne le goût du sang. Approchez
donc, petit maître !

*Entrent Cornouailles, Régane, Gloucester et des
serviteurs.*

GLOUCESTER

Des armes, des épées ? Que fait-on, ici ?

CORNOUAILLES

Sur votre vie, la paix ! Meure qui frappe encore !
De quoi s'agit-il donc ?

RÉGANE

Les messagers du roi et de notre sœur !

CORNOUAILLES

Quelle est votre querelle ? Expliquez-vous.

OSWALD

Je suis à bout de souffle, monseigneur.

KENT

Pas étonnant ! Tu as si bien montré ta valeur ! Couarde canaille, la nature te renie. C'est un tailleur qui t'a fabriqué.

CORNOUAILLES

Tu es un drôle de compagnon.
Un tailleur, fabriquer un homme ?

KENT

Oui, monsieur, un tailleur. Car un sculpteur ou un peintre ne l'auraient pas aussi minablement fagoté, et même n'eussent-ils eu que deux années de pratique.

CORNOUAILLES

Expliquez-vous, plutôt. D'où vient votre querelle ?

OSWALD

Ce vieux brigand, monsieur, dont j'ai épargné la vie,
Par respect pour sa barbe grise...

KENT

Ce zéro, fils de pute ! Cette trentième lettre de l'alphabet ! Monseigneur, si vous m'en donnez permission, je vais piler cette mauvaise graine dans un mortier, et en enduire les murs de quelque latrine. « Par respect pour ma barbe grise ? » Pauvre serin !

CORNOUAILLES

La paix, maraud !
Bestial coquin, tu n'as donc pas de respect...

KENT

Si, monseigneur, sauf que la colère a ses droits...

CORNOUAILLES

Qu'est-ce qui l'a causée ?

KENT

Qu'un salaud comme lui porte l'épée,
Quand il n'a pas d'honneur ! Ces souriantes crapules
Rongent, comme des rats, les liens sacrés,
Ceux qui sont trop serrés pour qu'on les défasse.
Ils flattent les passions dès qu'elles s'ébrouent
Dans l'âme de leur prince ; ils versent l'huile
Sur le feu, ils enneigent les cœurs glacés,
Ils renient puis affirment, et, girouettes, ils tournent
A chaque fantaisie du maître, ne sachant
Qu'obéir comme un chien. La peste soit
De ta face d'épileptique ! Tu prétends rire
De mes propos, comme si j'étais un bouffon ?
Oh ! si je te tenais dans la plaine de Sarum,
J'aurais tôt fait de te rabattre, espèce d'oie,
Tout caquetant vers ta basse-cour, Camelot !

CORNOUAILLES

Mais enfin, vieil homme, es-tu fou ?

GLOUCESTER

Que s'est-il passé ? Dis cela.

KENT

Pas de pôles contraires qui se détestent
Plus que moi-même et ces coquins-là.

CORNOUAILLES

Pourquoi le traites-tu de coquin ? Dis son crime ?

KENT

Ses façons ne me plaisent pas.

CORNOUAILLES

Pas plus que les miennes, peut-être,
Ou celles de ma dame, ou de ce seigneur ?

KENT

Seigneur, c'est mon souci de parler franc.
Oui, j'ai vu dans ma vie de plus agréables visages
Que je n'en vois sur toutes ces épaules.

CORNOUAILLES

C'est un de ces gaillards
Qui, loués une fois pour leur franc-parler,
Affectent l'impudence et la brusquerie,
Et se forcent à des manières tout à l'encontre
De leur véritable nature. Il ne peut flatter, celui-là !
Un cœur honnête et loyal ! Il doit dire la vérité.
Et si on l'accepte, ça va, et sinon, au moins il est franc.
Ce genre de coquins, j'en sais qui sous la franchise
Cachent plus d'artifice et veulent davantage corrompre
Que dix ou vingt laquais aux stupides courbettes,
Au zèle déployé à n'en plus finir !

KENT

Foi d'honnête homme, monsieur, et selon la vraie vérité,
Et de par le respect que je dois à votre sublime apparence,
Dont les effluves, cette guirlande de feu limpide
Sur le front clignotant du divin Phébus...

CORNOUAILLES

Où veux-tu en venir ?

KENT

Je veux abandonner mon style habituel, que vous déni-
grez tellement. Monsieur, je sais que je ne suis pas un
flatteur. Celui qui vous a trompé par une apparence de

franchise, c'était un franc salaud, ce que pour ma part je ne serai pas, même si j'amenais Votre Déplaisir à me supplier d'en être un.

CORNOUAILLES

Quelle offense lui fîtes-vous ?

OSWALD

Jamais la moindre !
Il plut au roi son maître, tout récemment,
De me frapper, sur un malentendu.
Et lui, zélé, flattant son déplaisir,
Me fit un croc-en-jambe. Et, quand je fus à terre,
Il m'insulta, se moqua de moi, se targuant de tant de
    courage
Que le roi le loua, d'avoir assailli
Qui ne voulait se défendre... Mis en goût
Par ce terrible exploit, il vient ici même
De dégainer contre moi encore !

KENT

Fripons autant que poltrons,
Et Ajax leur bourrique !

CORNOUAILLES

Qu'on aille chercher les ceps !
Ah, vieux coquin têtu, respectable bravache,
Nous allons t'enseigner...

KENT

Monsieur, je suis trop vieux. Et quant aux ceps,
Ne les demandez pas. Je sers le roi,
C'est lui qui m'a chargé de venir à vous,
Quel manque de respect, quelle malveillance
Ce serait pour mon maître et pour sa gloire
Si vous mettiez aux ceps son messager !

CORNOUAILLES

Qu'on aille chercher les ceps !
Aussi vrai que je vis honorablement
Il va s'y reposer jusqu'à midi.

RÉGANE

Jusqu'à midi, messire ?
Jusqu'à la nuit, et toute la nuit.

KENT

Diable, madame,
Si j'étais un des chiens de votre père
Vous ne me feriez pas un si dur accueil !

RÉGANE

Vous êtes son faquin, monsieur, et je le ferai.

CORNOUAILLES

C'est un gaillard qui ressemble fort
A celui dont notre sœur parle. Allons ! les ceps !

On apporte les fers.

GLOUCESTER

Permettez-moi
De supplier Votre Grâce de ne pas faire cela !
Sa faute est grande, et le bon roi, son maître,
L'en châtiera, c'est sûr. Mais ce que vous voulez,
C'est l'infamante punition que l'on réserve
Aux coquins les plus vils, les plus méprisés,
Pour les vols et autres délits de droit commun !
Le roi le prendrait mal ! Voir son messager
Traité ainsi, c'est se sentir soi-même
Estimé à bien peu.

CORNOUAILLES

J'en répondrai.

RÉGANE

Ma sœur pourrait souffrir encore plus mal
De voir son chevalier assailli, injurié
Parce qu'il l'a servie. Allons vite, ces ceps,
Qu'il les ait aux chevilles ! *(A Cornouailles.)* Et venez,
    monseigneur.

> *Tous sortent, à l'exception de Gloucester et de Kent.*

GLOUCESTER

Je suis fâché pour toi, mon ami. Mais c'est là
Le bon plaisir du duc, dont chacun sait
Que rien ne peut freiner les accès d'humeur !
Je vais plaider ta cause.

KENT

Non, s'il vous plaît, monsieur. J'ai fait un dur chemin
Sans prendre de repos. Ainsi je vais dormir
Un bout de temps, puis je siffloterai.
Le sort d'un honnête homme peut bien avoir
Quelques trous aux talons... Bien le bonjour !

GLOUCESTER

Le duc a tort. Cela sera mal pris.

> *Il sort.*

KENT

Bon roi, qui vas donc illustrer le vieil adage,
Le Ciel te bénissait, et toi, tu quittes cette fraîcheur
Pour suer au soleil !
Mais lève-toi, pourtant, fanal de notre bas-monde,
Pour que, dans tes rayons secourables, je puisse
Parcourir cette lettre ! Le malheur
Est le père de tout miracle, ou peu s'en faut...
Je sais qu'elle est de Cordélia. Laquelle
A appris par bonheur mes menées secrètes
Et saura bien trouver l'instant favorable
Dans cette situation extraordinaire

Pour guérir notre mal... Oh, mes yeux épuisés
De trop de veilles, et si lourds, profitez de votre fatigue
Pour ne pas voir cette infamante geôle.
Et bonne nuit, Fortune ! Souris encore,
Fais encore tourner ta roue.

Il dort.

Scène III

La plaine.

Entre EDGAR.

EDGAR

J'ai entendu crier ma mise au ban
Et j'ai dû à un arbre creux, providentiel,
D'échapper à la meute. Aucun port n'est libre.
Il n'y a pas de lieu où les hommes d'armes
Ne cherchent à m'avoir, et ils y emploient
Les plus rares moyens. Mais je puis survivre
Tant que je reste au large, et j'ai eu l'idée
De prendre les dehors les plus loqueteux, les plus vils
Que jamais, par mépris de l'homme, la misère
Ait inventés pour en faire presque une bête.
Je vais noircir mon visage de boue,
Ceindre mes reins d'un pagne, m'embroussailler
Comme si cent lutins me nouaient le poil
Et de mes membres nus, ainsi, et sans défense,
Je défierai les vents et les insultes du ciel.
Exemples, précédents, ce pays d'ailleurs m'en fournit
Avec tous ces mendiants de cour des miracles
Qui percent en hurlant leurs bras presque morts, insen-
   sibles,

A grand renfort d'épingles ou d'épines,
Ou de clous, ou de branches de romarin,
Puis montrent ces horreurs dans les pauvres fermes,
Les misérables villages, les bergeries, les moulins
Pour, tantôt maudissant comme des lunatiques,
Et tantôt suppliant, forcer la pitié. Pauvres Tom !
Pauvres Pierrot-la-Crasse ! Ah, ils sont quelque chose,
Eux, malgré tout ! Moi, Edgar, ne suis rien.

Il sort.

Scène IV

Devant le château de Gloucester. Kent aux ceps.

Entrent LEAR, LE FOU *et un* GENTILHOMME.

LEAR

C'est étrange qu'ils aient ainsi décampé
Et sans me renvoyer mon émissaire.

LE GENTILHOMME

A ce que j'ai appris,
Ils n'avaient pas, hier soir, la moindre intention
De partir en voyage.

KENT

Salut, mon noble maître.

LEAR

Oh !
Prends-tu cette ignominie comme passe-temps ?

KENT

Non, monseigneur.

LE FOU

Tiens, les cruelles jarretières qu'il porte là ! Les chevaux
sont attachés par la tête, les chiens et les ours par le nez,
les singes par les reins — et les hommes par le mollet...
Quand un homme vous a la jambe trop vigoureuse, on lui
fait porter des bas de bois.

LEAR

Qui a pu se méprendre assez sur ton rang
Pour te contraindre à cela ?

KENT

Lui, et elle aussi bien. Votre fils,
Votre fille.

LEAR

Ce n'est pas vrai !

KENT

Que si !

LEAR

Non, te dis-je.

KENT

Je dis que si.

LEAR

Non et non ! Ils en sont incapables.

KENT

Eh bien si, ils l'ont fait.

LEAR

Par Jupiter, je jure que non !

KENT

Par Junon, je jure que si !

LEAR

Ils n'auraient pas osé.
Ils ne l'ont pu, ni voulu ! C'est pire qu'un meurtre,
De faire un tel outrage à ce qu'on me doit.
Explique-moi, bien vite, et avec mesure,
Comment tu as pu, toi ! mériter ce supplice
— Ou comment ils ont pu te l'infliger,
Quand tu venais de moi.

KENT

Monseigneur, je venais de leur remettre — chez eux —
La lettre de Votre Altesse ; j'étais encore
A genoux, pour leur témoigner tout mon respect,
Quand tout suant, recuit de hâte, pantelant,
Un messager survint qui jeta dans un souffle
Que sa maîtresse Goneril les saluait.
Il leur remit sa lettre, bien que ce fût
M'interrompre. Et eux de la lire, et aussitôt
D'assembler leur maison. Ils sautent à cheval,
En m'ordonnant de suivre et d'accepter d'attendre
Qu'ils aient loisir de répondre. Tout ce temps,
Ils me toisent de leurs yeux froids. Et moi, trouvant ici
Cet autre messager dont j'ai vu l'accueil
Empoisonner le mien, — c'est ce même gaillard
Qui si impudemment avait tenu tête
A Votre Majesté — oui, moi dont le courage
L'emporte sur l'esprit, j'ai dégainé...
Lui, il ameute la maison des grands cris de sa couardise.
Et votre gendre et votre fille ont considéré
Que ce manquement-là méritait l'opprobre
Que vous me voyez souffrir.

LE FOU

L'hiver n'est pas fini, puisque les oies sauvages se
rabattent de ce côté :
          Père qui va en haillons,
          A des enfants sans tendresse.
          Père qui porte pognon,

     Comme ils lui font des caresses !
     Fortune, fieffée putain,
     Tu fous le pauvre sur le chemin.
Et précisément pour cela, tu souffriras autant de maux
par la grâce de tes filles que tu pourrais dégoiser si tu
parlais une année entière.

LEAR

Oh, comme elle reflue vers mon cœur, la marâtre,
L'hysterica passio ! Amertume qui monte,
Redescends ! Car ta place est en bas. Cette fille,
Où est-elle ?

KENT

Monsieur, avec le comte, dans ce château.

LEAR, au gentilhomme.

Ne me suis pas ; reste ici.

Il sort.

LE GENTILHOMME

N'avez-vous rien fait d'autre que ce que vous avez dit ?

KENT

Rien. Comment se fait-il que le roi soit venu avec une
escorte aussi réduite ?

LE FOU

Si on t'avait mis aux ceps pour cette question, tu l'aurais
bien mérité.

KENT

Pourquoi, fou ?

LE FOU

Nous te mettrons à l'école d'une fourmi, pour t'apprendre
qu'on ne travaille pas en hiver. Tous ceux qui ont du nez
se fient à leurs yeux, sauf les aveugles ; et il n'y a pas un

nez entre vingt qui ne puisse flairer l'homme qui pue. Si une grande roue dégringole d'une colline, bon, lâche-la, de crainte de te briser l'échine à vouloir la suivre. Mais le grand personnage qui la monte, cette colline, bon, laisse-le te remorquer à sa suite. Si un sage te donne un meilleur conseil, tu pourras me rendre le mien. Moi, je voudrais, puisque c'est un fou qui le donne, qu'il n'y ait que des coquins pour le suivre.

> Le type servile par intérêt,
> Qui n'est fidèle que pour la forme,
> Il plie bagage dès qu'il pleut
> Et vous laisse dans le pétrin.
> Mais je reste, moi. Le Fou reste
> Pendant que le sage file.
> Ce coquin-là sera vite un fou,
> Le Fou, par Dieu ! jamais un coquin.

KENT

Où as-tu appris cela, fou ?

LE FOU

Pas dans les ceps, fou !

Lear revient, avec Gloucester.

LEAR

Refusent de me parler ? Fatigués ? Malades ?
Toute la nuit en chemin ? Ah, simples ruses,
Preuves qu'ils se rebellent, qu'ils m'abandonnent !
Retourne me chercher meilleure réponse.

GLOUCESTER

Mon cher seigneur,
Vous savez la nature emportée du duc
Et comme il est opiniâtre, inflexible
Dans ses résolutions.

LEAR

Vengeance ! Peste ! Mort ! Le chaos sur eux tous !

Sa nature emportée ? A-t-il une nature ?
Allons, Gloucester, Gloucester ! Je veux parler
Au duc de Cornouailles et à sa femme.

GLOUCESTER

Bien sûr, mon cher seigneur. Je le leur ai dit.

LEAR

Tu le leur as dit ? Me comprends-tu bien, mon ami ?

GLOUCESTER

Certes, mon cher seigneur.

LEAR

Le roi voudrait parler à Cornouailles ; le père qu'elle
    chérit
Veut parler à sa fille, exiger son obéissance.
Le savent-ils ? Par mon souffle et mon sang !
Emporté ? Emporté, le duc ? Dis au duc à la tête chaude...
Non, pas si vite, non ! Peut-être va-t-il mal ?
La maladie, c'est sûr, néglige les devoirs
Qui astreignent notre santé... Sommes-nous nous-mêmes
Quand la nature accablée contraint l'âme
A souffrir avec notre corps ? Je patienterai
Et j'en veux à mon sang, plus impétueux,
D'avoir pris l'homme malade, l'indisposé,
Pour l'homme bien portant..

Il voit Kent.

Meure ma gloire !
Pourquoi ce pilori ? Cet affront me prouve
Que le duc et ma fille, en se retirant,
N'ont fait que me duper. Rends-moi mon serviteur,
Va dire au duc et à sa femme que je veux parler avec eux.
Oui, sur-le-champ ! Ordonne-leur de venir m'entendre,
Sinon je secouerai la porte de leur chambre
A en massacrer leur sommeil !

GLOUCESTER

Je voudrais tant que tout aille bien entre vous.

Il sort.

LEAR

Oh, mon cœur qui te gonfles, mon pauvre cœur,
Calme-toi !

LE FOU

Conjure-le, m'n'oncle, comme la petite demoiselle le
faisait avec les anguilles, qu'elle mettait vivantes dans le
pâté. Elle leur tapait sur le crâne avec sa baguette, et de
les supplier, oui : « Baissez la tête, petites folles, baissez
la tête ! » C'était le frère de cette fille qui, par bonté d'âme
pour son cheval, mettait plein de beurre sur son avoine.

*Revient Gloucester, avec Cornouailles, Régane, et
des serviteurs.*

LEAR

Le bonjour à vous deux.

CORNOUAILLES

Salut à Votre Grâce !

On met Kent en liberté.

RÉGANE

Je suis charmée de voir Votre Grandeur.

LEAR

Régane, je le crois, j'ai tant de raisons
Pour ne pas en douter. Si tu ne l'étais pas,
Ah, je répudierais le tombeau de ta mère,
Où pourrirait le stupre !... *(A Kent.)* Tiens, tu es libre ?
Nous y repenserons... Chère Régane,
Ta sœur, quelle mauvaise ? Ô Régane, l'ingratitude
Aux dents aiguës, elle l'a enchaînée

Ici, comme un vautour. *(Il montre son cœur.)* Je puis à
    peine dire...
Et tu ne pourrais croire de quels instincts
Si dépravés... Ô Régane ! Régane !

RÉGANE

Je vous en prie, monsieur, calmez-vous. J'ai l'espoir
Que vous savez moins bien apprécier ses mérites
Qu'elle ne sait manquer à ses devoirs.

LEAR

Tu dis ? Comment cela ?

RÉGANE

Je ne puis croire que ma sœur, si peu que ce soit,
Ait trahi ses obligations. S'il est arrivé, monseigneur,
Qu'elle ait mis frein aux intempérances de votre suite,
C'est avec des raisons et des intentions si salubres
Qu'elle en est lavée de tout blâme.

LEAR

Je la maudis !

RÉGANE

Hélas, sire, vous êtes vieux ;
La nature est en vous à ce bord extrême
Où elle va finir. Il vous faudrait être
Gouverné, conseillé par quelque prudence
Qui sache mieux que vous juger votre état.
C'est pourquoi, retournez près de notre sœur, je vous
    prie.
Reconnaissez vos torts.

LEAR

Lui demander pardon ! Voyez seulement
Comme ceci sied bien aux liens familiaux !
Ma chère fille *(il s'agenouille)*, je confesse que je suis
    vieux,

Et le vieillard est inutile ; à deux genoux, je vous prie
De m'assurer un gîte, un habit, le couvert.

RÉGANE

Il suffit, monseigneur ! Vos simagrées
Sont un triste spectacle. Allez chez ma sœur !

LEAR, *se levant.*

Jamais, Régane !
Elle a réduit ma suite de moitié,
Elle m'a regardé d'un œil noir de haine,
Elle m'a blessé, de sa langue,
Comme un serpent, juste au cœur !
Ah, sur sa tête ingrate que s'écroule
Tout l'amoncellement des vengeances du Ciel !
Et vous, brouillards infects,
Frappez ses jeunes os, estropiez-la !

CORNOUAILLES

Fi, seigneur, fi !

LEAR

Vos flammes aveuglantes, ô prompts éclairs,
Dardez-les dans ses yeux méprisants. Sa beauté,
Ô vapeurs des marais que le glorieux soleil
Draine, ravagez-la de cloques, putréfiez-la !

RÉGANE

Dieux du Ciel ! Vous aurez contre moi les mêmes
Imprécations, quand votre humeur rageuse...

LEAR

Non, tu n'auras jamais ma malédiction, Régane.
Il est exclu que ta nature si délicate
Cède à la dureté. Son œil est féroce ; le tien
Réconforte au lieu de brûler. Tu ne voudrais pas
Rogner sur mes plaisirs, réduire ma suite,
Me harceler de paroles injustes

Et lésiner sur le pain que je mange
Pour enfin me fermer ta porte, si je viens !
Tu sais mieux le devoir naturel des filles
Et ce qu'ordonne la gentillesse, ce qu'exige la gratitude.
Tu n'as pas oublié la moitié du royaume
Dont je t'ai fait cadeau...

RÉGANE

Venez-en au fait, monseigneur.

LEAR

Mon serviteur, qui l'a mis dans les ceps ?

Sonnerie de trompettes.

CORNOUAILLES

Qu'est-ce que ces trompettes ?

RÉGANE

Je sais. Ma sœur s'annonce. Et cela confirme
Sa lettre qui disait sa prompte venue.

Entre Oswald.

Votre dame est-elle arrivée ?

LEAR

Oh, c'est là cet esclave dont la morgue
Acquise à peu de frais s'appuie sur la faveur
Capricieuse de sa maîtresse. Va-t'en, laquais,
Disparais de ma vue !

CORNOUAILLES

Que veut donc Votre Grâce ?

LEAR

Qui a mis dans les ceps mon serviteur ? Régane,
J'ai bon espoir que tu n'en savais rien.

Entre Goneril.

Mais qui vient là ? Ô cieux ! Ah, si vraiment
Vous aimez les vieux hommes, si votre douce férule
Favorise l'obéissance, si vous êtes vous-même vieux,
Faites vôtre ma cause, descendez pour me soutenir !
(*A Goneril.*) N'as-tu pas honte de revoir cette barbe
    blanche ?
Régane ! Vas-tu donc lui tendre la main ?

GONERIL

Pourquoi me refuser la main, monsieur ? Quelle est ma
    faute ?
Ce que l'extravagance trouve tel,
Ce que le radotage nomme ainsi, ce n'est pas toujours une
    faute.

LEAR

Ô mes flancs, vous êtes trop forts ! Allez-vous tenir ?
Par qui mon serviteur fut-il mis aux ceps ?

CORNOUAILLES

C'est moi qui l'y ai fait mettre, messire,
Et en dépit du fait que son inconduite
Eût même mérité beaucoup moins d'honneur.

LEAR

Vous ? Vous avez fait cela ?

RÉGANE

Père, je vous en prie ! Vous êtes la faiblesse,
Ayez-en le maintien ! Si vous rentrez
Jusqu'à l'expiration de votre mois
Chez ma sœur, pour y vivre, ayant renvoyé
La moitié de vos hommes, vous pourrez
Me revenir, après. Mais pour l'instant
Je suis loin de chez moi, et manque des vivres
Qui seraient nécessaires à votre entretien.

LEAR

Que je retourne chez elle ? En renvoyant cinquante
  hommes ?
Non, plutôt renoncer au moindre refuge ! Plutôt choisir
D'affronter du brouillard les miasmes hostiles,
Et me faire l'ami du loup, le compagnon de la chouette
Sous la dent du besoin ! Rentrer chez elle ?
Ah, ce France au sang chaud qui a pris sans dot ma
  cadette,
Autant me résigner à m'agenouiller sous son trône
Pour quémander comme un page la pension d'une
  obscure vie !
Rentrer chcz elle ?
Persuade-moi plutôt d'être la bête de somme
De ce laquais détestable !

GONERIL

Comme vous l'entendez, monsieur.

LEAR

Ne me fais pas devenir fou, je t'en prie, ma fille.
Je ne te gênerai plus, mon enfant ; adieu.
Plus de rencontre à craindre ; désormais,
Nous ne nous verrons plus... Pourtant, tu es ma chair
Et mon sang, et ma fille... Ah, bien plutôt le mal
Qui habite ma chair, et que je suis forcé
De reconnaître mien. Tu es un chancre,
Un furoncle pesteux, un abcès plein de pus
Dans mon sang qu'il corrompt. Mais, va, je ne veux pas
Te faire de reproches. Vienne l'opprobre
A l'heure qu'il voudra, je ne l'appellerai
Ni sur ton front le trait du porteur de foudre,
Je ne dirai de toi rien de condamnable
Au divin Jupiter, le juge. Amende-toi.
Si tu le peux. Deviens meilleure s'il t'est loisible.
Je peux bien patienter ; je puis m'établir
Chez Régane, moi-même et mes cent chevaliers.

RÉGANE

Ah, non, pas tout à fait ! Ce n'est pas aujourd'hui
Que je vous attendais. Je n'ai pas de quoi
Vous faire un digne accueil. Écoutez ma sœur, monsei-
    gneur.
Car ceux qui jugent froidement de vos lubies
Doivent se résigner à vous dire sénile
Et donc... Mais Goneril sait ce qu'elle fait.

LEAR

Sont-ce là d'honnêtes propos ?

RÉGANE

J'ose le garantir, monsieur. Quoi ? Cinquante hommes,
N'est-ce pas suffisant ? Pourquoi vous faudrait-il
En avoir davantage ? Ou même diantre, autant !
Alors que la dépense et que les dangers
Parlent contre un tel nombre ? Est-il concevable
Que sous un même toit mais deux directions,
Tous ces gens se supportent ? C'est difficile,
C'est presque impraticable.

GONERIL

Pourquoi ne pourriez-vous être servi
Par les gens de ma sœur, ou par les miens ?

RÉGANE

Oui, monseigneur, pourquoi ? S'il arrivait
Qu'un manque à ses devoirs, nous pourrions le punir.
Si vous venez chez moi, je vous en prie,
Car j'entrevois ces dangers, maintenant,
N'en menez que vingt-cinq. Je n'en veux reconnaître
Ni héberger un de plus.

LEAR

Je vous ai tout donné.

RÉGANE

Et il n'était que temps.

LEAR

J'ai fait de vous les dépositaires, oui, les gardiennes
De tous mes biens. Mais en me réservant
D'avoir cent chevaliers. Quoi ? faut-il que je vienne
Avec rien que vingt-cinq ? Régane, l'as-tu dit ?

RÉGANE

Et le redis, seigneur. Pas un de plus.

LEAR

Les êtres malfaisants font belle figure
Auprès de plus mauvais encore. N'être pas
Le pire, c'est déjà mériter l'éloge. *(A Goneril.)* Je viens,
Je retourne chez toi. Tes cinquante, c'est deux fois plus
Que ses vingt-cinq ; ton amour vaut deux fois le sien.

GONERIL

Écoutez-moi, seigneur.
Quel besoin avez-vous de ces vingt-cinq hommes,
Ou de dix ou même de cinq,
Pour vous accompagner dans une maison
Où deux fois plus ont l'ordre de vous servir ?

RÉGANE

Qu'avez-vous à faire d'un seul ?

LEAR

Oh, ne discutez pas ce besoin ! Les mendiants les plus
    misérables
Ont quelque superflu dans leurs pauvres hardes.
Ne donne à la nature que ce dont nature a besoin
Et l'homme aura des bêtes la vie piteuse.
Toi, tu es une dame. Eh bien, si être au chaud,
C'est du luxe déjà, la nature n'a pas besoin
Du luxe de tes robes qui à peine te tiennent chaud !

Mais quant au vrai besoin... Ah, cieux, accordez-moi
La force d'âme, la force d'âme dont j'ai besoin.
Vous me voyez, ô dieux ! un pauvre vieil homme
Aussi lourd de chagrins que d'années, accablé
Par les uns et les autres. Et si c'est vous
Qui armez contre moi le cœur de mes filles,
Ne me rassotez pas au point que je les endure
Comme une bête soumise. Pénétrez-moi
D'une haute colère, et faites que mes joues ne se souillent
    pas
De pleurs, ces armes de la femme. Monstres, furies,
Je prendrai sur vous deux de telles revanches
Que dans tout l'univers... Je ferai de ces choses...
Quoi, je ne sais encore, mais qui seront
L'épouvante de cette terre ! Vous pensez que je vais
    pleurer,
Non, non, je ne pleurerai pas. Certes, j'ai toutes
Les raisons de le faire *(tempête au loin)*, mais ce cœur-là
Éclatera en cent mille morceaux
Avant que je ne pleure. Ô fou, je deviens fou !

Sortent Lear, Gloucester, Kent et le fou.

CORNOUAILLES

Retirons-nous ; voici une tempête.

RÉGANE

Ce château est petit ; le vieux et sa suite
Ne peuvent pas y être logés.

GONERIL

Bien de sa faute ! C'est lui qui s'est privé de repos.
Qu'il goûte aux conséquences de sa folie !

RÉGANE

Lui personnellement, je le recevrai de bon cœur,
Mais pas un de sa suite !

GONERIL

J'ai la même intention.
Où est Monsieur de Gloucester ?

CORNOUAILLES

Il a accompagné le vieux...

Revient Gloucester.

Et le voici.

GLOUCESTER

Le roi est au paroxysme de la colère.

CORNOUAILLES

Où va-t-il ?

GLOUCESTER

Il fait mettre à cheval. Mais j'ignore où il va.

CORNOUAILLES

Le mieux,
C'est de le laisser faire. Il se veut son maître.

GONERIL

Monseigneur,
Ne le priez de rester sous aucun prétexte.

GLOUCESTER

Hélas, la nuit approche, et ces vents glacés
Font d'atroces rafales. Et à des lieues,
A peine s'il y a quelque boqueteau.

RÉGANE

Oh, messire, les opiniâtres
Doivent trouver leurs maîtres de sagesse
Dans les maux qu'ils s'attirent ! Fermez vos portes.
Il a autour de lui tant de risque-tout,

Et il est si crédule, qu'il sera sage de craindre
Ce qu'ils pourraient vouloir l'exciter à faire.

CORNOUAILLES

Fermez vos portes, monseigneur. C'est une nuit sans
pitié.
Ma Régane est de bon conseil, protégeons-nous de
l'orage.

Ils sortent.

ACTE III

Scène première

Une lande.

L'orage. Entrent KENT,
et, à sa rencontre, un GENTILHOMME.

KENT

A part ce temps abominable, qui est là?

LE GENTILHOMME

Un dont l'esprit est comme cet orage,
Tout à fait sans repos.

KENT

Ah, je sais qui vous êtes. Où est le roi?

LE GENTILHOMME

Il lutte avec les éléments et leur colère,
Il donne l'ordre aux vents de jeter d'un souffle
La terre dans la mer; ou de gonfler
Haut sur le continent les eaux révulsées
Pour que tout change, ou cesse. Il arrache ses cheveux
   blancs

Que les rafales ardentes, dans leur aveugle furie,
Empoignent avec rage, et quel irrespect !
Il s'efforce, en son petit monde d'homme, de dépasser
En orage, l'étreinte errante, la bataille
De la pluie et du vent. C'est une nuit
Où l'ourse que l'ourson affame ne sort pas,
Où le lion, où le loup au ventre creux
Gardent leur poil au sec. Mais lui, la tête nue,
Il court, criant à tout de balayer tout.

KENT

Mais qui est avec lui ?

LE GENTILHOMME

Nul autre que le fou, qui fait de son mieux
Pour panser les blessures de son cœur
Par un redoublement de plaisanteries.

KENT

Monsieur, je vous connais,
Et j'ose, trouvant là une garantie,
Vous confier ceci, qui est grave : il y a conflit,
Bien qu'encore la face en soit dérobée
Par leur astuce à chacun, entre Cornouailles
Et le duc d'Albany. Lesquels ont des vassaux
Qui leur semblent fidèles, mais sont en fait
(Qui n'en a pas, lorsque sa haute étoile
Le fait trôner au ciel ?) les espions, les observateurs
Qui renseignent sur notre état le roi de France.
Ce qu'ils ont découvert, soit dans les impatiences
Et les complots des ducs, soit dans le joug
Que ceux-ci ont passé à notre roi
— A moins qu'il n'y ait là que d'obscures visées
Dont ne nous paraîtrait que le beau prétexte —
Fait que... Quoi qu'il en soit, une armée de France
Envahit ce pauvre royaume ; elle a déjà,
Profitant de nos négligences, débarqué
En secret, dans plusieurs de nos meilleurs ports,

Et va y déployer ses drapeaux... Bien. Pour vous,
Si vous osez vous fier à ma parole
Assez pour gagner Douvres en toute hâte,
Vous y verrez quelqu'un qui vous saura gré
De lui faire un rapport exact des monstrueuses
Souffrances dont le roi a lieu de se plaindre.
Je suis noble, de souche et d'éducation,
Et ce que j'ai appris, ce que je sais de vous,
C'est cela qui me fait vous offrir ce rôle.

LE GENTILHOMME

Parlons plus longuement.

KENT

Non, ne le faisons pas. Mais pour vous bien prouver
Que je suis beaucoup plus que je ne le semble,
Ouvrez cette escarcelle et prenez ce qu'elle contient.
Si vous voyez — et n'en doutez pas — Cordélia,
Montrez-lui cet anneau : elle vous dira
Quel est ce compagnon dont vous ne savez rien
Pour le moment... Maudit soit cet orage !
Je vais chercher le roi.

LE GENTILHOMME

Donnez-moi votre main. Ne direz-vous rien d'autre ?

KENT

Quelques mots seulement, mais qui comptent plus,
Pour l'instant, que le reste. Quand nous aurons
Trouvé le roi (et peinez dans ce but de ce côté-ci,
Moi, je passe par là), le premier à le voir,
Qu'il pousse de grands cris pour avertir l'autre.

Ils sortent.

Scène II

Un autre endroit de la lande.

« *Toujours l'orage.* » *Entrent* LEAR *et* LE FOU.

LEAR

Vents, soufflez à crever vos joues, vents, faites rage !
Et vous, tornades et cataractes, jaillissez
Jusqu'à noyer nos clochers et leurs coqs !
Feux sulfureux, plus prompts que la pensée,
Avant-courriers de la foudre qui fend les chênes,
Brûlez ma tête blanche ! Et toi, et toi,
Ô tonnerre, ébranleur de tout ce qui est,
Aplatis de ton choc l'énorme sphère du monde,
Brise les moules de la Nature, détruis d'un coup
Les germes qui produisent cet homme ingrat.

LE FOU

Ô m'n' oncle, de l'eau bénite de courtisan dans une
maison bien sèche, ça vaut mieux que ces eaux du ciel en
rase campagne. Mon nononcle chéri, rentre vite implorer
la bénédiction de tes filles. Cette nuit-ci n'a pitié ni des
hommes sages ni des fous.

LEAR

Gronde, ventre du Ciel !
Crache ton feu ! Que tes pluies se débondent !
Ni vent, ni pluies, ni tonnerre, ni foudres,
Ne sont mes filles, que je sache. Ô éléments,
Je ne puis vous taxer d'ingratitude,
Ne vous ayant jamais donné de royaumes,
Jamais dit mes enfants... Vous ne me devez rien,
Pas la moindre allégeance. Déchargez donc

Votre horrible plaisir ! Je suis là, votre esclave,
Un vieil homme sans force, infirme, méprisé,
— Et pourtant je dois bien vous traiter de serfs,
Vous qui avez ligué à deux filles pesteuses
Vos bataillons vertigineux contre une tête
Aussi chenue et vieille ! Ah ! c'est horrible !

LE FOU

Qui a maison pour sa tête, ah ! il n'a pas la tête à l'évent,
celui-là !
 Il faut protéger sa tête
 Avant d'abriter sa queue,
 Sinon poux et autres bêtes
 Feront du marié un gueux.
 Qui respecte moins son âme,
 Qu'il ne chérit son orteil,
 Pour peu qu'un soulier l'entame,
 Il a perdu le sommeil.
Car jamais encore il n'y a eu jolie femme qui ne fît des
mines dans son miroir.

LEAR

Non ! Je serai la patience même.
Je ne dirai plus rien.

KENT

Qui est là ?

LE FOU

Pardi, la tête et la queue ! Autant dire un sage et un fou !

KENT

Hélas, sire, vous êtes là ? Même les êtres
Qui chérissent la nuit, redouteraient celle
Qui a cette fureur. La colère du ciel
Glace d'effroi même ceux qui errent
D'habitude dans les ténèbres ; et les voilà
Tapis dans leur tanière. Je n'ai jamais,

Depuis que je suis né, ouï parler
De telles nappes de feu ! De tels fracas
D'un horrible tonnerre ! Et de ces plaintes
Dans le rugissement des vents, de la pluie !
La nature de l'homme
Ne saurait supporter ces maux et cette peur.

LEAR

Que les dieux souverains,
Qui gardent cet affreux tumulte sur nos têtes,
Trouvent leurs ennemis, à la fin ! Misérable,
Tremble, qui as en toi des crimes non sus,
Non fustigés ! Cache-toi, main sanglante,
Et toi, parjure, et toi, faux vertueux
Qui pratiques l'inceste ! Et tremble, misérable,
A te briser, toi qui, sous les dehors
Du bien, as machiné contre une vie. Forfaits
Étroitement reclos, voici l'heure de fendre
Le voile qui vous cèle — et d'implorer la grâce
De ces juges terribles... Quant à moi,
On m'a fait plus de mal que je n'en ai fait.

KENT

Hélas, la tête nue ? Mon gracieux prince,
Il y a une hutte à deux pas d'ici,
Et contre la tempête elle vous sera
De quelque réconfort. Reposez-vous,
Et moi pendant ce temps, à ce dur manoir,
Oui, plus dur que les pierres de ses murailles,
Et qui, à l'instant même, s'est refusé
A ma quête de vous, je vais revenir
Et je saurai forcer son accueil avare.

LEAR

Mes esprits, qui commencent à chavirer !
Viens, mon petit. Comment vas-tu, mon petit ? As-tu
    froid ?
Oh, j'ai bien froid moi-même ! Camarade,

Où est cette paillasse ? Le besoin
A un art bien étrange pour donner prix
Aux choses les plus humbles. Voyons la hutte.
Pauvre fou, petit drôle, il y a un peu de mon cœur
Qui est triste même pour toi.

LE FOU, *chantant.*

Qui a de l'esprit, tout petit, petit,
Sous le vent, ohé, la pluie et le vent !
Vaut mieux qu'il s'arrange pour en êt'content,
Et même s'il pleut à longueur de vie.

LEAR

Vrai, mon petit. Allons, mène-nous à la hutte.

Lear et Kent sortent.

LE FOU

L'honnête nuit pour refroidir une courtisane !

Scène III

Une salle du château de Gloucester.

Entrent GLOUCESTER *et* EDMOND, *avec des flambeaux.*

GLOUCESTER

Hélas, Edmond, hélas ! Je n'aime pas du tout ces actes
contre nature. Quand je leur ai demandé permission de
prendre pitié de lui, ils m'ont retiré l'usage de ma propre
maison, et sous peine de perpétuelle disgrâce m'ont
interdit tout autant de lui parler que d'intercéder pour lui
ou de le soutenir d'une manière ou d'une autre.

EDMOND

C'est tout à fait sauvage et contre nature.

GLOUCESTER

C'est bon, ne dites rien. Il y a mésintelligence entre les
ducs, et bien pire encore que cela. J'ai reçu une lettre
cette nuit, dont il est dangereux de parler et que j'ai mise
sous clef dans mon secrétaire. Ces offenses, que le roi
subit maintenant, vont être dûment vengées. Déjà ont
débarqué certains éléments d'une armée. Il nous faut
pencher pour le roi. Je pars à sa recherche pour secrète-
ment l'assister. Vous, allez vous entretenir avec le duc, de
façon que ma charité ne lui apparaisse pas. S'il me
demande, je suis malade, je suis au lit. Dussé-je y laisser
la vie (et je ne suis menacé de rien de moins), je dois
secourir le roi, mon vieux maître. Edmond, d'étranges
choses s'apprêtent ; soyez prudent, je vous en supplie.

Il sort.

EDMOND

Cette pitié, qui t'est défendue, à l'instant le duc
En aura connaissance, et aussi bien de la lettre.
Cela me semble un fameux service, dont il faudra qu'il me
    vaille
Ce que mon père y perdra, c'est-à-dire rien moins que
    tout.
Aux jeunes de s'élever quand les vieux s'effondrent !

Il sort.

Scène IV

La lande. Devant une hutte. « Toujours l'orage. »

Entrent LEAR, KENT *et* LE FOU.

KENT

Voici l'endroit, monseigneur. Entrez, mon cher suzerain.

Dehors, la tyrannie du ciel noir est trop dure
Pour que le corps la supporte.

LEAR

Laissez-moi seul.

KENT

Entrez, mon cher seigneur.

LEAR

Veux-tu me briser le cœur ?

KENT

Plutôt le mien ! Mon cher seigneur, entrez là.

LEAR

Tu penses que c'est grave, cet ouragan
Batailleur, qui nous perce jusqu'à la moelle ?
Soit ! c'est grave pour toi ; mais qu'un mal plus fort
Te saisisse, et l'autre, le moindre, se dissipe,
Tu fuis un ours : mais si c'est pour tomber
Dans la mer en furie, tu l'affronteras,
Cet ours, en pleine gueule. Aie l'esprit libre
Et ton corps a beau jeu d'être délicat... L'autre orage,
Dans ma tête, fait que mes sens ne souffrent plus
Que de ce qui me poigne, ici — l'ingratitude
De mes enfants. N'est-ce pas comme si ma bouche
Allait mordre ma main qui veut la nourrir ?
Mais je les punirai avec usure ; et, non,
Je ne pleurerai plus !... M'avoir laissé dehors
Par une·telle nuit ! Qu'il pleuve, je l'endure.
Oh, une telle nuit ! Régane, Goneril !
Un père généreux, qui vous donna tout
Du fond d'un vieux cœur franc !... Attention, la folie
Me guette là ! Oh, non ! N'y pensons plus.

KENT

Mon cher seigneur, veuillez entrer ici.

LEAR

Entre toi-même, je t'en prie, cherche là ton propre repos.
Cette tempête au moins ne me laisse pas le loisir
De plus amères souffrances... Mais si, entrons.
(*Au fou.*) Et toi, petit, d'abord. Toi, pauvre, sans asile,
Oui, entre le premier. Je vais prier, puis dormir.

Le fou entre.

Pauvres gens nus, où que vous soyez, à souffrir
De cet impitoyable orage qui vous lapide,
Comment vos têtes sans abris et vos ventres sans nourri-
    ture
Et vos loques criblées de portes, de fenêtres
Peuvent-ils vous défendre ? Oh, je me suis trop peu
Occupé de cela ! Ma splendeur, prends ta médecine,
Et expose-toi à souffrir ce que souffrent les miséreux
Pour secouer sur eux tous ton superflu,
Et leur montrer des cieux de plus de justice.

EDGAR, *de l'intérieur.*

Une brasse et demie ! Une brasse et demie !
Le pauvre Tom !

Sort le fou.

LE FOU

Au secours ! Au secours ! n'entrez pas, m'n'oncle !
Il y a un fantôme.

KENT

Donne-moi la main. Qui est là ?

LE FOU

Un fantôme ! Un fantôme ! Il dit qu'il se nomme le pauvre
    Tom.

KENT

Qui es-tu, à grognasser dans la paille ? Montre-toi.

Entre Edgar.

EDGAR

Fuyez ! L'abominable démon est à mes trousses. Et les
vents soufflent dur dans les griffes de l'aubépine. Ho, ho !
Cours à ton lit, chauffe-toi !

LEAR

As-tu donné tous tes biens à tes filles, pour en être venu
là ?

EDGAR

Qui donne quelque chose au pauvre Tom ? Lui que
l'abominable démon a mené à travers le feu et la flamme,
à travers les gués et les tourbillons, par les marécages et
les bourbiers, mettant des couteaux sous son oreiller, ah,
et une corde pour qu'il se pende sur son prie-Dieu, ah, et
de la mort-aux-rats près de son porridge, ah ! et qui l'a
rendu orgueilleux de cœur, au point de le lancer sur un
cheval bai, par des ponts de quatre pouces, ah, pour
rattraper son ombre, son ombre à lui, qu'il croyait être
une espionne ! Bénédiction sur tes cinq esprits ! Tom a
froid. Brou, brou, hi, hi, hi, broubrou ! Béni sois-tu
contre les tourbillons, les astres mauvais et les maléfices.
Faites au pauvre Tom une charité, lui que l'abominable
démon tourmente. Je pourrais l'attraper... ici ! Et là ! Et
là aussi ! Et là !

« *Toujours l'orage.* »

LEAR

Vraiment, ses filles l'ont-elles mis dans ce triste état ?
N'as-tu rien pu sauver ? Leur as-tu abandonné tout ?

LE FOU

Que non ! il s'est réservé une couverture. Autrement,
nous aurions eu à rougir.

LEAR

Soit ! que tous les malheurs que ce ciel qui tangue

Tient suspendus sur le crâne des hommes
Retombent sur tes filles !

KENT

Il n'a pas de filles, seigneur.

LEAR

A mort, traître ! Rien n'aurait pu
Rabaisser la nature à cette abjection,
Sauf des filles ingrates ! Est-ce donc l'usage
Que les pères bafoués maltraitaient leur chair
Si durement ? Punition judicieuse !
Puisqu'ils ont eu ces filles de pélican !

EDGAR

Pillicock s'est foutu sur la motte Pillicock.
Hou ! Hou ! Ohé Oh ! Hou ! Hou !

LE FOU

Cette nuit glacée va faire de nous tous des bouffons et des délirants.

EDGAR

Prends garde à l'abominable démon ! Obéis à tes parents, tiens parole, ne jure pas, ne commets pas l'adultère avec une épouse légitime, ne revêts pas ton cher petit cœur d'une orgueilleuse parure ! Tom a froid.

LEAR

Qu'as-tu été ?

EDGAR

Un page, orgueilleux de cœur et d'esprit ; un qui frisait ses cheveux, portait des gants de dame dans son chapeau, et servait la luxure de sa maîtresse, perpétrant avec elle l'acte nocturne ; un qui jurait sa foi aussi souvent qu'il ouvrait la bouche, et la rompait à la douce face du ciel ; un qui s'endormait en méditant des choses paillardes, et s'éveillait pour les accomplir. Le vin, je l'aimais à fond et

les dés avec tendresse, et pour ce qui est des femmes, je surpassais le Turc en force d'amour. Une oreille frivole et un cœur perfide — oui, avec du sang sur les mains ; un pourceau pour la paresse, un renard pour la ruse, un loup pour l'avidité, un chien pour la folie furieuse et, pour le carnage, un vrai lion. Ne laisse pas le crissement d'un soulier, ou le frou-frou d'une soie, livrer ton pauvre cœur à la femme ! Ne mets pas le pied au bordel, ni la main dans la fente d'une jupe ni ton paraphe au livre de l'usurier — et tiens tête à l'abominable démon !
Toujours dans l'aubépine hurle le vent froid,
Il dit grou, grou, il crie hou ! et ha !
Dauphin, petit gars, mon gars, laisse-le courir.

« *Toujours l'orage.* »

LEAR

Tu serais mieux dans ta tombe qu'à répondre avec ton corps nu à cette démesure des cieux. L'homme n'est-il rien plus ? Considérez-le bien. Tu ne dois au ver aucune soie, ni à aucune bête sa peau, ni sa laine au mouton, ni au rat musqué son parfum. Ha ! nous sommes trois ici à être sophistiqués, mais toi, tu es la nature même — et l'homme sans accessoires n'est rien de plus que ce pitoyable animal, nu et fourchu, que tu es. Au diable, choses d'emprunt, au diable ! Allons, ôtez-moi cela !

Il déchire ses vêtements.

LE FOU

Je t'en prie, m'n' oncle, sois calme ! Ce n'est pas une bonne nuit pour s'y jeter à la nage. Pour l'heure, un petit feu dans un champ stérile, ce serait comme un cœur de vieux débauché : une maigre étincelle, et tout le reste du corps d'un froid !... Regarde, un feu follet qui rapplique !

Approche Gloucester avec une torche.

EDGAR

C'est l'abominable Flibbertigibbet. Il commence au couvre-feu et rôde jusqu'au premier cri du coq. Il vous flanque la cataracte, il vous rend bigle, il est la cause des becs-de-lièvre, il met la nielle dans le froment, il tourmente les pauvres enfants de la terre.

> Trois fois saint Vitold va dans le vallon,
> Il voit Cauchemar et ses neuf garçons,
>   Il lui dit : A pied !
>   Il lui dit : Jurez !
> Il lui dit : Va-t'en, graine de démon !

KENT

Comment se sent Votre Grâce ?

LEAR

Qui est-il, celui-là ?

KENT

Qui va là ? Que cherchez-vous ?

GLOUCESTER

Qui êtes-vous ? Dites-moi vos noms.

EDGAR

Le pauvre Tom ! Qui se nourrit de grenouilles, crapauds, têtards, lézards de muraille et lézards d'eau. Qui, dans la furie de son cœur, quand l'abominable démon fait rage, mange la bouse des vaches comme salade, croque le rat mort et le chien crevé, boit le vert manteau des eaux croupissantes. Qui reçoit le fouet dans chaque paroisse, et qu'on met aux ceps, et qu'on emprisonne, lui qui eut trois habits pour son dos et six chemises pour sa poitrine,

> Et un cheval pour trotter,
> Et une arme pour parader,
> Mais souris et rats et autres bestioles
> Ont été son pain et ses croquignolles,
> Au malheureux Tom, sept longues années !

Prenez garde au diable qui me poursuit. La paix, Sumulkin ! La paix, démon !

GLOUCESTER

Quoi ? Votre Grâce n'a pas de meilleure compagnie ?

EDGAR

Le Prince des ténèbres est un gentilhomme ! Il a nom
Modo et Mahu.

GLOUCESTER

Notre chair et notre sang, monseigneur,
Sont devenus si vils
Qu'ils haïssent qui les engendre.

EDGAR

Le pauvre Tom a froid.

GLOUCESTER

Revenez avec moi. Mon devoir ne peut me permettre
D'obéir en tout point aux durs vouloirs de vos filles.
C'est leur consigne, c'est vrai, que je vous barre ma porte
Et laisse cette tyrannique nuit s'emparer de vous,
Mais je me suis risqué à venir ici vous chercher
Pour vous conduire en un lieu où repas et feu vous
    attendent.

LEAR

Laissez-moi parler à ce philosophe d'abord.
Quelle est la cause du tonnerre ?

KENT

Mon cher seigneur, acceptez son offre.
Venez à la maison.

LEAR

Je parlerai un peu à ce savant ermite.
Dites-moi votre étude ?

EDGAR

Écarter le démon, tuer la vermine.

LEAR

Laissez-moi en privé vous demander quelque chose.

KENT

Pressez-le de venir, monseigneur. Une fois encore !
Il commence à perdre l'esprit.

GLOUCESTER

Pourrais-tu l'en blâmer ?

« *Toujours l'orage.* »

Ses filles veulent sa mort. Ah, le cher Kent !
Il l'avait bien prédit, le pauvre exilé !
Tu dis qu'il devient fou, le roi ? Ami, je vais te confier
Que je le suis moi-même, ou presque. J'eus un fils,
Oh, banni de mon sang ! Il a voulu ma mort
Il y a peu, très peu... Je l'ai aimé, mon ami,
Plus qu'aucun père son enfant. Pour te dire le vrai,
Le chagrin m'a troublé l'esprit... Quelle nuit affreuse !
Je supplie Votre Grâce...

LEAR

Oh, j'implore votre miséricorde, monsieur.
Et votre compagnie, noble philosophe.

EDGAR

Tom a froid.

GLOUCESTER

Entre là, mon garçon ; tiens-toi au chaud dans la hutte.

LEAR

C'est cela, entrons tous.

KENT

Pas ici, monseigneur.

LEAR

Avec lui !
Je veux mon philosophe.

KENT

Mon cher seigneur, ne le contrariez pas.
Qu'il emmène ce compagnon.

GLOUCESTER

Emmenez-le, vous.

KENT

Viens, l'ami. Accompagne-nous.

LEAR

Viens, mon bon Athénien.

GLOUCESTER

Et taisez-vous, taisez-vous !
Chut !

EDGAR

Jeune Roland s'en vint à la noire tour.
Et son cri de guerre, c'était toujours
            Flou, flan, flon !
Je flaire le sang d'un soldat breton.

Ils sortent.

Scène V

Une salle du château de Gloucester.

Entrent CORNOUAILLES *et* EDMOND.

CORNOUAILLES

Avant de quitter sa maison, j'aurai ma revanche.

EDMOND

Comment je serai jugé, monseigneur, pour avoir sacrifié à la loyauté la nature, je n'y pense pas sans frémir.

CORNOUAILLES

Je perçois mieux maintenant que ce n'était pas tout à fait la mauvaise nature de votre frère qui lui faisait projeter sa mort ; mais une impulsion vertueuse, encouragée, il est vrai, par une blâmable scélératesse.

EDMOND

Que la fortune m'est malveillante ; j'ai à me repentir d'être juste ! Voici la lettre dont il parlait, elle prouve bien qu'il est le complice et l'espion du roi de France Ô Ciel ! Qu'il n'y ait pas cette trahison ! Ou que je n'en sois pas le dénonciateur !

CORNOUAILLES

Accompagne-moi chez la duchesse.

EDMOND

Si la teneur de cette lettre est exacte, ce sont de grandes affaires qui vous attendent.

CORNOUAILLES

Vrai ou faux, cet écrit te fait comte de Gloucester. Mais va voir où se tient ton père, qu'il soit prêt à être arrêté.

EDMOND, *à part.*

Si je le trouve assistant le roi, cela ajoutera aux soupçons. (*A Cornouailles.*) Je veux persévérer dans la loyauté, bien qu'il me soit si cruel de l'opposer à mon sang.

CORNOUAILLES

Oh, je veux mettre en toi toute ma confiance. Et tu trouveras un plus tendre père dans mon amour.

Ils sortent.

Scène VI

*Une salle dans une ferme attenante
au château de Gloucester.*

Entrent GLOUCESTER *et* KENT.

GLOUCESTER

Il fait meilleur ici qu'en plein air. Prenez cela de bon
cœur. Je ferai mon possible pour ajouter au confort. Je ne
vais pas vous laisser longtemps.

KENT

Toute la force de son esprit a été brisée par la colère. Que
les dieux récompensent votre bonté.

*Sort Gloucester.
Entrent Lear, Edgar et le fou.*

EDGAR

Fraterretto m'appelle ! Il me dit que Néron pêche à la ligne
dans le grand lac de la Nuit. Prie, innocent, prends garde
à l'abominable démon.

LE FOU

Je t'en prie, m'n' oncle, dis-moi si un fou est un
gentilhomme ou un roturier.

LEAR

Un roi, un roi !

LE FOU

Non, c'est un roturier qui a un gentilhomme pour fils ; car
c'est un roturier bien sonné, celui qui voit son fils être
gentilhomme avant lui.

LEAR

En avoir mille avec des broches chauffées au rouge,
Ah, et qu'elles sifflent vers elles !

EDGAR

L'abominable démon me mord le dos.

LE FOU

Fou celui-là qui se fie à la gentillesse d'un loup, à la santé
d'un cheval, à l'amour d'un garçon, à un serment de
putain.

LEAR

Cela va être fait. Oui, sur-le-champ,
Je vais les faire inculper !
(*A Edgar.*) Viens t'asseoir ici, docte juge,
(*Au fou.*) Et toi, mon sage seigneur,
Mets-toi là. Ah, renardes, chacun son tour !

EDGAR

Voyez comme il se dresse, voyez ses yeux ! Veux-tu des
œillades à ton procès, ma petite dame ?

Il chante.

Passe le ruisseau, Bessy, rejoins-moi.

LE FOU, *chantant.*

Sa barque a un trou,
Et jusqu'au fin bout
Elle te taira
Pourquoi qu'elle n'ose venir jusqu'à toi.

EDGAR

L'abominable démon hante le pauvre Tom par la voix
d'un rossignol. Et Hoppedance crie dans le ventre du
pauvre Tom, il réclame deux harengs frais. Ne gargouille
pas, ange noir ! Je n'ai rien pour toi.

KENT

Comment vous sentez-vous, sire ? Ne restez pas
Dans cet état de stupeur. Ne voulez-vous pas
Vous étendre, et dormir sur ces coussins ?

LEAR

Je veux voir leur procès, d'abord. Introduisez les témoins.
(A Edgar.) Toi qui portes robe de juge, va prendre place.
(Au fou.) Et toi, son partenaire pour l'équité,
Va siéger près de lui. *(A Kent.)* Vous êtes du jury,
Asseyez-vous aussi.

EDGAR

Procédons justement.
    Dors-tu, veilles-tu, mon joyeux berger ?
    Tes moutons s'égarent dans les blés.
    Mais un souffle, un seul, de ta jolie bouche
    Et de la fourrière ils seront sauvés.
Le chat Purr est gris.

LEAR

Faites-la paraître d'abord : c'est Goneril. J'en fais ici le
serment devant l'honorable assemblée, elle a chassé à
coups de pied le pauvre roi, son père.

LE FOU

Approchez-vous, madame. Votre nom est-il Goneril ?

LEAR

Elle ne peut le nier.

LE FOU

Je vous prie de me pardonner, je vous prenais pour un
    tabouret.

LEAR

Et en voici une autre, dont le regard torve proclame
Quelle pierre est son cœur... Qu'on la saisisse !

A vos armes, vos armes ! le fer, le feu !
Il y a corruption dans cette enceinte ! Juge parjure,
Pourquoi l'as-tu laissée fuir ?

EDGAR

Bénédiction sur tes cinq esprits !

KENT

Ô Sire, par pitié ! Où est-il, ce sang-froid
Que vous aviez tant dit que vous garderiez ?

EDGAR, *à part.*

Mes larmes prennent son parti,
Elles vont trahir mon déguisement.

LEAR

Les petites chiennes ! Toutes ensemble !
Soucoupe, Blanchette, Petit-Cœur ! Voyez-les japper
    contre moi.

EDGAR

Tom se jette contre elles tête baissée. Arrière, maudits
roquets !
    Blanc ou noir soit ton museau,
    Venimeuse ou non ta dent
    Dogue, roquet, lévrier,
    Épagneul, braque ou bâtard,
    Queue qui manque ou qui frétille,
    Tom va te faire gémir !
    Si je fonce avec la tête,
    Sautez la haie, sales bêtes !
Dou, di, di, di ! Psst, Psst ! Allons, en route pour les
veillées, les assemblées, les marchés. Pauvre Tom, ta
corne est sèche.

LEAR

Qu'on dissèque Régane ; qu'on voie ce qui lui pousse en
place de cœur ! Est-ce que cela s'explique par la nature,

ces cœurs de pierre ? (*A Edgar.*) Vous, monsieur, je vous
prends au nombre de mes cent hommes. Mais je n'aime
pas votre habillement. Vous me direz que c'est celui de la
Perse. Pourtant, vous en changerez.

KENT

Allons, mon cher seigneur, allongez-vous ici et prenez un
peu de repos.

LEAR

Ne faites pas de bruit, pas de bruit ; tirez les rideaux.
Comme cela, oui, comme cela ; nous souperons dans la
matinée.

LE FOU

Et à midi, j'irai me coucher.

Entre Gloucester.

GLOUCESTER

Viens ici, mon ami. Où est le roi, mon maître ?

KENT

Ici, monsieur. Mais ne le dérangez pas. Il a perdu ses
esprits.

GLOUCESTER

S'il te plaît, mon ami, prends-le dans tes bras.
J'ai eu vent d'un complot pour le faire mourir.
Mais voici prête une litière ; étends-le dessus
Et conduis-le vers Douvres, où tu trouveras
Accueil et sauvegarde. Emmène ton maître.
Si tu tardes d'une demi-heure, sa vie
Et la tienne, et tous ceux qui le défendraient
Sont voués au désastre. Emmène-le, tout de suite,
Et suis-moi, que je te conduise rapidement
Vers les préparatifs que j'ai faits pour vous.

KENT

La nature accablée s'est endormie.
Ce repos aurait pu étendre son baume
Sur tes nerfs déchirés... Ils auront du mal à guérir
Si notre situation reste aussi mauvaise...
(*Au fou.*) Viens, aide-moi à porter ton maître.
Il ne faut pas que tu restes.

GLOUCESTER

Allons, vite, venez !

> *Gloucester, Kent et le fou sortent, emportant Lear.*

EDGAR

Quand nous voyons nos maux accabler de plus grands que
    nous,
A peine les sent-on encore nos ennemis.
Le pire, c'est souffrir seul, quand la pensée
Laisse derrière soi la liberté, le bonheur,
Et notre esprit s'allège de bien des peines
Si chagrin et souffrance ont des compagnons.
Que ma douleur m'est maintenant légère,
Puisque ce qui me courbe a fait plier notre roi.
Pour lui, ce furent les filles, et pour moi le père. Allons,
    Tom !
Prête l'oreille aux rumeurs, et proclame-toi
Dès que le cri public, dont l'erreur à présent te souille,
Saura ta cause juste et t'appellera... Que le roi
Quoi qu'il advienne encore cette nuit,
S'en tire sauf... Nous ? Motus, oui, motus !

> *Il sort.*

Scène VII

Une salle du château de Gloucester.

Entrent CORNOUAILLES, RÉGANE, GONERIL,
EDMOND *et des* SERVITEURS.

CORNOUAILLES, *à Goneril.*

Auprès de monseigneur votre époux retournez en hâte ; et
montrez-lui cette lettre : les troupes françaises ont débarqué. Qu'on nous trouve Gloucester, le traître !

RÉGANE

Qu'on le pende, immédiatement !

GONERIL

Qu'on lui arrache les yeux !

CORNOUAILLES

Laissez-le à la garde de ma colère. Et vous, Edmond,
accompagnez notre sœur. Les vengeances qu'il nous faut
prendre sur votre père félon ne sont pas faites pour vos
regards. Dites au duc, chez lequel vous partez, d'accélérer
ses préparatifs : comme nous-mêmes nous allons faire.
Entre vous et nous nos courriers assureront des liaisons
rapides. Au revoir, chère sœur. Au revoir, sire de
Gloucester.

Entre Oswald.

Eh bien ? Où est le roi ?

OSWALD

Monseigneur de Gloucester l'a fait emmener.
Quelque trente-cinq ou trente-six de ses chevaliers

Qui le cherchaient ardemment l'ont rejoint
Aux portes, et avec d'autres, qui appartiennent au duc,
Ils l'accompagnent à Douvres où ils se targuent
D'avoir de puissants amis.

CORNOUAILLES

Allez chercher des chevaux pour votre maîtresse.

GONERIL

Au revoir, mon cher prince, au revoir, ma sœur.

CORNOUAILLES

Au revoir, Edmond.

Goneril, Edmond et Oswald sortent.

Et allez nous chercher le traître Gloucester.
Garrottez-le comme un voleur, produisez-le devant nous.

Sortent des serviteurs.

C'est vrai que sans les formes de la justice
Nous ne pouvons le tuer. Mais notre puissance
Fera une faveur à notre colère.
Nous blâmera qui veut, il n'y pourra rien.

Entrent des serviteurs, avec Gloucester prisonnier

Qui est-ce là ? Le traître ?

RÉGANE

L'ingrat renard ! c'est lui.

CORNOUAILLES

Liez solidement ses bras racornis.

GLOUCESTER

Que veulent donc Vos Grâces ? Mes chers amis,
N'oubliez pas que vous êtes mes hôtes.
N'allez pas me jouer quelque mauvais tour.

CORNOUAILLES

Garrottez-le, vous dis-je.

RÉGANE

Plus fort ! ô puant traître !

GLOUCESTER

Ah, femme sans pitié, je ne suis pas un traître.

CORNOUAILLES

Liez-le à ce siège !
Misérable, tu vas savoir...

Régane lui tire la barbe.

GLOUCESTER

Bonté des dieux ! c'est ignoble
De me tirer la barbe.

RÉGANE

Si blanche, et d'un tel traître !

GLOUCESTER

Mauvaise femme ! Ces poils
Que tu m'arraches du menton vont prendre vie
Pour crier mon grief. Je suis votre hôte.
De vos mains de voleurs, comment osez-vous
Bafouer la face de votre hôte ? Que faites-vous ?

CORNOUAILLES

Allons, monsieur. Quelle sorte de lettre
Avez-vous récemment reçue de France ?

RÉGANE

Répondez sans détour, nous savons tout.

CORNOUAILLES

Et qu'avez-vous tramé avec ces félons
Qui viennent de débarquer ?

RÉGANE

Et à qui
Avez-vous envoyé le roi fou ? Parlez donc !

GLOUCESTER

J'ai reçu une lettre, tout entière de conjectures,
Et de quelqu'un dont le cœur est neutre,
Nullement ennemi.

CORNOUAILLES

Le rusé.

RÉGANE

Le menteur.

CORNOUAILLES

Où as-tu envoyé le roi ?

GLOUCESTER

A Douvres.

RÉGANE

Pourquoi Douvres ?
N'as-tu pas reçu l'ordre, au péril...

CORNOUAILLES

Pourquoi Douvres ?
Qu'il réponde d'abord à cette question !

GLOUCESTER

Lié à un poteau comme je suis,
Je me dois d'affronter la meute.

RÉGANE

Pourquoi Douvres, monsieur ?

GLOUCESTER

Oh, parce que
Je ne voulais pas voir tes ongles cruels
Arracher ses vieux yeux, ni ta sœur féroce,
Ce sanglier ! ronger de ses crocs sa chair
Ointe par le Seigneur ! La mer s'en fût dressée,

Elle eût noyé les astres dans un même
Orage que l'enfer qui gifla, cette nuit,
Sa chère tête nue. Pauvre vieux cœur,
Lui, pourtant, il aida les cieux à pleuvoir !
Que des loups à ta porte eussent hurlé
Par cet abominable temps, et tu m'aurais dit
« Ouvre, brave portier ! » Les êtres les plus cruels
Auraient cédé. Mais je verrai s'abattre
Sur d'aussi durs enfants la Vengeance aux ailes de feu.

CORNOUAILLES

Non, jamais tu ne le verras.
Tenez le siège, vous autres !
Sur tes sales yeux je mettrai le pied.

GLOUCESTER

Oh, que ceux-là qui pensent à leur vieillesse
Viennent à mon secours ! Ô cruels ! par les dieux !

On lui arrache un œil.

RÉGANE

L'autre côté lui ferait la nique. A son tour !

CORNOUAILLES

Si vous voyez Vengeance...

UN PREMIER SERVITEUR

Retenez-vous, monseigneur !
Je vous ai assisté depuis mon enfance,
Mais, en vous commandant de vous arrêter,
Je vous rends le meilleur de tous mes services.

RÉGANE

Comment, chien !

LE PREMIER SERVITEUR

Si vous portiez de la barbe au menton,
Je vous l'arracherais pour cette injure.

RÉGANE

A quoi donc prétends-tu ?

CORNOUAILLES

Un de mes serfs ?

Il tire son épée.

LE PREMIER SERVITEUR

Oui, bien, venez, prenez le risque de ma colère !

RÉGANE, *à un autre serviteur.*

Donne-moi ton épée.
Un paysan, nous tenir tête ainsi ?

Elle le frappe par derrière.

LE PREMIER SERVITEUR

Oh, ils m'ont eu ! Seigneur, il vous reste un œil
Pour voir qu'un coup au moins... Oh !

Il blesse Cornouailles, et meurt.

CORNOUAILLES

Empêchons-le d'en voir davantage. Vile gelée,
Saute ! Eh bien, maintenant, où est ta lumière ?

GLOUCESTER

Tout est noir, désolé. Ô mon fils Edmond, où es-tu ?
Allume tous les feux de ta bonne nature, Edmond,
Pour venger cet atroce crime.

RÉGANE

Sois maudit, traître ignoble !
Tu appelles qui te déteste. C'est Edmond
Qui nous a renseignés sur tes trahisons.
Il a trop de valeur pour pouvoir te prendre en pitié.

GLOUCESTER

Oh, que j'ai été fou ! Puisque cela, c'est la preuve

Qu'Edgar fut calomnié.
Dieux bons, pardonnez-moi, et qu'il prospère !

RÉGANE

Qu'on le jette hors des murs, qu'il aille flairer
Son chemin jusqu'à Douvres !

                           On emmène Gloucester.

Qu'y a-t-il, monseigneur ? Vous paraissez...

CORNOUAILLES

Il m'a blessé. Venez avec moi, madame...
Flanquez dehors ce coquin d'aveugle. Jetez ce rustre
Sur le tas de fumier... Régane, je saigne à flots.
Cette blessure tombe mal. Donnez-moi le bras.

                                Ils sortent.

LE SECOND SERVITEUR

Je n'aurai plus souci de ne pas faire le mal
Si cet homme-là finit bien.

UN TROISIÈME SERVITEUR

Et si elle vit vieille
Pour à la fin mourir comme tout le monde,
Les femmes deviendront autant de harpies.

LE SECOND SERVITEUR

Suivons notre vieux comte, et disons au fou de Bedlam
De le conduire où il veut aller : puisque sa folie à lui,
    vagabonde,
Se prête à n'importe quoi.

LE TROISIÈME SERVITEUR

Va, toi. Et j'irai, moi, chercher la charpie
Et des blancs d'œufs, pour les appliquer
Sur son visage en sang. Puis, que le Ciel l'assiste !

                                Ils sortent.

ACTE IV

Scène première

La lande.

Entre EDGAR.

EDGAR

Pourtant, c'est mieux ainsi : se savoir méprisé
Que l'être à son insu par ceux qui nous louent !
A ses pires moments,
Le plus pauvre fétu qu'ait brisé la Fortune
A toujours un espoir, — et n'a rien à craindre
Puisque c'est perdre un bien qui est déplorable,
Quand du pire, on en sort... Tu seras donc
Le bienvenu, air sans substance que j'embrasse !
Ce malheureux que tu abats en est au pire,
Il ne doit plus un sou à tes rafales...
Mais qui vient là ?

Entre Gloucester, conduit par un vieil homme.

Mon père, avec ces yeux ? Ô monde, monde, monde,
Si tes sautes étranges ne nous faisaient te haïr,
Qui pourrait consentir au déclin de l'âge ?

LE VIEILLARD

Mon cher seigneur,
Je fus votre fermier, je fus celui de votre père
Pendant ces quatre-vingts ans.

GLOUCESTER

Éloigne-toi ! Mon bon ami, va-t'en !
Ton soutien ne peut m'être d'aucune aide,
Mais à toi, il pourrait te nuire.

LE VIEIL HOMME

Vous ne pourrez pas voir votre chemin !

GLOUCESTER

Je n'ai pas de chemin : à quoi bon des yeux !
Je trébuchais du temps que j'avais les miens. Que de fois
On peut voir nos ressources nous rendre trop confiants
Et nos manques tourner à notre avantage... Ô Edgar,
Mon très cher fils, de qui s'est nourrie la colère
De ton père abusé ! Puissé-je vivre
Assez longtemps pour à nouveau t'étreindre,
Et je dirai alors : j'ai retrouvé des yeux !

LE VIEIL HOMME

Eh, là ! Qui êtes-vous ?

EDGAR, *bas.*

Ô dieux ! qui peut savoir s'il a touché au pire ?
M'y voici plus que jamais.

LE VIEILLARD

C'est Tom, le pauvre fou.

EDGAR, *bas.*

Et, qui sait, j'aurai pire à connaître encore,
Car ce n'est pas le pire,
Aussi longtemps que nous pouvons penser : « C'est là le
  pire ! »

LE VIEILLARD

Camarade, où vas-tu ?

GLOUCESTER

Est-ce quelque mendiant ?

LE VIEIL HOMME

Il est fou, et mendiant aussi.

GLOUCESTER

Il n'est pas vraiment fou, sinon pourrait-il mendier ?
Dans la tempête de cette nuit, j'en vis un semblable
Qui me fit réfléchir que l'homme n'est qu'un ver. Mon fils
Me vint alors à l'esprit... Oui, bien que mon esprit
Ne l'aimât guère, alors. Depuis, j'en sais bien plus.
Des mouches dans la main d'un enfant espiègle,
Voilà ce que nous sommes pour les dieux.
Ils nous tuent pour se divertir.

EDGAR, *bas.*

Qu'a-t-il pu advenir ?... Triste besogne
Que de faire le fou devant la douleur,
Et d'irriter son mal autant que celui des autres.
(*Haut.*) Béni sois-tu, mon maître ?

GLOUCESTER

Est-ce le fou qui va nu ?

LE VIEIL HOMME

Oui, monseigneur.

GLOUCESTER

Alors, va-t'en, je te prie. Si, par égard pour moi,
Tu veux bien nous rejoindre à un ou deux milles d'ici,
Sur la route de Douvres, ton vieil amour
Se sera exprimé. Et tu apporteras quelque vêtement

Pour cette âme-là qui est nue
Et que je vais prier d'être mon guide.

LE VIEIL HOMME

Hélas, messire, il est fou !

GLOUCESTER

Eh oui, c'est le malheur du monde que les fous
Conduisent les aveugles ! Fais comme je te dis,
Ou plutôt : à ton gré ! Mais surtout : sauve-toi !

LE VIEIL HOMME

Je vais lui apporter mon meilleur manteau.
Advienne que pourra !

Il sort.

GLOUCESTER

Eh, l'ami, homme nu !

EDGAR

Le pauvre Tom a froid. *(A part.)* Je ne pourrai
Me déguiser plus longtemps...

GLOUCESTER

Viens ici, camarade !

EDGAR, *bas.*

Et pourtant, il le faut... *(Haut.)* Bénis soient tes doux
yeux, ils sont tout sanglants !

GLOUCESTER

Connais-tu la route de Douvres ?

EDGAR

Je connais les bornes et les barrières, les pistes cavalières
et les sentiers. Le pauvre Tom !... Une grande frayeur lui
a ravi ses esprits. Ô fils d'un homme de bien, le ciel te
garde de l'abominable démon ! Ils sont cinq diables à

s'être mis à la fois dans le pauvre Tom ! Obidicut, pour la
luxure, Hobbididence, prince du mutisme, Mahu, prince
du vol, Modo, du meurtre, Flibbertigibbet, des grimaces
et simagrées, qui, depuis, s'est mis à posséder les
chambrières et autres dames d'atour. Sois donc béni, ô
mon maître !

GLOUCESTER

Prends cette bourse, toi que les coups du Ciel
Plient à tout, humblement. Mon infortune
Va te rendre moins malheureux ! Ô Cieux, faites toujours
   de même !
Et que l'homme comblé, repu de plaisirs,
Qui exploite la loi divine, qui ne voit rien
Parce qu'il ne sent pas, sente vivement votre force !
Ainsi la charité détruira l'excès de richesse,
Chacun aura son dû... Connais-tu Douvres ?

EDGAR

Oui, maître.

GLOUCESTER

Il y a là une falaise, dont la haute tête penchée
Regarde avec effroi le gouffre qu'elle borne.
Conduis-moi seulement jusqu'à son extrême rebord,
Et je réparerai les maux que tu endures
Par un objet de prix : une fois là, en effet,
Plus besoin d'aucun guide !

EDGAR

Donne-moi ton bras.
Le pauvre Tom va être ton guide.

                            Ils sortent.

Scène II

Devant le château du duc d'Albany.

Entrent GONERIL *et* EDMOND.

GONERIL

Soyez le bienvenu, monseigneur ! Je m'étonne
De ne pas voir venir à notre rencontre

Entre Oswald.

Mon débonnaire époux... Eh bien ? Où est votre maître ?

OSWALD

Dans le château, madame. Mais jamais homme n'a tant
    changé.
Je lui ai parlé de l'armée qui a débarqué,
Il n'a fait qu'en sourire. Je lui ai dit que vous arriviez,
Et sa réponse a été : « Voilà plus grave. »
La trahison de Gloucester
Et les loyaux services de son fils,
Quand je l'en informai, il me traita d'imbécile
Et me dit que j'avais tout mis à l'envers.
Ce qu'il devrait le plus haïr, c'est cela qui semble lui
    plaire.
Ce qu'il devrait aimer lui fait horreur.

GONERIL, *à Edmond.*

N'allez pas plus avant s'il en est ainsi !
C'est bien là la terreur couarde de son esprit
Qui n'ose rien entreprendre. Il ne veut pas ressentir
    l'injure
Qui l'obligerait à répondre. Les vœux, Edmond,
Que nous avons formés sur notre chemin,
Qui sait ? vont s'accomplir. Retournez chez mon frère,

Hâtez l'enrôlement, commandez ses troupes,
Moi, je dois changer d'armes, et vais laisser
A mon mari la quenouille. Cet homme sûr
Nous servira de lien. Et vous saurez sous peu,
(Si vous osez agir dans votre intérêt),
Les ordres d'une maîtresse... Portez ceci. (*Elle lui donne
une faveur.*) Épargnons les mots.
Mais penchez votre tête : ce baiser, s'il osait parler,
Banderait ton courage jusqu'au ciel.
Comprends... et au revoir.

EDMOND

A vous, jusqu'à la mort !

GONERIL

Mon très cher Gloucester !

Edmond sort.

Ah, quelle différence d'un homme à l'autre !
C'est à toi que sont dus les soins d'une femme.
Un sot usurpe mon lit.

OSWALD

Madame, voici Monseigneur.

Il sort. « Entre Albany. »

GONERIL

Naguère, j'inspirais plus de désirs...

ALBANY

Ô Goneril,
Tu ne vaux pas la poussière dont l'âpre vent
Te souille le visage !
Ton caractère m'épouvante. Une créature
Qui méprise qui l'engendra, comment peut-on croire
Qu'elle se contiendra dans quelque limite ?
Celle qui de soi-même s'arrache, se déracine,

De la sève qui l'a nourrie, se desséchera
Et ne vaudra que pour le feu, comme le bois mort.

GONERIL

Suffit ! Quelle tirade imbécile !

ALBANY

A qui est vil sagesse et bonté semblent viles.
L'immondice n'aime que soi. Qu'avez-vous fait ?
Tigresses plus que filles, qu'avez-vous fait ?
Un père, un homme d'âge et de majesté,
Dont même l'ours qu'on mène par les naseaux
Lécherait les mains respectables,
Vous, barbares, dénaturées, l'avez rendu fou !
Comment mon digne frère a-t-il pu tolérer cela ?
Alors qu'il lui doit tant comme homme et comme prince ?
Oh, si le Ciel n'envoie ses esprits visibles
En hâte, pour châtier ces crimes abjects,
Il adviendra
Que les hommes entre eux se dévoreront
Comme les monstres de l'abîme !

GONERIL

Homme, toi-même, aux entrailles de lait !
Qui tends la joue aux gifles et le front aux outrages,
Qui n'as pas d'yeux, sous le sourcil, pour distinguer
Ce qui t'honore ou te gruge ; qui ne sais pas
Que seuls les sots complaignent ces gredins
Qu'il faut châtier avant qu'ils n'aient pu mal faire !
Où sont donc tes tambours ? France déploie
Ses étendards sur notre terre silencieuse.
D'un heaume empanaché il menace ton fief,
Et toi, que la morale assote, tu es là
Affalé, à gémir : « Hélas, que fait-il donc ? »

ALBANY

Regarde-toi, diablesse !

Faciès si monstrueux est moins dégoûtant
Chez le démon que la femme.

GONERIL

Idiot, et puéril !

ALBANY

Ô Goneril dénaturée, défigurée ! De grâce,
Ne prends pas cet aspect de goule ! Car plairait-il
A ces mains que voici d'obéir à mon sang,
Elles suffiraient bien à tordre, à mettre en pièces
Tes os comme ta chair... Bien que tu sois un diable,
Tu as pour protection cette apparence de femme.

GONERIL

Ah bien ! C'est ça, votre virilité ? Pffut !

Entre un messager.

ALBANY

Quelles nouvelles ?

LE MESSAGER

Ô mon gracieux seigneur, le duc de Cornouailles est mort,
Tué par un des siens. Et c'est quand il allait
Arracher le second des yeux de Gloucester.

ALBANY

Les yeux de Gloucester ?

LE MESSAGER

Oui, un des serviteurs qu'il avait nourris,
Ému de compassion, s'est interposé,
Tournant son fer contre ce maître redoutable,
Lequel, fou de fureur, s'est jeté sur lui,
Et l'a frappé à mort. Non cependant
Sans avoir essuyé ce coup pernicieux
Qui a fini par l'abattre.

ALBANY

Il faut bien que vous soyez là, au-dessus de nous,
Ô justiciers, pour que les crimes de cette terre
Trouvent si prompte vengeance... Hélas, le pauvre Glou-
cester !
A-t-il perdu l'autre œil ?

LE MESSAGER

Les deux, les deux, monseigneur.
Cette lettre, madame, exige prompte réponse.
Elle est de votre sœur.

GONERIL, *bas.*

Voilà qui me plaît bien, en un certain sens.
Toutefois elle est veuve, et mon Gloucester auprès d'elle,
Et sur ma vie, qu'alors je détesterais,
Cela risque de faire choir tout le château de mes rêves...
Mais, bah ! à la prendre d'un autre bout,
La nouvelle n'est pas de saveur si âpre...
Je vais lire, et répondre.

Elle sort.

ALBANY

Et où était son fils quand on lui a arraché les yeux ?

LE MESSAGER

En route vers chez vous, avec ma maîtresse.

ALBANY

Il n'est pas ici.

LE MESSAGER

Non, monseigneur. Je l'ai rencontré qui s'en retournait.

ALBANY

Connaît-il cette horreur ?

LE MESSAGER

Certes, mon cher seigneur. C'est lui qui a dénoncé son
    père.
Puis il s'en est allé, pour que leur vengeance
Suive un plus libre cours.

ALBANY

Je veux vivre, Gloucester,
Pour te dire merci de ton dévouement pour le roi
Et pour venger tes yeux. Viens, mon ami,
Raconte-moi tout ce que tu sais d'autre.

Ils sortent.

Scène III

Le camp français près de Douvres.

Entrent KENT *et un* GENTILHOMME.

KENT

Pourquoi le roi de France s'est-il si soudainement rembar-
qué ? En savez-vous la raison ?

LE GENTILHOMME

Quelque chose qu'il n'avait pas achevé dans le gouvernement de l'État. On s'en est avisé depuis son départ, et cela
a causé dans le royaume un sentiment si vif de danger,
une panique si grande, que son retour en personne s'est
révélé absolument nécessaire.

KENT

Qui a-t-il laissé au commandement ?

LE GENTILHOMME

Le maréchal de France, monsieur La Far.

KENT

Votre lettre a-t-elle arraché à la reine quelque démonstra-
tion de chagrin ?

LE GENTILHOMME

Oui, monsieur. L'ayant prise, elle l'a lue devant moi,
Et de temps en temps je voyais une grosse larme creuser
Sa joue si délicate. C'était bien là une reine,
Dominant ce chagrin qui, en vrai rebelle,
Cherchait à être son roi.

KENT

Oh, elle fut émue ?

LE GENTILHOMME

Mais sans perdre le sens ! Le sang-froid, le chagrin
Rivalisant pour dire ses grâces ! Vous auriez cru
Pluies et soleil ensemble, car son sourire, et ses larmes,
C'était cela, en mieux. Les heureux sourires
Qui jouaient sur ses lèvres, ces fruits mûrs,
Ne semblaient rien savoir des hôtes de l'œil
Qui, eux, perlaient du sein d'un diamant. Ah, bref,
Si la souffrance allait aussi bien à tous,
Elle serait précieuse, on l'adorerait.

KENT

Mais n'a-t-elle rien dit ?

LE GENTILHOMME

En vérité,
Une ou deux fois, elle a soupiré le mot « père »,
En pantelant, comme s'il pesait sur son cœur.
Elle a crié : « Ô sœurs, ô sœurs ! Honte sur les femmes !
    Mes sœurs !
Kent ! Mon père ! Mes sœurs ! Quoi, dans l'orage ?
Quoi, dans la nuit ? Qu'on ne croie plus à la pitié ! »
Mais ensuite elle a essuyé les eaux bénies

De ses célestes yeux que mouillaient ses plaintes,
Puis elle s'éloigna, pour rester avec sa douleur.

KENT

Ce sont les astres,
Les astres au-dessus de nous, qui gouvernent nos carac-
    tères.
Autrement, le même homme et la même femme
Ne pourraient engendrer d'aussi dissemblables enfants.
Vous ne lui avez pas parlé, depuis ?

LE GENTILHOMME

Non.

KENT

Était-ce avant le départ du roi de France ?

LE GENTILHOMME

Non, depuis lors.

KENT

Eh bien, monsieur, le pauvre Lear en détresse
Est en ville. Il se rappelle parfois,
Dans ses meilleurs moments, pourquoi nous sommes ici.
Mais il ne veut à aucun prix rencontrer sa fille.

LE GENTILHOMME

Pourquoi, mon cher monsieur ?

KENT

La honte immense qui l'accable. Sa dureté
Qui le priva de sa bénédiction, l'abandonnant
Aux hasards de l'exil, livrant ses droits précieux
A ses sœurs aux âmes de chiennes ! Ces choses-là
Si venimeusement mordent son esprit
Qu'une honte brûlante l'oblige à fuir Cordélia.

LE GENTILHOMME

Oh, prince infortuné !

KENT

N'avez-vous rien appris, des armées d'Albany et de
   Cornouailles ?

LE GENTILHOMME

Si, elles sont sur pied.

KENT

Eh bien, monsieur, je vais vous conduire auprès de Lear,
   notre maître,
Et le confier à vos soins. Une affaire très importante
Va encore un moment me draper de secret.
Quand je serai connu pour celui que je suis,
Vous n'aurez pas regret de vous être confié à moi.
Je vous en prie, venez.

Ils sortent.

Scène IV

Même lieu.

Entrent CORDÉLIA, *un* MÉDECIN, *des soldats.*

CORDÉLIA

Hélas, c'est lui ! nous venons de l'apercevoir,
Aussi fou que la mer houleuse. Il chantait, à tue-tête,
Il était couronné d'âcre fumeterre,
De sanves et de ciguë, d'orties, de fleurs de coucou,
Et d'ivraie et de toutes ces herbes vaines
Qui poussent dans le blé qui nous nourrit.

Qu'une centaine d'hommes partent fouiller
Tout le terrain caché sous ces hauts épis,
Et nous ramènent le roi ! *(Sort un officier.)* Que peut la
   science
Pour rétablir ses facultés ravies ?
J'abandonne à qui l'aidera tout ce qui paraît ma fortune.

LE MÉDECIN

Il y a des moyens, madame.
Ce qui nourrit notre être, c'est ce repos
Qui justement lui manque. Pour qu'il le trouve,
Il y a bien des simples, dont le pouvoir
Fait s'endormir la douleur.

CORDÉLIA

Ô vous, tous les secrets que bénit le Ciel,
Et toute l'efficace inconnue des plantes,
Jaillissez de mes pleurs. Soyez une aide, un remède
A la détresse de cet homme qui est bon... Et qu'on le
   cherche,
Qu'on le cherche, de crainte que sa démence
Qui va sans frein ne ruine cette vie
Qui manque des moyens de se gouverner.

Entre un messager.

LE MESSAGER

Des nouvelles, madame !
Les forces britanniques marchent vers nous.

CORDÉLIA

Nous le savions déjà. Tous nos préparatifs
Sont pour les affronter... Ô mon père chéri,
C'est dans ton intérêt que je m'affaire.
Et parce qu'eut pitié de mon grand chagrin
Et de mes larmes importunes le glorieux France.
Nulle vaine ambition n'incite nos armes,

Rien que l'amour, un tendre amour et les droits de notre
    vieux père...
Puissé-je seulement bientôt l'entendre et le voir !

Ils sortent.

Scène V

Le château de Gloucester.

Entrent RÉGANE *et* OSWALD.

RÉGANE

Mais les armées de mon frère ? Sont-elles en route ?

OSWALD

Oui, madame.

RÉGANE

Y est-il en personne ?

OSWALD

Oui, madame : et non sans se plaindre,
C'est votre sœur le meilleur soldat.

RÉGANE

Lord Edmond n'a donc pas parlé avec votre maître, chez
    lui ?

OSWALD

Non, madame.

RÉGANE

Que peut bien signifier la lettre
Que lui envoie ma sœur ?

OSWALD

Je ne sais pas, madame

RÉGANE

En fait, il est parti ; et en toute hâte,
Pour une affaire grave. Ce fut idiot,
Quand Gloucester eut les yeux crevés, de le laisser vivre
Car, partout où il passe, il émeut les cœurs
Et, certes, contre nous ! Edmond est allé, je pense,
Par compassion pour ses maux, liquider
Sa vie comble de nuit ; et, outre cela, découvrir
La force de l'ennemi.

OSWALD

Madame, il faut absolument
Que je le rejoigne avec cette lettre.

RÉGANE

Nos troupes partent demain matin. Restez avec nous.
Les routes sont dangereuses.

OSWALD

Je ne le puis, madame.
Ma maîtresse m'a bien marqué quel est mon devoir.

RÉGANE

Quel besoin avait-elle de lui écrire ? Ne pourriez-vous
Lui dire ses projets de vive voix ?... Sans doute
Qu'il y a là — que sais-je ! Je t'aimerai beaucoup :
Laisse-moi ouvrir cette lettre !

OSWALD

Ah, madame, plutôt...

RÉGANE

Je sais que votre dame n'aime pas du tout son mari.
J'en ai la certitude. Et à sa dernière visite,

Elle lança d'étranges œillades, oui, de bien éloquents regards
Au noble Edmond. Vous, je le sais encore,
Vous êtes de ses très proches...

OSWALD

Moi, madame?

RÉGANE

Je parle à bon escient; vous l'êtes; je le sais.
Et c'est pourquoi je vous conseille de bien comprendre
    ceci!
Mon époux et seigneur est mort. Edmond et moi-même
Avons parlé; et ce gant me va mieux
Qu'il n'irait à votre maîtresse. Fort bien. A vous
D'en deviner plus long. Si vous le retrouvez,
Remettez-lui cet objet, je vous prie,
Et quand votre maîtresse aura tout appris,
Souhaitez-lui, s'il vous plaît, de retrouver sa raison.
Ceci dit, au revoir. Si, par hasard,
Vous entendiez parler de ce traître aveugle...
Je saurai gré à qui le supprimera.

OSWALD

Puissé-je le rencontrer, madame! Pour vous prouver
Quelle maison je sers!

RÉGANE

Adieu.

Ils sortent.

Scène VI

La campagne aux environs de Douvres.

Entrent GLOUCESTER, *et* EDGAR *en paysan.*

GLOUCESTER

Quand serai-je au sommet de cette colline ?

EDGAR

Mais vous la gravissez ! Sentez combien nous peinons.

GLOUCESTER

Il me semble que c'est tout plat.

EDGAR

Horriblement abrupt.
Écoutez ! N'entendez-vous pas le bruit de la mer ?

GLOUCESTER

Non, vraiment pas

EDGAR

Eh bien, vos autres sens se sont affaiblis
Dans ce martyre de vos yeux.

GLOUCESTER

Cela se peut, en effet...
Ta voix, me semble-t-il, a changé, et tu parles
Mieux qu'avant, et tu dis des choses sensées.

EDGAR

Vous vous trompez. Je n'ai changé en rien
Sauf en mes vêtements.

GLOUCESTER

Il me semble pourtant que tu parles mieux.

EDGAR

Venez, voici l'endroit, monsieur. Ne bougez pas.
Oh, que c'est effrayant et vertigineux
De jeter les yeux dans ce gouffre ! Corbeaux, corneilles
Qui volent à mi-hauteur, ne paraissent guère
Plus que des scarabées. A mi-falaise
Un homme suspendu cueille la salicorne — l'affreux
    métier !
Il ne me semble pas plus gros que sa tête.
Et les pêcheurs qui marchent sur la grève,
On dirait des souris. Et ce grand navire à l'ancre, là-bas,
Il est petit comme sa chaloupe qui, elle-même,
Presque invisible, est comme une bouée.
La houle murmurante, qui se déchire
Aux innombrables galets stériles, ne peut être
Entendue, de si haut ! Je ne regarde plus,
Car j'ai peur du vertige,
Et que mes yeux ne se troublent et que je ne roule la tête
    en bas.

GLOUCESTER

Place-moi où tu es.

EDGAR

Donnez-moi votre main. Vous êtes, maintenant,
A un pied du rebord extrême. Pour tous les biens de la
    terre,
Je ne bondirais en avant.

GLOUCESTER

Lâche ma main.
Voici une autre bourse, mon ami. Il y a là
Un joyau qui vaut bien qu'un homme pauvre l'accepte.
Que les fées et les dieux

Le fassent prospérer pour toi ! Éloigne-toi.
Dis-moi adieu, et que j'entende ton départ.

EDGAR

Eh bien, adieu, monseigneur.

GLOUCESTER

Adieu, de tout mon cœur.

EDGAR, *bas.*

Je joue ainsi avec son désespoir,
Mais c'est pour mieux l'en guérir.

GLOUCESTER

Ô vous, dieux tout-puissants,

« *Il s'agenouille.* »

Je renonce à ce monde et, sous vos yeux,
Je dépose sans plainte mon grand malheur.
Si je pouvais le supporter encore
Et ne pas m'abaisser jusqu'à quereller
Vos hautes volontés que nul ne peut contredire,
La mèche, qui charbonne, de mon détestable reste de vie
Pourrait brûler jusqu'au bout... Si Edgar est vivant
Bénissez-le... Soit ! Adieu, compagnon.

EDGAR

Je suis parti, messire. Adieu à vous.

Gloucester tombe, et reste évanoui.

(*A part.*) En fait, je ne sais pas dans quelle mesure
Son imagination ne peut lui ravir
Le trésor d'une vie bien trop consentante... Se fût-il
    trouvé
Là où il pensait être, sa pensée
Ne serait rien, maintenant. Est-il vivant, est-il mort ?
Holà, monsieur ! Hé, l'ami ! M'entendez-vous ? Parlez-
    moi, messire !

C'est vrai qu'il aurait pu mourir, de cette façon :
Mais il revit... Qui êtes-vous, monsieur ?

GLOUCESTER

Va-t'en, laisse-moi mourir.

EDGAR

Il fallait que tu fusses un fil de la Vierge
Ou une plume ou de l'air, pour, tombant de si haut,
Ne pas t'être brisé comme un œuf ; et pourtant, c'est vrai,
Tu respires, être corporel, tu ne saignes pas et tu parles,
Et tu es sauf. Dix mâts mis bout à bout
Ne feraient pas la hauteur dont tu viens de tomber tout
    droit.
C'est un miracle que tu vives. Parle encore.

GLOUCESTER

Mais suis-je tombé, ou pas ?

EDGAR

De l'effrayant sommet de ces bornes crayeuses !
Regarde donc là-haut : la stridente alouette
Y est si éloignée qu'on ne peut la voir ni l'entendre.
Regarde donc.

GLOUCESTER

Hélas, je n'ai pas d'yeux ! A la détresse
Est-il donc refusé le soulagement
De finir par la mort ? Pour l'infortuné, autrefois,
C'était un réconfort de déjouer la rage
Du tyran, de frustrer son orgueilleux vouloir.

EDGAR

Donnez-moi votre bras. Redressez-vous. Voilà
Comment vous sentez-vous ? Comment sont vos jambes ?
Vous vous tenez debout !

GLOUCESTER

Trop bien, trop bien !

EDGAR

C'est au-delà de toute étrangeté !
Sur la crête de la falaise, qu'était-ce donc
Qui s'est éloigné de vous ?

GLOUCESTER

Un pauvre, un malheureux mendiant.

EDGAR

Vu d'ici, par-dessous, j'ai cru que ses yeux
Étaient deux pleines lunes. Il avait un millier de nez,
Des cornes onduleuses plissées comme les sillons de la
     mer,
C'était quelque démon ! Ah, vraiment, heureux père,
Sache que t'ont sauvé les dieux les plus clairs,
Ceux qui prennent à cœur notre impossible.

GLOUCESTER

Je me souviens ! et je souffrirai le malheur,
Désormais, jusqu'au point où c'est lui-même
Qui s'écriera : suffit ! et succombera... Cette créature,
Je la croyais un homme. Il disait souvent :
« Le démon, le démon !... » Il m'a conduit jusqu'ici.

EDGAR

Que votre esprit soit libre et sache prendre patience...

          Entre Lear, couronné de fleurs et d'orties.

Mais qui vient là ? Oh, jamais la saine raison
N'accoutrerait son maître de cette sorte.

LEAR

Non ! Ils ne peuvent pas m'arrêter. Je ne suis pas un faux-
     monnayeur.
Je suis le roi en personne...

EDGAR, *bas*.

Oh, spectacle à fendre le cœur !

LEAR

...Et sur ce point la nature fait mieux que l'art. Voici votre prime d'enrôlement. Ce gaillard-là vous manie son arc comme un qui baye aux corneilles. Bande-le-moi d'une bonne toise ! Oh, regardez, regardez, une souris ! Paix, paix, ce bout de fromage grillé fera l'affaire. Voici mon gant. Je soutiendrai ma cause à la barbe d'un géant. Qu'on m'apporte des hallebardes ! Oh, bien volé, mon petit oiseau ! Dans le mille, pan, dans le mille ! Frrr... ! Dites le mot de passe.

EDGAR

Gente marjolaine.

LEAR

Passez-le.

GLOUCESTER

Je connais cette voix.

LEAR

Tiens ! Goneril avec une barbe blanche ? Ils me flattaient comme un petit chien, ils me disaient que j'avais des poils blancs dans la barbe avant que j'en aie même de noirs. Et de dire « oui » et de dire « non » à chacune de mes paroles. « Oui » et « non » à la fois, ce n'est pas de la bonne théologie. Quand la pluie est venue me tremper, une fois, et le vent me faire claquer des dents, quand le tonnerre n'a pas voulu se tenir coi sur mon ordre, eh bien, je les ai flairés, et je les ai débusqués. Allez, ce ne sont pas des hommes de parole. Ils me disaient que j'étais tout, c'est mentir. Je ne suis pas à l'épreuve de la fièvre.

GLOUCESTER

Cette sorte de voix, je m'en souviens bien.
N'est-ce pas le roi ?

LEAR

Ouais, un roi jusqu'au bout des ongles.

Quand je les fixe du regard, voyez comme ils tremblent,
    mes sujets !

Je fais grâce à cet homme. Car de quoi diable

T'accusait-on ? D'adultère ?

Tu ne mourras pas. Mourir pour un adultère ? Que non !

Le roitelet s'y roule, et la petite mouche dorée

Fait juste sous mes yeux ses lubricités.

Que la copulation prospère ! Puisque le fils bâtard de
    Gloucester

Fut plus doux pour son père que mes filles

Qui furent engendrées dans les draps légitimes.

Vas-y, luxure ! Et pêle-mêle ! Car il me faut des soldats.

Oh, voyez-moi là-bas cette minaudière donzelle

Dont la mine fait croire à des cuisses pleines de neige,

Qui singe la vertu, qui secoue la tête

Dès qu'elle entend le nom de quelque plaisir.

Et pourtant le putois ni l'étalon que l'on gave

N'y courent avec plus de furieux désirs.

Au-dessous de la taille : centauresses !

Bien que femmes plus haut.

Des yeux à la ceinture les dieux gouvernent,

En dessous, c'est l'empire de tous les diables,

C'est l'enfer, c'est la nuit, c'est la fosse pleine de soufre,

c'est tout ce qui brûle, qui ébouillante, tout ce qui pue,

qui dévore. Fi ! Fi ! Pouah ! Donnez-moi une once de

civette, bon pharmacien, pour purifier mon imagination.

Pour toi voici de l'argent.

GLOUCESTER

Oh, laissez-moi baiser cette main !

LEAR

D'abord que je l'essuie ; elle pue la mortalité.

GLOUCESTER

Ô chef-d'œuvre ruiné de la nature ! Ce vaste monde

Va donc s'effilocher jusqu'à s'anéantir ?
Ne me reconnais-tu ?

LEAR

Je me rappelle assez bien tes yeux. Louches-tu vers moi ?
Oh, tu peux t'escrimer, Cupidon aveugle,
Jamais je n'aimerai plus. Lis un peu ce défi.
Admire le tour de plume.

GLOUCESTER

Même tes lettres des soleils, je n'en pourrais voir aucune.

EDGAR, *bas.*

Je n'aurais pu le croire d'aucun témoin
Et cependant c'est vrai, et mon cœur se brise.

LEAR

Lis.

GLOUCESTER

Comment ! avec les trous de mes yeux ?

LEAR

Oh, oh, est-ce cela que vous voulez dire ? Pas d'yeux sur
votre tête, et pas un sou dans la bourse ? Vos yeux au fond
du trou, et votre bourse trouée ? Et pourtant, vous voyez
comment va le monde.

GLOUCESTER

Faute de le voir, je le sens.

LEAR

Quoi ? es-tu fou ? A-t-on besoin de ses yeux pour voir
comment va le monde ? Regarde avec tes oreilles. Vois ce
juge qui invective ce pauvre grand dadais de voleur. Et
écoute, que je te dise à l'oreille. Change-les de place et,
am-stram-gram, qui sera le juge, qui le voleur ? Tu as vu
un chien de ferme aboyer après un mendiant ?

GLOUCESTER

Oui, sire.

LEAR

Et le pauvre diable déguerpir, devant le molosse ? Eh bien,
tu peux admirer là le symbole parfait de l'autorité.
Le chien en place fait loi.
Ah, canaille d'huissier, retiens ta main sanglante.
Pourquoi fustiges-tu cette putain ? Dénude ton propre
    dos,
Toi qui as chaude envie de faire avec elle
Ce pour quoi tu la fouettes. L'usurier
Fait pendre le filou. Sous les habits troués
Se voient les moindres fautes : alors que robes, manteaux
    fourrés,
Eux, dissimulent tout. Blinde le crime d'or
Et le glaive puissant de la justice
S'y brise, inoffensif. Arme-le de haillons
Et un pygmée le perce d'un brin de paille.
Personne n'est coupable. Je dis : personne ! De chacun
Je me porte garant. Oui, mon ami,
Tiens ce conseil de moi, qui ai le pouvoir
De fermer la bouche du juge : tu te procures
Des yeux de verre et, comme un intrigant de puante
    espèce,
Fais mine de bien voir quand tu ne vois pas.
Allons ! Allons ! Allons ! Qu'on me tire les bottes !
Plus fort ! Plus fort ! Bon, comme ça.

EDGAR, *bas.*

Oh, quel mélange de substance et de délire !
Quelle raison dans cette folie !

LEAR

Et si tu veux pleurer mes malheurs, prends mes yeux.
Je te connais plutôt bien : ton nom est Gloucester.
Sois courageux ! Nous entrons pleurant dans ce monde,

Nous vagissons et pleurons, tu le sais, aussitôt notre
   premier souffle.
Écoute bien ! Je vais te faire un sermon.

GLOUCESTER

Maudit, maudit ce jour !

LEAR

Quand nous naissons, nous pleurons d'apparaître
Sur ce grand théâtre des fous... Le beau chapeau !

> *Ôte-t-il une couronne de fleurs ?*

Ce serait une jolie ruse que de ferrer
Un escadron de feutre. J'essaierai cela,
Et quand je les aurai pris à l'improviste, ces gendres,
Alors, tuez-moi ça, tuez, tuez, tuez, tuez !

> *Entre un gentilhomme, avec une suite.*

LE GENTILHOMME

Oh, le voici ! Assurez-vous de lui !
Monsieur ! Votre très chère fille...

LEAR

Aucun secours ? Prisonnier ? Allons, je suis bien
Le pantin attitré de la Fortune... Traitez-moi avec des
   égards,
Vous recevrez rançon. Un chirurgien !
J'ai le cerveau brisé !

LE GENTILHOMME

Vous allez tout avoir.

LEAR

Aucune aide ? On me laisse seul ?
Bah, ça ferait de vous un homme de sel
Si vous preniez vos yeux comme arrosoirs
Pour aplatir la poussière d'automne... Je veux mourir en
   beauté,

Comme un marié, tiré à quatre épingles : mais oui,
  joyeux !
Approchez, approchez ! Je suis un roi,
Le savez-vous, mes maîtres ?

LE GENTILHOMME

Vous êtes de nos princes, et nous vous obéissons.

LEAR

Bien, il y a de l'espoir ! Et hop ! Si vous l'attrapez, ç'aura
été à la course. Ksst, Ksst, Ksst !

Il s'enfuit, on le poursuit.

LE GENTILHOMME

Spectacle bien pitoyable
Chez le gueux le plus humble. Mais dans un roi,
Cela vous prive de mots... Tu as une fille
Qui sauve la nature de l'universel anathème
Que lui ont valu les deux autres.

EDGAR

Salut, noble seigneur !

LE GENTILHOMME

Monsieur, le Ciel vous garde. Que voulez-vous ?

EDGAR

Avez-vous entendu parler, monsieur, d'une bataille à
  venir ?

LE GENTILHOMME

Elle est tout à fait sûre et chacun le sait.
Il faut même être sourd pour ne pas l'avoir entendu.

EDGAR

Mais, s'il vous plaît,
A quelle distance est l'autre armée ?

LE GENTILHOMME

Bien près, et venant vite. On s'attend que dans l'heure même
Apparaisse le gros des troupes.

EDGAR

Merci, monsieur. C'était tout.

LE GENTILHOMME

Bien que la reine
Soit retenue ici par une affaire particulière,
Son armée est en marche.

EDGAR

Merci, monsieur.

Sort le gentilhomme.

GLOUCESTER

Dieux toujours bienfaisants, ôtez-moi la vie !
Ne laissez pas mon mauvais démon m'inciter encore
A mourir avant l'heure qui vous agrée.

EDGAR

Père, c'est bien prier.

GLOUCESTER

Mais, aimable seigneur, qui êtes-vous ?

EDGAR

Un bien pauvre homme, qui s'est soumis
Aux coups de la Fortune ; et qui, à l'épreuve
Des souffrances qu'il a connues et durement ressenties,
S'est ouvert à la charité. Donnez-moi votre main,
Et je vous conduirai à quelque refuge.

GLOUCESTER

Oh, de tout cœur, merci !

Que les bontés du Ciel et sa bénédiction
Vous soient données, vous soient toutes données !

Entre Oswald.

OSWALD

Une peau mise à prix ! Ça, quelle aubaine !
Ta tête sans regard fut faite chair
Pour nourrir ma fortune. Ô malchanceux vieux traître,
Recueille-toi en vitesse ; voici dehors
L'épée qui va te détruire.

GLOUCESTER

Que ta main amicale
Y mette toute sa force !

Edgar s'interpose.

OSWALD

Paysan effronté ! Pourquoi
Oses-tu soutenir un traître, un banni ?
Arrière ! Crains
Que la peste de sa fortune ne s'abatte
Semblablement sur toi. Lâche son bras !

EDGAR

J'allons pas l' lâcher, m'sieur, sans queq' aut' raison.

OSWALD

Lâche-le, manant, ou tu meurs.

EDGAR

Mon brav' monsieur, passez vot' chemin, et laissez le pov'
monde passer l' sien. Si c'est-y qu' les grands airs
pouvaient m' faire périr, ça fait ben quinze jours que ça
s'rait fait. Non ! n'approchez pas du vieux, arrière, que
j' vous dis, ou j'irions vérifier si c'est vot' caboche ou ma
trique qu'est la plus dure. Je s'rons ben franc avec vous.

OSWALD

Hors d'ici, vieux fumier !

Ils combattent.

EDGAR

J' vas vous curer les dents, m'sieur, venez çà ! Je m' fiche
pas mal de vos bottes.

Oswald tombe.

OSWALD

Tu m'as tué, esclave. Eh bien, manant, prends ma
  bourse.
Si tu veux prospérer, enterre mon corps
Et remets cette lettre que tu vas trouver dans ma poche
A Edmond, le duc de Gloucester. Tu le chercheras
Dans le parti anglais. Ô Mort, inopportune... Ô mort, ô
  mort !

Il meurt.

EDGAR

Gredin, je te connais, homme à tout faire,
Aussi docile aux vices de ta maîtresse
Que le mal pourrait le rêver !

GLOUCESTER

Quoi, est-il mort ?

EDGAR

Asseyez-vous, mon père, reposez-vous.
Voyons ses poches ; car les lettres dont il parlait
Pourraient bien m'être amies. Il est mort. Et mon seul
  regret
C'est qu'il n'ait pas péri sous une autre main... Voyons ça.
Cède, gentille cire. Convenances, ne dites rien.
Pour savoir ce qu'ils ont en tête, nos ennemis,
Nous leur ouvrons le cœur. Ouvrir leurs enveloppes,
C'est plus civil, quand même.

Il lit :

« Rappelez-vous les serments que nous avons échangés.
Vous ne manquerez pas d'occasion de nous défaire de lui ;
si votre volonté ne défaille pas, les moments et les lieux
s'offriront à profusion. Rien n'est acquis s'il rentre
vainqueur. C'est moi alors qui serai prisonnière, c'est son
lit qui sera ma geôle. Délivrez-moi de la tiédeur abhorrée
de cette couche et, pour votre peine, prenez la place.

> « Votre — femme, comme je voudrais pouvoir dire ;
> votre très tendre servante. Goneril. »

Ô monde illimité du désir de la femme !
Un complot sur la vie d'un vertueux époux
Et mon frère, en échange ! Je vais t'enfouir
Dans le sable, ici même, impie messager
De meurtriers lubriques ! Et, au moment voulu,
De ce maudit papier je blesserai les yeux
Du duc que l'on veut tuer. Ce lui sera utile,
Ce que je peux conter sur ta besogne et ta mort.

GLOUCESTER

Le roi est fou. Mais comme il est solide, mon vil bon sens
Puisque je reste droit et si averti
Du poids de mes chagrins ! Mieux vaudrait que je
    déraisonne :
Ainsi de mes souffrances serait coupée ma pensée,
Et mes malheurs perdraient, sur les voies fausses du rêve,
La connaissance d'eux-mêmes...

Tambours au loin.

EDGAR

Donnez-moi la main.
Je crois bien que j'entends le tambour, très loin.
Venez, mon père, que je vous mène chez un ami.

Ils sortent.

Scène VII

Une tente, au camp des Français.

Entrent CORDÉLIA, KENT,
un MÉDECIN *et un* GENTILHOMME

CORDÉLIA

Généreux Kent ! Quelle vie de reconnaissance
Équivaudra ta bonté ? La mienne sera trop courte,
C'est au-delà de toute mesure.

KENT

Votre merci, madame, et c'est déjà trop payé...
Tout mon récit, c'est la vérité toute simple,
Rien d'ajouté, rien de retranché : ce qui fut.

CORDÉLIA

Sois mieux vêtu !
Ce costume rappelle tes pires heures.
Je t'en prie, quitte-le.

KENT

Pardonnez-moi, chère dame.
Qu'on me sache déjà, et ce serait couper court
Au plan que j'ai formé. Ma récompense,
Que ce soit : n'être pas reconnu de vous
Avant que le moment ne m'apparaisse propice.

CORDÉLIA

Soit, mon très cher seigneur.
(*Au médecin.*) Le roi ? Comment va-t-il ?

LE MÉDECIN

Madame, il dort tranquille.

CORDÉLIA

Ô dieux cléments ! Réparez cette immense brèche
De sa nature trop malmenée. Rétablissez
Les perceptions déjointées, discordantes
De ce père victime de l'enfant.

LE MÉDECIN

Plairait-il à Votre Majesté
De nous laisser éveiller le roi ? Il a dormi longtemps.

CORDÉLIA

Prenez votre savoir pour guide, et faites
Comme vous l'entendez. L'a-t-on bien vêtu ?

LE GENTILHOMME

Oui, madame. Pendant ce lourd sommeil,
Nous lui avons passé des vêtements neufs.

LE MÉDECIN

Soyez tout près, madame, quand nous allons l'éveiller.
Je ne doute pas qu'il soit calme.

CORDÉLIA

Très bien.

      « *Entre Lear endormi, sur un fauteuil porté par des
serviteurs.* »

LE MÉDECIN

Approchez, s'il vous plaît. Plus fort, les musiciens !

CORDÉLIA

Ô mon père chéri ! Que la guérison
Attache son remède à mes lèvres ! Que ce baiser
Répare la brutalité de mes deux sœurs,
Et le tort qu'elles firent à ta vénérable personne.

KENT

Bonne et chère princesse !

CORDÉLIA

N'eussiez-vous même été leur père, ces flocons blancs
Réclamaient déjà leur pitié. Était-ce là un visage
A exposer aux coups des vents belliqueux ?
Et qui dût affronter le sourd fracas du tonnerre,
Aux flèches qui épouvantent, dans l'attaque
Agile et redoutable de l'éclair
Rapide, zigzagant ? Qui dût, pauvre égaré,
Monter la garde avec ce frêle heaume ? Une nuit pareille,
Le chien d'un ennemi, m'eût-il même mordue,
L'eût passée à mon feu. Et toi, tu fus contraint, pauvre
    père,
De prendre gîte avec des porcs, des vagabonds
Sur trois brins de paille moisie. Hélas, hélas !
Quelle merveille que ta vie, ton intelligence,
N'aient pas sombré d'un coup ! Il se réveille.
Vous allez lui parler.

LE MÉDECIN

Madame, parlez, vous. Ce sera mieux.

CORDÉLIA

Comment se sent mon royal seigneur ?
Comment va Votre Majesté ?

LEAR

Vous me faites du tort, de me tirer de la tombe.
Tu es une âme d'élue. Mais moi, je suis attaché
Sur une roue de feu, et mes larmes mêmes me brûlent
Comme du plomb fondu.

CORDÉLIA

Sire, me reconnaissez-vous ?

LEAR

Vous êtes un esprit, je vois. Quand êtes-vous morte ?

CORDÉLIA

Toujours, toujours à errer.

LE MÉDECIN

Il est à peine éveillé. Laissons-le se reprendre.

LEAR

Où ai-je été ? Où suis-je ? Fait-il grand jour ?
On m'a terriblement maltraité. J'en mourrais même de
    compassion
Si je voyais quelqu'un souffrir de la sorte.
Et je ne sais que dire ! Puis-je jurer
Que ce sont là mes mains ? Voyons. Je peux sentir
Que cette épingle me pique. Oh, que je voudrais être
Éclairé sur mon sort !

CORDÉLIA, *s'agenouillant.*

Oh, messire, regardez-moi
Et levez au-dessus de moi vos mains bénissantes...
Non, sire, il ne faut pas vous agenouiller.

LEAR

Je vous en prie, ne vous moquez pas de moi.
Je suis un très vieil homme très sot, très fou,
D'au moins quatre-vingts ans, non, pas une heure
Ni de plus ni de moins ; et, pour parler franc, je redoute
De ne plus être au mieux de ma raison.
Je vous connais, il me semble, et cet homme aussi,
Mais je reste incertain ; car j'ignore, complètement,
Quel est ce lieu ; et n'ai rien dans ma tête
Qui m'explique ces vêtements ; et ne sais pas même
Où j'ai logé cette nuit. Ne riez pas de moi,
Mais, aussi vrai que je suis un homme, je pense
Que cette dame que voici, c'est Cordélia, mon enfant.

CORDÉLIA

Mais oui, c'est moi, c'est moi !

LEAR

Vos larmes mouillent-elles ? Oui, ma foi.
Je vous prie de ne pas pleurer.
Si vous avez du poison pour moi, je saurai le boire.
Je sais que vous ne m'aimez guère, puisque vos sœurs
M'ont, autant que je m'en souvienne, fait du mal.
Vous avez des motifs, elles n'en ont pas.

CORDÉLIA

Aucun motif, aucun !

LEAR

Suis-je en France ?

KENT

Dans votre propre royaume, sire.

LEAR

Ne me trompez pas.

LE MÉDECIN

Soyez réconfortée, madame ; la plus violente fureur
A succombé en lui, vous pouvez le voir.
Toutefois, il est dangereux de lui faire reparcourir
Le chemin oublié. Priez-le de rentrer.
Ne le dérangez plus tant qu'il n'a pas plus de calme.

CORDÉLIA

Plairait-il à Votre Altesse de faire quelques pas ?

LEAR

Il vous faudra être indulgente.
Oh, je vous prie, oubliez et pardonnez-moi,
Car je suis un vieillard et un insensé.

      Tous sortent, sauf Kent et le gentilhomme.

LE GENTILHOMME

Se confirme-t-il, monsieur, que le duc de Cornouailles a
été tué dans ces circonstances ?

KENT

Monsieur, c'est tout à fait sûr.

LE GENTILHOMME

Qui commande les siens ?

KENT

A ce qu'on dit, le fils bâtard de Gloucester.

LE GENTILHOMME

On dit qu'Edgar, son fils mis au ban, est en Allemagne
avec le comte de Kent.

KENT

La rumeur peut changer... Il est temps de veiller au
grain : les armées du royaume approchent vite.

LE GENTILHOMME

Ce règlement final a de bonnes chances d'être sanglant.
Adieu, monsieur.

Il sort.

KENT

Mon dessein, mon destin
Vont être en bien ou mal à jamais tranchés
Dans ce jour de combat — selon qui va gagner.

Il sort.

ACTE V

Scène première

Le camp britannique près de Douvres.

Entrent, avec tambours et enseignes,
EDMOND, RÉGANE, *des* OFFICIERS, *des* SOLDATS.

EDMOND, *à un officier.*

Faites-vous dire par le duc s'il s'en tient à son dernier
plan,
Ou si je ne sais quoi, depuis, l'aura poussé
A changer ses projets. Il est plein d'inconstance
Et de blâme contre soi-même. Rapportez-nous
Ce que finalement il désire faire.

L'officier sort.

RÉGANE

L'homme de notre sœur a péri, ce n'est pas douteux.

EDMOND

C'est à craindre, madame.

RÉGANE

Mon doux seigneur,
Vous savez l'affection que j'ai pour vous.
Dites-moi, mais très franchement, dites-moi toute la
vérité.
N'aimez-vous pas ma sœur ?

EDMOND

D'un amour respectueux.

RÉGANE

Mais n'avez-vous jamais remplacé mon beau-frère
Là où c'est défendu...

EDMOND

Si vous pensez ainsi, vous faites erreur.

RÉGANE

Je me demande
Si vous n'avez été son ami, son intime,
Au sens fort de ces mots.

EDMOND

Non, madame, sur mon honneur.

RÉGANE

Jamais je ne lui permettrai... Mon cher seigneur,
Gardez bien vos distances.

EDMOND

Ne craignez rien.
La voici, avec son époux le duc !

> *Entrent avec tambours et enseignes : Albany, Gone-*
> *ril, et des soldats.*

GONERIL, *à part.*

Ah, plutôt perdre cette bataille
Que de voir cette sœur me priver de lui !

ALBANY

Soyez la bienvenue, notre sœur très affectionnée.
Monsieur, j'apprends ceci : le roi a rejoint sa fille
Avec d'autres que la violence de nos règnes
Ont contraints à se révolter. Or, dans les situations
Où je n'ai pas le droit de mon côté,
Je n'ai pas non plus de vaillance... Dans cette affaire,
Ce qui me préoccupe, c'est que France
Envahisse notre pays, mais non qu'il aide
Le roi et quelques autres qui, je le crains,
Ont des motifs aussi graves que justes
Pour se dresser contre nous.

EDMOND

Seigneur, voilà de nobles paroles !

RÉGANE

Pourquoi ces arguties ?

GONERIL

Unissons-nous contre nos adversaires,
Ce n'est pas le moment
Des dissensions, des brouilles domestiques.

ALBANY

Concertons donc ce que nous allons faire,
Avec nos vieux officiers.

EDMOND

Je vous rejoins sous votre tente ; dans un instant.

RÉGANE

Ma sœur, vous nous accompagnez ?

GONERIL

Non.

RÉGANE

Ce serait fort utile. Je vous prie, venez avec nous.

GONERIL, *à part.*

Oh, oh ! voici le mot de l'énigme ! *(Haut.)* Soit, je viens

Comme ils sortent, entre Edgar, déguisé.

EDGAR

Si jamais Votre Grâce a parlé à aussi pauvre homme,
Qu'elle me laisse lui dire un mot.

ALBANY, *aux autres.*

Je vous rejoins. *(Restent Albany et Edgar.)* Parle.

EDGAR

Avant de livrer bataille, veuillez ouvrir cette lettre.
Et si vous êtes vainqueur, faites appeler par les trompes
Celui qui vous l'a remise. Misérable autant que je semble,
Je puis produire un champion, qui établira
Ce que la lettre affirme. Si vous échouez,
C'est la fin de votre aventure dans ce bas monde,
Et les intrigues cessent. Que la Fortune vous aime !

ALBANY

Attends que j'aie lu la lettre.

EDGAR

On me l'a défendu.
Quand le moment sera favorable, que seulement le héraut
m'appelle
Et je reparaîtrai.

ALBANY

Eh bien, adieu.
Je vais lire avec soin ta lettre.

Sort Edgar.
Rentre Edmond.

EDMOND

L'ennemi est en vue. Déployez vos troupes.

Voici, selon de prompts observateurs,
L'estimation de leurs forces... Mais faites hâte,
Il le faut, maintenant !

ALBANY

Je serai prêt à temps.

Il sort.

EDMOND

A chacune de ces deux sœurs, j'ai fait un serment
   d'amour.
Et chacune soupçonne l'autre, à peu près autant
Que l'homme mordu la vipère proche.
Laquelle donc vais-je prendre ? Toutes les deux ?
Ou l'une ? Ou bien aucune ? En fait, il est exclu
Que je profite d'aucune, si toutes deux
Doivent rester en vie. Prendre la veuve
Serait exaspérer, rendre folle sa sœur,
La Goneril, — et comment, de ce côté-là, rafler la mise
Tant que vivra le mari ?... Bien : pour l'instant,
Usons de celui-ci, puis, après la bataille,
Que celle qui voudra conçoive elle-même
Comment diligemment s'en débarrasser.
Pour la mansuétude
Qu'il entend témoigner à Lear et Cordélia,
La bataille finie, et eux sous notre coupe,
Ils n'en verront pas l'ombre ! Ma situation
Veut que je frappe fort — et sans hésitation.

Scène II

Un champ entre les deux camps.

« *On sonne l'alarme.* » *Entrent l'armée française et*
CORDÉLIA, *qui mène* LEAR *par la main. Ils passent.*
  « *Entrent* EDGAR *et* GLOUCESTER. »

EDGAR

Ici, père : acceptez que cet ombrage
Soit votre hôte — et priez. Que le droit triomphe !
Si jamais je reviens auprès de vous,
Je vous apporterai quelque réconfort.

GLOUCESTER

Que la grâce du Ciel vous accompagne, monsieur !

Edgar sort.

*On entend les sonneries d' « alarme », puis de
retraite. « Rentre Edgar. »*

EDGAR

Fuyons, vieillard, donne-moi ta main et fuyons.
Le roi Lear est vaincu, lui et sa fille sont prisonniers.
Donne-moi ta main, et viens vite !

GLOUCESTER

Non, pas plus loin, monsieur. On peut bien pourrir ici
même.

EDGAR

Quoi, une fois de plus ces pensées malsaines ? Mais non, il
faut
Que les hommes supportent leur départ
Comme ils acceptent leur venue. Car l'essentiel,
C'est que le fruit mûrisse. Allons, venez vite.

GLOUCESTER

Cela aussi, c'est vrai.

Ils sortent.

Scène III

Le camp britannique près de Douvres.

Entrent EDMOND, *victorieux, avec tambours et enseignes ;*
LEAR *et* CORDÉLIA, *prisonniers ; des soldats et un capitaine.*

EDMOND

Que quelques officiers les emmènent, sous bonne garde,
Jusqu'à ce que s'exprime le bon plaisir
Des autorités les plus hautes.

CORDÉLIA

Nous ne sommes pas les premiers
Qui en cherchant le mieux ont trouvé le pire.
C'est pour toi, roi blessé, que je me sens abattue.
Seule, je pourrais rendre à la Fortune traîtresse
Ses regards de défi... N'allons-nous pas
Rencontrer ces filles ? Ces sœurs ?

LEAR

Non, non, non, non ! Viens, allons-nous-en en prison.
Nous deux tout seuls chanterons comme des oiseaux dans
    leur cage.
Quand tu demanderas que je te bénisse, je me mettrai à
    genoux.
Et te demanderai que tu me pardonnes. Ainsi vivrons-
    nous
En priant et chantant et nous contant de vieilles légendes,
Et riant aux papillons d'or. Nous écouterons
De pauvres diables parler des nouveautés de la cour
Et, nous aussi, nous parlerons avec eux,
De qui perd et qui gagne, de qui est en faveur et de qui

Est tombé en disgrâce. Nous prendrons sur nous d'expli-
    quer
Le mystère des choses, tout comme si
Nous étions les espions des dieux ; et, ce faisant,
Entre les murs de notre geôle, nous survivrons
A ces bandes et coteries de grands personnages
Qui fluent et qui refluent à chaque lune nouvelle.

EDMOND

Emmenez-les.

LEAR

C'est sur de tels sacrifices, ma Cordélia,
Que les dieux eux-mêmes versent l'encens. T'ai-je bien à
    moi ?
Oh, qui voudra nous séparer, il faudra qu'il prenne
Un brandon dans le ciel
Et nous chasse dehors comme des renards enfumés.
Ne pleure plus ! Leur abondance pesteuse
Les dévorera, chair et poil, avant qu'ils nous tirent des
    larmes.
Nous les verrons d'abord crever de famine. Allons !
    Viens !

Lear et Cordélia sortent, sous escorte.

EDMOND

Viens ici, capitaine, écoute bien
Prends ce papier ; suis-les jusqu'à la prison,
Je t'ai promu d'un grade ; si tu agis
Comme ce mot l'indique, tu te prépares
De hautes destinées. Car sache que les hommes
Doivent être de leur époque. Le cœur tendre
Ne sied pas à l'épée... Cette grande mission
Ne se discute pas : ou tu t'en charges,
Ou tu vas chez le diable chercher fortune !

LE CAPITAINE

Je m'en chargerai, monseigneur.

EDMOND

A l'œuvre ; et tiens-toi pour chanceux quand ce sera fait.
N'oublie pas que j'ai dit : immédiatement. Et agis
Comme ici je l'indique.

LE CAPITAINE

Je ne puis tirer un chariot ni manger de l'avoine sèche.
Mais qu'on me parle d'un travail d'homme, je le fais !

Il sort.
Fanfare. Entrent Albany, Goneril, Régane, des
soldats

ALBANY

Monsieur,
Vous avez aujourd'hui montré votre vaillance
Et la Fortune vous a souri. Vous tenez prisonniers
Ceux qui furent nos adversaires dans le combat de ce jour,
Mais je vous les réclame, pour les traiter
Comme il nous paraîtra que nous le commandent
Notre souci de sécurité mais, tout autant, leurs mérites.

EDMOND

Monsieur, j'ai jugé bon
D'envoyer en prison, sous garde spéciale,
Le minable vieux roi ; car son grand âge,
Et plus encore son titre, sont un aimant
Qui pourrait attirer l'affection du peuple
Et tourner contre nous, qui avons à maintenir l'ordre,
Les lances des recrues. Quant à la reine,
Je l'ai fait interner avec lui, mes raisons
Étant exactement les mêmes. Ils seront prêts
A comparaître dès demain, et sinon, plus tard,
Là où vous siégerez. Pour le moment,
Nous sommes en sueur, sanglants. L'ami a perdu l'ami,
Et les plus justes causes, dans cette ardeur, sont maudites
Par ceux qui en ressentent la cruauté.
Le problème de Cordélia et de son père
Veut une place plus convenable.

ALBANY

Monsieur, si vous me permettez,
Sachez que je vous tiens pour un simple subordonné
Et nullement pour un frère.

RÉGANE

C'est de ce titre-ci que nous aimons l'honorer !
Il me semble que vous auriez bien pu
Vous enquérir de notre plaisir avant de parler si fort.
Il a conduit nos armées, il a été le représentant
De mon autorité et de ma personne,
Et ce pouvoir direct peut aller front haut
Et se proclamer votre frère.

GONERIL

Pas tant d'ardeur !
Il se porte plus haut par sa vertu propre
Que par vos armoiries.

RÉGANE

De par mes droits
Dont je l'ai investi, il s'égale aux plus grands.

ALBANY

Ce ne serait pas mieux s'il vous épousait.

RÉGANE

Souvent les plaisantins se montrent prophètes.

GONERIL

Holà, holà !
L'œil qui vous l'a conté vous regardait de travers.

RÉGANE

Madame, je me sens mal. Sinon, je vous répondrais
Par tout un flot de bile. Général,
Prends mes soldats, mes prisonniers et mon fief,
Dispose d'eux, de moi : la place t'appartient,

Et l'univers soit témoin que je te fais ici même
Et mon seigneur et mon maître.

GONERIL

Vous prétendez en jouir ?

ALBANY, *à Goneril.*

Cela ne dépend pas de votre bon plaisir.

EDMOND

Ni du vôtre, seigneur.

ALBANY

Si, maudit quarteron.

RÉGANE, *à Edmond.*

Fais battre le tambour ! Et montre-leur
Que tu mérites ma gloire.

ALBANY

Un instant. Entendez raison ! Edmond, je t'arrête
Pour haute trahison ; et sur le même acte je couche
Ce serpent aux écailles d'or. Car à vos prétentions,
    agréable sœur,
Je fais opposition dans l'intérêt de ma femme.
Elle s'est en sous-main engagée à ce noble sire
Et moi donc, son mari, je contremande vos bans.
Si vous voulez vous marier, faites-moi la cour.
Ma femme pour sa part a donné sa foi.

GONERIL

Charmante comédie !

ALBANY

Tu es armé, Gloucester. Que la trompette sonne !
Si nul ne se présente, pour établir
Dans ton sang répandu, tes manifestes,
Tes infâmes, tes innombrables trahisons,

Voici mon gant ! J'inscrirai dans ton cœur,
Avant que je ne touche à un aliment,
Que tu n'es rien de moins que ce qu'ici je proclame.

RÉGANE

Je souffre, oh, que je souffre !

GONERIL, *à part.*

Sinon, je n'ai plus foi en aucune drogue.

EDMOND

Voici mon gage en retour. Quel qu'il soit,
Celui qui me dit traître, il ment comme une canaille.
Appelle ton héraut ; et se présente qui l'ose.
Contre lui, contre toi ou n'importe qui,
Je défendrai sans faiblesse ma vérité, mon honneur.

ALBANY

Holà ! Un héraut !

EDMOND

Un héraut ! Holà ! Un héraut !

ALBANY

Ne compte que sur ta valeur. Car tes soldats
Tous levés en mon nom se sont débandés sur mes ordres

RÉGANE

Mon mal augmente.

ALBANY

Elle ne va pas bien. Transportez-la sous ma tente.

On emmène Régane.

Entre un héraut

Viens çà, héraut, sonne de ta trompette
Et proclame ce que voici. Sonne, trompette !

Sonnerie de trompette

LE HÉRAUT, *lisant.*

Si, sur les rôles de l'armée, il est un homme de qualité ou de haut grade pour soutenir contre Edmond, prétendu comte de Gloucester, qu'il est un traître à bien des égards, — qu'il se présente à la troisième sonnerie de trompette. Edmond est résolu à se défendre.

Première sonnerie.

A nouveau !

Deuxième sonnerie.

A nouveau !

Troisième sonnerie.
Une trompette répond. Entre Edgar, en armes.

ALBANY

Demandez-lui ses intentions ; et pourquoi il s'est avancé
A cet appel des trompettes ?

LE HÉRAUT

Qui êtes-vous ? Quel est votre nom ? Votre titre ?
Pourquoi répondez-vous à ces assignations ?

EDGAR

Sache que mon nom est perdu,
Mangé au vers, rongé par la dent d'un traître !
Mais je suis aussi noble que l'adversaire
Que je viens affronter.

ALBANY

Quel est cet adversaire ?

EDGAR

Qui parle au nom d'Edmond, comte de Gloucester ?

EDMOND

Lui-même. Que lui dis-tu ?

EDGAR

Dégaine
Pour que, si mon discours offense un noble cœur,
Ton bras lui fasse justice ; et, vois, je prends mon glaive,
Comme m'en ont donné le privilège
Et ma noblesse et mon serment de chevalier.
J'affirme :
Malgré ta force et ton rang, ta distinction, ta jeunesse,
Malgré ton glaive vainqueur et ta fortune qui flambe neuf,
Et malgré ta valeur et ta vaillance, tu es un traître,
Parjure envers tes dieux, ton frère, ton père,
Plein de machinations contre ce très grand prince,
Bref, de la cime extrême de ta tête
Jusqu'à la pointe de tes pieds et la poussière au-dessous,
Un vrai traître aux pustules de crapaud. Oh, nie-le
  seulement,
Et cette épée, ce bras, et le plus hardi de mon âme
Sont résolus à prouver
Aux dépens de ce cœur auquel je m'adresse,
Que tu es un menteur !

EDMOND

Pour être sage, il faudrait que je te demande ton nom,
Mais puisque tu as si belle et si martiale apparence,
Et que ta bouche exhale ce langage d'homme bien né,
Eh bien, ce droit que j'ai de ne pas combattre avec toi,
De par toutes les lois de chevalerie,
Je le dédaigne, je le repousse — et à ton visage
Je relance ce grief de trahison.
Oui ! Que ton cœur s'écroule avec ce mensonge
Haïssable comme l'enfer ; et tes calomnies
Qui m'effleurent à peine, qui me meurtrissent si peu,
Que mon épée te les renfonce dans la gorge
Pour leur repos éternel ! Les trompettes, sonnez !

« Trompettes. » Edgar et Edmond se battent.
Edmond tombe.

ALBANY

Épargne-le ! Épargne-le !

GONERIL

C'est une fourberie, Gloucester !
Tu n'étais pas contraint par les lois de la guerre
A combattre cet inconnu. Tu n'es pas vaincu,
Tu es dupé, tu es pris au piège !

ALBANY

Fermez le bec, madame,
Ou je saurai le clore avec ce papier... *(A Edgar.)* Arrêtez,
    monsieur.
Et toi, qu'il n'est de mots assez durs pour peindre,
Déchiffre là ta propre vilenie. . Oh, tout doux, belle
    dame,
Ne le déchirez pas ! Je vois, vous connaissez.

GONERIL

Prétendez-le ! Qui pourrait m'inculper ?
C'est moi qui fait la loi ici, ce n'est pas vous.

ALBANY

Le monstre ! Fi !
Connaissez-vous cette lettre ?

GONERIL

Ne me demandez pas, je ne sais que trop.

Elle sort.

ALBANY

Rejoignez-la ; elle perd la tête ; maîtrisez-la.

Sort un officier.

EDMOND

Ce dont vous m'accusez, c'est vrai, j'en suis coupable.
Et de plus encore, bien plus ; le temps le fera paraître.

C'est du passé, comme moi... mais qui es-tu,
Toi qui as pris sur moi cet avantage ?
Si tu es noble, je te pardonne.

EDGAR

Charité contre charité ! Je ne suis pas
D'un sang moins noble que le tien, Edmond,
Et s'il l'est plus, tu me fis d'autant plus de tort.
Mon nom ? Je suis Edgar, l'autre fils de ton père.
Les dieux sont justes : et des vices qui nous séduisent
Ils forgent l'instrument qui nous punira...
Le lieu sombre et vicieux où mon père t'a engendré
Lui a coûté ses yeux.

EDMOND

C'est juste. Tu dis vrai,
La roue a fait son tour, me revoici au plus bas.

ALBANY

Il me paraissait bien que ton allure
Marquait un sang royal. Il faut que je t'embrasse !
Que le chagrin crève mon cœur si j'ai jamais eu de haine
Pour toi ou pour ton père.

EDGAR

Digne prince, je sais cela.

ALBANY

Où étiez-vous caché ? Et comment avez-vous
Appris les infortunes de votre père ?

EDGAR

En les allégeant, monseigneur. Écoutez une brève his-
    toire,
Et quand je l'aurai dite, oh, que mon cœur éclate !
Le dur bannissement qui me forçait à la fuite
Me talonnait de si près (est-ce donc si doux, cette vie,
Qu'on puisse préférer souffrir mille morts,

Plutôt que de l'abandonner une fois pour toutes !)
Qu'il me fit m'accoutrer en fou loqueteux,
Et prendre des dehors que même les chiens méprisaient.
C'est ainsi déguisé que je rencontrai mon père
Et ces deux trous sanglants, qui venaient juste de perdre
Leurs joyaux si précieux... Je me fis son guide,
Le conduisant, mendiant pour lui, le sauvant de son
    désespoir,
Mais jamais, quelle erreur ! je ne me suis révélé à lui
Jusqu'à il y a une demi-heure environ,
Lorsque je fus en armes. Incertain, bien que plein
    d'espoir,
De l'issue du combat, je lui demandai
De me bénir, et de bout en bout je lui expliquai
Notre pèlerinage. Hélas ! Son cœur fêlé,
Trop faible pour pouvoir supporter ce choc,
Entre ces deux extrêmes, allégresse, douleur,
Se brisa — non sans un sourire.

EDMOND

Vos paroles m'émeuvent, elles vont peut-être
Me faire quelque bien. Mais continuez.
Vous paraissiez avoir autre chose à dire.

ALBANY

Si c'est plus triste encore, oh, garde-le pour toi.
Car je suis presque au point de fondre en larmes
Après t'avoir entendu.

EDGAR

Certes, c'est la limite pour quiconque
N'aime pas le chagrin. Rien qu'un peu plus
Et cette aggravation excessive ferait
De beaucoup beaucoup trop et bien plus que le comble.
Mais voici : je pleurais très fort ; et survient un homme
Qui, lorsqu'il m'avait vu sous mon pire aspect,
Avait fui ma présence. Mais il découvre
Qui a souffert ainsi ; et de ses bras robustes

Il s'attache à mon cou, en hurlant un cri
A déchirer le ciel. Puis il se jette sur mon père.
Et fait sur Lear et soi le récit le plus pitoyable
Qu'ait ouï oreille d'homme. Disant cela,
Son chagrin se renforce. Les fibres de sa vie
Commencent à craquer. C'est alors que deux fois a retenti
  la trompette,
Et je l'ai laissé là, évanoui.

ALBANY

Mais qui était-ce ?

EDGAR

Kent, monseigneur, Kent le banni, qui déguisé
Suivit le roi, son ennemi juré,
Et le servit comme un esclave eût refusé de le faire.

  « *Entre un gentilhomme* », *avec un couteau sanglant.*

LE GENTILHOMME

Au secours, au secours, oh, au secours !

EDGAR

Secours ? de quelle sorte ?

ALBANY

Parle, l'ami.

EDGAR

Que signifie ce couteau sanglant ?

LE GENTILHOMME

Il est chaud, il fume,
Il sort juste à l'instant du cœur de... Elle est morte !

ALBANY

Qui donc est morte ? Parle !

LE GENTILHOMME

Votre dame, seigneur, votre dame ! et sa sœur
Est empoisonnée, et par elle ! Elle nous l'a confessé.

EDMOND

Je m'étais promis à l'une et à l'autre. Tous trois,
Nous voici donc mariés — en quelques secondes.

EDGAR

Voici Kent

Entre Kent.

ALBANY

Ces corps, apportez-les, qu'il leur reste ou non de la vie.

Sort le gentilhomme.

Ce jugement des Cieux, s'il nous faut trembler,
Ne nous attendrit guère... *(Voyant Kent.)* Oh ! Est-ce lui ?
L'heure ne permet pas les mots d'accueil
Que voudraient les bonnes manières.

KENT

Je suis venu
Souhaiter à mon roi et maître une bonne nuit éternelle.
N'est-il donc pas ici ?

ALBANY

Grande chose oubliée de chacun de nous !
Parle, Edmond. Où est le roi, où est Cordélia ?

On apporte les corps de Goneril et de Régane.

Vois-tu ce spectacle, Kent ?

KENT

Hélas, pourquoi ceci ?

EDMOND

Elles aimaient Edmond.

L'une empoisonna l'autre à cause de moi,
Puis se donna la mort.

ALBANY

C'est bien cela. Couvrez-leur le visage.

EDMOND

Je halète mon dernier souffle ; et je veux essayer de faire
Un peu de bien malgré mon naturel.
Envoyez vite un messager au château,
Car j'ai signé un arrêt de mort contre Lear, contre
    Cordélia.
Ah, dépêchez-le vite ! Ne tardez pas !

ALBANY, *à un capitaine.*

Cours, vite, oh, vite !

EDGAR

Auprès de qui, seigneur ? *(A Edmond.)* Qui a reçu ton
    ordre ?
Envoie-lui quelque preuve que tu fais grâce.

EDMOND

Bien pensé. Prenez mon épée
Pour la donner à ce capitaine...

ALBANY

Hâte-toi, sur ta vie !

Sort le messager.

EDMOND

... Qui reçut l'ordre, et de ta femme et de moi,
De pendre Cordélia dans sa geôle ; et ensuite,
D'en rendre responsable son désespoir
En prétendant qu'elle s'est fait mourir.

ALBANY

Que les dieux la protègent !

Et qu'on l'emporte, lui !

> *On emporte Edmond.*
> « *Entre Lear avec Cordélia dans ses bras* » ; *Edgar,*
> *le capitaine et d'autres.*

LEAR

Hurlez, hurlez, hurlez donc ! Êtes-vous des hommes de
　　pierre !
Si j'avais vos langues, vos yeux, je les emploierais si bien
Que la voûte du ciel se disloquerait ! Elle est partie pour
　　toujours.
Je sais quand on est mort et quand on vit ;
Elle est morte comme la terre... Vite, un miroir !
Pour peu que de son souffle elle embue ou trouble le
　　verre,
Eh bien, alors, elle vit.

KENT

Est-ce là la fin promise du monde ?

EDGAR

Ou une image de cette horreur ?

ALBANY

Que tout croule et s'achève.

LEAR

Cette plume bouge ; elle vit ! Oh, si c'est vrai,
Cette chance rachètera tous les chagrins
Que j'ai jamais soufferts.

KENT, *s'agenouillant.*

Ô mon cher maître.

LEAR

Va-t'en, toi, je t'en prie !

EDGAR

C'est le noble Kent, votre ami.

LEAR

La peste soit sur vous, assassins ! Tous des traîtres !
J'aurais pu la sauver ; la voici partie pour toujours !
Cordélia, Cordélia, reste un peu !... Ha ?
Qu'est-ce que tu dis ? Sa voix fut toujours si douce,
Et si tendre, un peu basse, excellente chose pour une
    femme.
J'ai tué le serf qui était en train de te pendre.

L'OFFICIER

C'est vrai, seigneurs, il l'a fait.

LEAR

N'est-ce pas, camarade ?
J'ai eu de ces années où, de mon estoc bien tranchant,
Que je les aurais fait danser !... Mais je suis vieux
    maintenant,
Et ces revers m'épuisent. Qui êtes-vous ?
Mes yeux ne sont pas des meilleurs... Je vais vous dire...

KENT

Si la Fortune se vante
D'avoir autant aimé que détesté deux êtres,
Nous voyons l'un d'entre eux.

LEAR

Une bien faible vue. N'êtes-vous pas Kent ?

KENT

Lui-même.
Votre serviteur Kent. Où est Caïus, votre serviteur ?

LEAR

C'est un brave garçon, je puis vous le dire.
Il sait frapper, et vite... Mais il est mort, et pourri.

KENT

Non pas, mon cher seigneur ; c'est moi qui fus cet
    homme..

LEAR

Je verrai cela tout de suite.

KENT

Oui, celui qui,
Dès le premier moment de votre infortune,
S'est attaché à vos tristes pas.

LEAR

Vous êtes le bienvenu.

KENT

Non, ni personne. Tout est sans joie, noir, funèbre.
Vos deux filles aînées se sont fait mourir,
Elles ont rendu l'âme, désespérées

LEAR

Eh, c'est bien mon avis.

ALBANY

Il ne sait ce qu'il dit, c'est inutile
De lui expliquer qui nous sommes.

EDGAR

Oui, c'est tout à fait vain.

Entre un capitaine.

LE CAPITAINE

Edmond est mort, monseigneur.

ALBANY

Vétille, en ce moment !... Nobles amis,
Et vous, seigneurs, sachez nos intentions.
Tout adoucissement à ce grand malheur,
Tentez-le, je vous prie. Pour notre part,
Tant que vit ce vieux prince, nous lui rendrons
Le suprême pouvoir... (*A Edgar et à Kent.*) Vous,
  retrouvez vos droits

Avec tout le surcroît de dignités
Qu'ont plus que mérité Vos Grâces. Nos amis
Vont goûter au salaire de leur vertu ; nos ennemis
Au breuvage amer qu'ils méritent... Oh, voyez, voyez !

LEAR

Et ma pauvre innocente est pendue. Oh, non, non, plus
    de vie !
Pourquoi un chien vivrait-il, un cheval, un rat,
Quand, toi, tu n'as plus de souffle ? Tu ne reviendras
    jamais plus,
Jamais, jamais, jamais, jamais, jamais !
Je vous prie, dégrafez ce bouton. Monsieur, merci bien
Oh ! voyez-vous ceci ? Regardez-la, regardez ses lèvres !
Regardez, regardez !

EDGAR

Il s'évanouit ! Monseigneur, monseigneur !

KENT

Brise-toi, cœur ! Je t'en prie, brise-toi.

EDGAR

Ouvrez les yeux, monseigneur !

KENT

Ne lésez pas son âme, oh, laissez-la partir.
Il haïrait qui voudrait, sur le chevalet de torture
De ce dur univers, le tenir couché plus longtemps

Lear meurt.

EDGAR

Il est mort, en effet.

KENT

Le miracle,
C'est qu'il ait résisté aussi longuement
Il séquestrait sa vie.

ALBANY

Qu'on les emporte ! Notre tâche, pour le moment,
C'est le deuil général. *(A Kent et à Edgar.)* Amis de mon
   âme,
Soyez tous deux les lieutenants de ce royaume,
Soutenez le pouvoir blessé.

KENT

Monsieur, j'aurai bientôt un voyage à faire.
Mon maître me fait signe : je ne dois pas dire non.

EDGAR

Au fardeau de ces tristes jours nous devons faire allé-
   geance.
Parlons selon nos cœurs et non la bienséance !
Les plus vieux ont le plus souffert. Nous, les cadets,
Jamais n'en verrons tant, ni ne vivrons tant d'années.

   On emporte les corps. Tous sortent. Marche funèbre.

NOTES DU TRADUCTEUR

HAMLET

Conformément aux principes du *Shakespeare* du Club Français du Livre, qui a paru de 1955 à 1961, cette traduction a été faite d'après le texte établi par John Dover Wilson pour l'édition de l'œuvre complète de Shakespeare éditée par Cambridge University Press. Ce texte du *New Shakespeare* contredit quelquefois les leçons traditionnelles, ce qui explique ma traduction de divers passages.

Toutefois, pour cette nouvelle édition de mon propre texte, j'ai pu bénéficier du grand travail de Harold Jenkins, publié en 1982 dans le cadre de l'édition *Arden*, elle-même recommencée. Cela m'a conduit à revoir mes interprétations sur quelques points.

Par ailleurs, j'ai revu et assez souvent corrigé la version que j'avais déjà publiée au Club Français du Livre en 1957, puis au Mercure de France, au Livre de Poche et enfin dans la collection Folio. Ce texte-ci remplace donc tous les autres (juillet 1988).

Page 29.

1. *Ce qu'il en reste.* Littéralement : *a piece of him*, un fragment. On peut comprendre qu'Horatio désigne par ces mots, soit la main qu'il tend à Bernardo ; soit (et c'est l'interprétation que je fais mienne) ce que le froid n'a pas encore détruit en lui ; soit enfin cette faible part de son intérêt, de son attention qu'il veut bien accorder à l'attente du fantôme.

Page 30.

2. *Tu es savant, Horatio.* On n'exorcisait qu'en latin.

Page 35.

3. *l'aube en vêtements de bure.* Le mot *russet* suggère le brun-rouge indécis du ciel de l'aube. Mais il signifie avant tout un vêtement de cette couleur (en français *rousset*) que portaient les paysans.

Page 38.

4. *Bien plus fils ou neveu que je ne le veux.* Jeu de mots intraduisible sur *kin*, la parenté, et *kind*, adj., qui signifie ici : « dont les sentiments sont ceux d'un fils ».

5. *du soleil.* Autre jeu de mots. Dans *sun*, le soleil, on peut entendre *son*, le fils, et la réplique d'Hamlet prend ce sens : depuis ce mariage funeste, je ne suis que trop votre fils.

Page 39.

6. *au moins. It,* accentué, laisse entendre que d'autres choses ne sont pas aussi communes.

Page 40.

7. *Wittenberg.* L'université de Luther, mais peut-être surtout, pour les spectateurs d'*Hamlet,* celle du Docteur Faust, popularisé vers 1589 par la pièce de Marlowe.

Page 41.

8. *Ô souillures, souillures...* Ce mot répété traduit le *too too sullied* de l'édition de Cambridge, mais beaucoup d'autres éditeurs ont préféré *too too solid* et l'idée d'une chair non plus trop souillée, mais trop compacte.

Page 42.

9. *que je peux l'être d'Hercule.* Non qu'Hamlet soit débile : cf. tout l'acte V. Il faut comprendre avec R. Travers qu'Hercule est ici le purificateur.

Page 53.

10. *une autre petite sotte.* Il semble que *fool* ait pu signifier ici — et aussi — un petit enfant. « Vous m'apporterez un enfant. » Cet autre sens éclaire la réponse et l'indignation d'Ophélie.

11. *De tous les serments. Almost all,* c'est-à-dire, selon John Dover Wilson, *even all.*

Page 56.

12. Texte altéré sûrement. On a souvent conjecturé qu'*of a doubt* doit être corrigé en *often doubt* et c'est la solution que j'ai retenue.

Page 60.

13. *l'intuition.* Le mot anglais est *meditation.* Mais on voit mal comment la « méditation » pourrait être une image de la rapidité. Je suppose qu'il s'agit de la pensée (cf. *to meditate* dans le *Oxford English Dictionary*) conçue comme prise de possession directe et immédiate de la vérité.

Page 61.

14. *l'hébénon.* Un poison qui vient du *Juif de Malte*, de Marlowe, III, 271 (*hebon*) et qui est peut-être cet ébène que le dieu du sommeil des *Métamorphoses* d'Ovide (XI, 610 ss.) employait pour le revêtement de sa chambre. Mais Shakespeare a probablement attribué à cet hébénon les dangereuses propriétés prêtées communément à la jusquiame (*henbane*).

Page 63.

15. *ce globe :* qui peut être aussi bien le crâne, la Terre, ou le Théâtre du Globe, celui de Shakespeare.

16. *oiseau.* Marcellus a crié comme pour appeler un faucon.

Page 65.

17. *par saint Patrick.* Celui qui a visité le Purgatoire. En tant que protestant de Wittenberg (cf. la note 7) Horatio ne croit pas à l'existence du Purgatoire.

18. *Une grande offense, Horatio.* Hamlet ne voudrait rien cacher à Horatio, et il ne lui cachera rien (cf. III, 2, 75). Mais il doit se taire à cause de Marcellus.

Page 66.

19. *le bonhomme à la cave.* Hamlet désigne l'espace qui s'étend sous la scène, où sans doute le spectre a disparu à la faveur d'une trappe. On appelait cet espace *l'enfer* depuis les représentations des Mystères.

Page 67.

20. *Fameux sapeur !* On croyait volontiers que les démons se frayaient un passage sous la terre. Le ton familier d'Hamlet a peut-être pour but d'égarer Marcellus.

Page 83.

21. *un maquereau.* Littéralement, un *fishmonger*, un marchand de poisson, mais aussi un proxénète (l'anglais dit encore : *fleshmonger*).

Page 84.

22. *Et rien qui les unisse ?* J'ai essayé ainsi de traduire le double sens de *matter*, sujet de livre, mais aussi intrigue amoureuse, liaison. Hamlet comprend, ou feint de comprendre, que Polonius fait allusion à l'amour qu'il porte à Ophélie.

Page 89.

23. *comme il ressemble à un dieu !* Toute la phrase a été l'objet de beaucoup de discussions, portant sur la distribution des virgules, qui peut en changer considérablement le sens. On peut comprendre, ainsi, que l'homme ressemble aux anges par ses actes, à un dieu par

la pensée. Je m'en tiens malgré tout à l'interprétation de J. Dover Wilson, qui souligne à bon droit que l'ange (pour un Élizabéthain, et d'ailleurs aussi saint Thomas) n'agit pas, ne faisant que contempler, appréhender, la réalité céleste.

Page 90.

24. *c'est le pentamètre qui boitera.* On suppose généralement que les jeunes garçons qui tenaient des rôles de femmes ne savaient qu'à peu près leur rôle.

25. *les derniers bouleversements.* Peut-être la rébellion du comte d'Essex en février 1601.

Page 91.

26. Il s'agit des « Enfants de la Chapelle ». La guerre des théâtres eut lieu en 1600-1601, Ben Jonson dans le parti des Enfants (ils jouèrent *Cynthia's Revels*) et Dekker et Marston répliquant dans la *Satiromastix* donnée au Globe par la compagnie de Shakespeare.

27. *tant ils sont effrayés par les plumes d'oie.* Les écrivains du parti des Enfants ont tourné les « théâtres du commun » en ridicule.

Page 92.

28. *Hercule et son fardeau.* L'enseigne du théâtre du Globe représentait Hercule portant le globe terrestre.

29. *je sais distinguer la poule de l'épervier.* Simple approximation. Distinguer *the handsaw* et *the hawk*, c'est distinguer la scie de la truelle, preuve d'un peu de bon sens. Mais *handsaw* rappelle *hernshaw*, le héron, et *hawk*, c'est aussi, c'est avant tout le faucon. Ainsi, quand le vent est au sud, et chasse vers le soleil le héron et l'épervier qui le pourchasse, Hamlet sait encore les reconnaître dans la lumière. Rosencrantz et Guildenstern sont l'oiseau de proie.

Page 94.

30. *Ô Jephté...* Jephté sacrifia sa fille.

Page 95.

31. *ma jeune dame, ma princesse...* Un jeune garçon, comme toujours à l'époque élisabéthaine.

Page 96.

32. On admet généralement que ce prétendu fragment est de Shakespeare lui-même. Tous ces vers sont à la fois parodiques et d'une certaine beauté. *La bête d'Hyrcanie,* c'est le tigre.

Page 106.

33. *Mourir, dormir...* Je regrette que la ponctuation adoptée par John Dover Wilson atténue le syllogisme qui soutient la pensée d'Hamlet : mourir, dormir, rêver. On lit généralement : ... *devoutly*

to be wished! To die, to sleep! To sleep, perchance to dream, etc. Ma traduction s'est efforcée de garder autant que possible ce mouvement.

Page 108.

34. Cette traduction essaie de sauver l'ambiguïté de la phrase anglaise, qui permet de comprendre indifféremment : 1) que la vertu d'Ophélie devrait garder sa beauté du rôle déshonnête de piège que lui fait jouer Polonius, et 2) que la vertu d'Ophélie devrait se garder de tout commerce avec sa beauté. C'est ce dernier sens qu'Ophélie retient.

35. *Ce fut un paradoxe autrefois.* Avant l'infidélité de la reine. Avant qu'Ophélie accepte le rôle que son père lui a suggéré.

36. *dans un couvent.* Le mot anglais est *nunnery* qui, dans son acception argotique qu'Hamlet a certainement présente à l'esprit, signifie aussi : maison de prostitution.

Page 112.

37. *Termagant, Hérode.* Termagant était, dans les Mystères du Moyen Age, un prétendu dieu des musulmans. Hérode, le roi de Judée, est aussi un personnage des Mystères.

Page 117.

38. *mes habits de martre : ... a suit of sables*, expression ambiguë qui peut aussi signifier : costume de deuil.

Page 118.

39. *le petit cheval.* C'est le *hobby-horse*, une des plus fameuses figures de la *morris dance*, symbole de la civilisation plus libre que les Puritains s'efforçaient avec succès de détruire. Le *hobby-horse* est encore, argotiquement, un étourdi, un écervelé, et aussi une prostituée.

Page 119.

40. *Trente fois.* Toute la scène est écrite en vers rimés, et, cette fois, d'une platitude parfaite. Un vers de la première réplique de la Reine de Comédie a été reconnu comme une simple erreur matérielle du Second Quarto, et je remanie donc le passage en conséquence : *Car l'amour d'une femme et sa peur sont les mêmes.*

Page 123.

41. *Lucianus, le neveu du roi.* Que l'assassin soit un *neveu* n'est pas sans introduire une certaine ambiguïté dans ce « Piège de la Souris ». Pour Hamlet et Claudius, le sens de cette scène est le meurtre du vieil Hamlet. Mais pour la cour qui ignore tout de ce meurtre, et même pour la reine, elle sera l'insultante insinuation qu'un neveu (Hamlet) puisse tuer son oncle (Claudius lui-même)

Page 124.

42. *une forêt de plumes.* Les tragédiens portaient panaches et plumes.

Page 125.

43. *une rime.* Ane (*ass*) est le mot attendu.

Page 141.

44. *ce regard pitoyable.* Littéralement : *this piteous action,* cette action pitoyable. Faut-il penser, avec John Dover Wilson, qu'il s'agit d'un geste par lequel le spectre trahit sa douleur de ne pas être vu par la reine ?

Page 143.

45. *Ouvrez la cage...* Allusion à une fable inconnue.

Page 150.

46. *Un certain congrès de vers politiques.* Allusion possible à la Diète de Worms, avec un double jeu de mots (*worm* = le ver).

Page 158.

47. *fille de boulanger.* La fille du boulanger avait refusé du pain à Jésus, qui la transforma en chouette.

Page 162.

48. *comme les géants :* ceux qui avaient assailli le ciel. La référence était classique, et à l'acte V Shakespeare parle encore de Pélion et Ossa. C'est là un des points où je me range à l'opinion de Jenkins.

Page 165.

49. *Voici pour vous du fenouil.* Le fenouil était associé à la flatterie, et les ancolies à l'adultère. La rue, qu'Ophélie partage avec la reine, est l'emblème du chagrin et du regret. La pâquerette signifie la dissimulation et la violette la fidélité.

Page 171.

50. « *Meurs, comme ça !* » *Thus diest thou.* L'autre leçon, celle du Second Quarto, est *Thus didst thou :* Voilà ce que tu fis. La première semble s'imposer, et fournit d'ailleurs un sens plus riche.

Page 175.

51. J'essaye ici, peut-être à tort, de préserver les deux interprétations possibles du passage, que justifie chacune une des éditions anciennes du texte. On hésite entre *Therewith fantastic garlands did she make* (elle tressait les guirlandes, avec les rameaux du saule) et *There with fantastic garlands did she come* (là elle se rend, avec déjà ses guirlandes).

Page 176.

52. *des bribes de vieux airs.* Pour rester en accord avec le texte du *New Shakespeare,* il faudrait : des fragments de vieux cantiques. John Dover Wilson a préféré les *old lauds* du Second Quarto aux *old tunes* (vieux airs) des autres éditions anciennes.

Page 177.

53. *se offendendo.* Le fossoyeur veut dire : se defendendo. En offensive défense...

Page 179.

54. C'est l'habituel jeu de mots sur *arm,* le bras et *arm,* l'arme.

Page 185.

55. *Parbleu ! la raison d'État.* Essai de traduction du jeu de mots : *Upon what ground ? — Why, here in Denmark.* La cause (mais aussi le sol, le fondement) de la folie d'Hamlet, c'est le Danemark, ou même « Danemark », le roi.

Page 191.

56. *Hercule,* c'est sans doute ici Laërte. Hercule passait (au moins à Rome) pour détester les chiens.

Page 194.

57. *comme le palmier.* Cf. *Psaumes,* XCII, 12.

58. *vus.* Un jeu de mots intraduisible. *Many such like asses of great charge* peut signifier aussi : tant d'autres ânes aussi lourdement chargés.

Page 200.

59. *il a parié douze contre neuf.* Peut-être ce « il » est-il Laërte et faut-il comprendre que Laërte a accepté le pari à condition que la rencontre ait douze reprises, et non simplement neuf comme d'habitude : rendre trois points à Hamlet étant alors évidemment plus facile.

60. *les épées.* Il ne s'agit pas des fleurets employés en escrime à une époque plus récente, mais de véritables épées de combat, dont la pointe était peut-être simplement émoussée.

Page 202.

61. *Puisqu'on ne sait rien de ce que l'on quitte :* Encore un passage très discuté, dont l'interprétation par Jenkins m'a convaincu. Le *Let it be* va reparaître dans une des dernières paroles d'Hamlet mourant : « Qu'il en soit ainsi... »

Page 204.

62. *un repoussoir*. Il y a là un intraduisible jeu de mots. *Foil* signifie aussi bien fleuret que repoussoir.

Page 205.

63. *une perle*. Le mot anglais est *union*, qui permettra le dernier jeu de mots d'Hamlet.

Page 209.

64. Cf. la note précédente.

LE ROI LEAR

Cette traduction se conforme pour l'essentiel au texte du *New Shakespeare*, établi par G. I. Duthie et J. D. Wilson pour les Presses de l'Université de Cambridge. Mais j'ai tenu compte à plusieurs reprises des leçons et des interprétations d'autres éditeurs, notamment G. L. Kittredge. La version première de ce travail, publiée au Mercure de France en 1965, a été corrigée elle aussi, en de nombreux points. D'abord au moment de l'édition de la collection Folio, en 1978 ; puis pour la réédition au Mercure de France en 1991, qui est désormais notre texte.

COLLECTION FOLIO

Impression Bussière Camedan Imprimeries
à Saint-Amand (Cher),
le 16 juillet 1998.
Dépôt légal : juillet 1998.
1ᵉʳ dépôt légal dans la collection : décembre 1978.
Numéro d'imprimeur : 983535/1.
ISBN 2-07-037069-0./Imprimé en France